**지행
33훈**

18훈 기술 중시	적자 불황에도 연구개발 투자는 줄이지 않는다.
19훈 기술 확보	기술 확보는 합작-제휴-스카우트 순으로 해야 한다.
20훈 명품 개발	고객과 시장이 요구하는 최고의 기술을 개발하고 상품화해야 한다.
21훈 최고품질	최고의 품질로 승부해야 한다.
22훈 환경안전	작업 현장은 안전이 최우선이다.
23훈 구매예술화	구매업체와의 신뢰가 제품의 품질과 경쟁력을 좌우한다.
24훈 마케팅	철학과 문화를 파는 마케팅을 해야 한다.
25훈 고객만족	친절, 서비스는 마음에서 우러나와야 하며, 불만은 신속하고 정성껏 처리해야 한다.
26훈 디자인경영	21세기는 결국 디자인, 소프트와의 싸움이다.
27훈 국제화	세계에 글로벌 삼성의 뿌리를 내려야 한다.
28훈 현지화	현지에 맞는 경영모델을 개발, 정착하고 현지 사회와 공존공영해야 한다.
29훈 삼성화	현지 인력을 삼성화하고 해외에서 싱글삼성을 구현해야 한다.
30훈 창의와 도전	끊임없는 도전과 창조의 정신이 가득한 일터를 만들어야 한다.
31훈 정도경영	법과 원칙을 준수하고 도덕적으로 존경받아야 한다.
32훈 그룹공동체	삼성인의 일체감과 결속력을 강화해야 한다.
33훈 사회공헌	국가 경제 발전에 기여하고 적극적으로 사회공헌을 해야 한다.

삼성 이건희 회장의 경영철학

지행33훈

삼성 이건희 회장의 경영철학

지행33훈
知行用訓評

· 김용준 지음 ·

한국경제신문

위기 앞에 다시 꺼내 든 **이건희 경영철학**

삼성그룹 계열사 사장, 부사장 등 최고위급 경영자들이 2009년 4월 어느 날 용인 연수원에 집결했다. 그룹 차원에서 진행하는 교육에 참여하기 위해서였다.

당시 상황은 좋지 않았다. 전 세계가 미국에서 시작된 리먼브러더스 발 금융위기의 충격에서 벗어나지 못할 때였다. 삼성전자도 10년 만에 분기 적자를 기록할 정도였다.

삼성은 이런 위기에 조직의 분위기를 다잡기 위해 최고위 경영진부터 교육장으로 불러들였다. 사장, 부사장에 이어 전무, 상무 등 전 계열사 임원들은 교육을 받았다. 정신무장의 자리였다.

사장, 부사장 들이 강의장에 자리를 잡고 앉았다. 이들 앞에는 교육 자료가 하나씩 놓여 있었다. 문서 제목은 "삼성의 경영철학으로 본 위기극복 방안"으로 '신지행33훈'이라는 부제가 붙어 있었다.

'지행33훈'은 1993년 신경영선언 당시 이건희가 했던 말을 기초로, 그의 경영철학을 33가지로 정리한 것이다. 지행은 지행용훈평知行用訓評의 줄임말로, 이건희가 경영자들이 갖춰야 할 자질로 꼽은 5가지 능력을 말한다. 알고[知], 행하고[行], 사람을 쓰고[用], 가르치고[訓], 평가하는[評] 것이다. 이를 재정리해서 신지행33훈이라 불렀다.

이건희는 2009년 그룹 회장직에서 물러나 있었다. 그의 공백기에 금융위기가 전 세계를 강타했고, 삼성은 위기극복의 무기로 이건희의 경영철학을 들고 나왔다. 1993년 "마누라와 자식 빼고 다 바꾸라"고 외치며 삼성을 세계적 기업으로 성장시킨 성공 경험을 재해석하고, 이를 새로운 시대에 맞게 적용하겠다는 얘기였다. 이건희 철학으로 재무장하라는 지침이었다.

의문이 들었다. 이건희가 얼마나 대단하기에 세계적 기업으로 성장한 삼성그룹이, 경영학 구루가 아닌 그의 경영철학을 위기극복의 수단으로 삼겠다고 하는 것일까?

교육은 진행됐고, 그로부터 몇 달의 시간이 흘렀다. 2009년 하반기 세계 전자업계의 화제는 단연 삼성전자였다. 금융위기를 뚫고 2분기, 3분기 연속 사상 최대 실적을 기록했기 때문이다. 이런 삼성의 실적은 몇 년 전까지만 해도 삼성이 기술을 구하러 다녔던 일본 기업들의 실적과 비교됐다. 일본 기업들은 줄줄이 실적 추락의 쓴맛을 봤다.

일본 언론들은 그 원인을 찾아 나섰다. 이들이 밝혀낸 한일 전자기업의 차이는 이건희의 존재였다. 〈닛케이비즈니스〉 등 일본 언론들은 수시로 이건희를 기사 주제로 다뤘다.

하지만 이런 결과만으로는 필자의 의구심을 완전히 풀 수 없었다. 일본 언론들도 한국처럼 과장한 것은 아닐까. 진짜 이건희의 존재로 한국과 일본 전자업계의 엇갈린 운명을 설명할 수 있을까. 과연 이건희가 삼성을 이렇게 만든 주인공일까. 이학수, 윤종용, 진대제, 황창규 등 쟁쟁한 전문 경영인들의 탁월한 능력 덕분은 아닐까.

어느 날 삼성의 한 임원이 "진짜 이건희를 알고 싶다면 1993년 신경영할 때 비디오를 한번 보라"고 조언했다. 1993년 "마누라와 자식 빼고 다 바꾸라"는 이건희의 말이 화제가 되자 MBC는 〈이건희 신드롬〉이라는 제목으로 연설 장면을 편집해 방송했다.

얼마 후 CD를 구해 컴퓨터에 밀어넣자 젊은 날의 이건희가 모습을 드러냈다. 1993년 독일 프랑크푸르트 캠핀스키 호텔에서 있었던 회의 장면이었다.

이건희는 한 손에 담배를 들고, 재가 떨어지는 줄도 모르고 무언가를 격렬하게 얘기하고 있었다. 억센 경상도 사투리에 반말과 존댓말을 섞어가며, 때로는 설득도 하고, 때로는 명령도 하고, 때로는 협박도 해가며 열변을 토했다. 준비된 원고는 없었다. 오직 자신의 생각에만 의지해 말하고 있었다.

그전까지 이건희 말투는 어눌하다고 알려져 있었다. 그러나 화면 속의 이건희는 달랐다. 뇌에서 터져 나오는 생각을 말로 옮기는 것이 벅찬 듯, 자신의 생각을 격정적으로 쏟아냈다.

이 비디오를 본 느낌은 한마디로 충격이었다. 일반인들이 〈이건희 신드롬〉을 보고 기억하는 것은 질 경영, 마누라 빼고 다 바꾸라는 가장 강력한 메시지 한두 개다. 그러나 그것이 전부가 아니었다.

그는 소프트웨어와 디자인의 중요성, 재택근무와 유연근무제, 농업혁명의 필요성, 가족이 간호할 필요가 없는 간병인 병원, 도시개발 자체를 수출하는 아이디어, 사무실과 주거공간이 함께하는 복합공간에 대한 구상, 암기 중심의 공부에서 탈출해야 하는 필연성, 모든 업무의 디지털화, 글로벌 경쟁력을 갖춘 인재, 기업문화와 사회공헌의 중요성 등을 말하고 있었다.

지금 들으면 당연한 이야기다. 그러나 이건희가 말을 하고 있던 1993년으로 돌아가보자. 소프트웨어나 디자인 모두 한국 사회에서 낯선 말이었다. 간병인 병원, 기업문화와 사회공헌 등은 생각지도 못했던 시절이었다. 그가 한 말 중 상당수는 지금도 삼성이 풀어야 할 숙제로 남아 있을 정도다.

그는 미래를 말하고 있었다. 1,2년 후의 일이 아니었다. 아주 먼 미래의 일을 마치 당장 해결해야 할 과제인 양 소리를 높이고 있었다.

며칠간 이 CD를 틀어놓고 잠이 들었다. 날마다 정신이 멀쩡한 순간까지 녹취도 했다. 한 열흘쯤 지났을까. 마치 이건희가 잘 아는 사람처럼 느껴지기 시작했다. 그의 이상한 말투와 경상도 억양, 담배로 인해 거칠어진 목소리에 익숙해져버렸기 때문이다.

그리고 결론을 내렸다.

"글로벌 일류기업으로 발돋움한 삼성전자를 만들어낸 것은 누가 뭐래도 이건희다. 어쩌면 한국 기업들은 아직도 1993년의 이건희를 넘어서지 못하고 있는지도 모른다."

이 생각은 그의 경영철학이라고 하는 지행33훈을 책으로 펴내자는 데 동의한 이유가 되기도 한다.

이 책은 이건희에 대한 필자의 해석이다. 물론 철저히 그가 말한 것에 기초했다. 그의 철학과 이를 정립해간 과정을 추적했다. 삼성의 도움은 전혀 받지 않았다. 그 도움을 받으면 삼성의 논리를 대변할 수밖에 없을 것이라고 판단했기 때문이다. 삼성을 취재하면서 보고 느낀 것과 경영혁신과 전략에 대한 학습을 통해 얻은 필자의 사고를 기반으로 이건희 얘기를 풀어갔다.

또 하나 이 책을 쓰도록 자극한 사건이 있었다. 어느 날 라디오를 켜고 출근하고 있었다. 한 프로그램에서 진보 진영 교수가 인터뷰를 하고 있었다. 그는 "이건희는 2007년 회장직에서 사퇴했습니다. 그런데 그가 복귀한 2011년까지 삼성은 엄청난 성장을 했습니다. 이 정도면 이건희가 없어도 삼성은 문제가 없다는 것 아니겠습니까"라고 말했다.

그 말에 나는 동의할 수 없었다. 삼성을 취재하면서 본 것은 그 교수의 말과 달랐기 때문이다. 회장직에서 물러나 있던 시절에도 삼성에서 이건희의 존재는 절대적이었다. 그의 지침을 기반으로 움직였고, 개별 회사 CEO들은 항상 그의 존재를 의식하며 사업에 임했다. 실제로 이건희는 보고도 받고, 사장단 인사도 했다. 삼성은 여전히 이건희가 만들어놓은 시스템 안에 있었다.

회장직에서 물러나기 전에도 이건희는 매일 출근해 결제하고 지침을 내리는 일반 오너들과는 달랐다. "한 발짝 떨어져 세상을 보려 한다"는 본인의 표현대로 집무실인 승지원에 파묻혀 중요한 결단을 했고, 굵직한 지침을 내렸다.

2009년에도 회장이라는 공식적 직함만 없었을 뿐, 정치적·정서적으로 그는 명실상부한 회장이었다. 이를 놓고 오너의 전횡이라고 비판한다면 피할 수는 없을 것이다. 하지만 그가 없는 동안 삼성이 더욱 성장했다는 것은 사실을 왜곡한 것이다. 또한 그의 공백기에 성장이 가능했던 것도 상당 부분 그가 앞서 깔아놓은 포석의 결과였다.

"삼성은 이건희가 없었어도 이만큼 성장했을 것이다. 전문 경영인들이 오늘의 삼성을 만들었다"는 단편적인 논리에 대한 반론을 이 책에 풀어놓았다.

일본, 미국에서 모두 이건희를 말하고 있지만 한국 사회의 진보는 이건희를 거부한다. 그를 인정하는 순간 그들의 신앙인 경제민주화, 전문 경영인 중심의 경영 논리가 깨질 수도 있다고 판단하기 때문인 듯하다. 여기에는 이건희와 삼성의 무노조 경영에 대한 적대감, 삼성이 그동안 저질렀던 잘못된 경영 관행에 대한 불쾌함 등이 복잡하게 얽혀 있다는 것은 충분히 이해할 만하다. 그러나 중요한 것은 사실이다. 이념이 사실을 가릴 수 없다.

필자도 마찬가지다. 삼성을 출입하면서 느꼈던 알 수 없는 압박감, 한국 사회에서 기자 생활을 하면서 삼성과 척을 지면 좋지 않을 것 같다는 무언의 짓누름 등을 지금도 안고 살고 있다.

고려대에서 근무하고 있는 독일인 교수 마틴 햄메어트Martin Hemmert도 자신의 저서 《타이거 매니지먼트》에서 한국 기업의 성장에서 오너의 역할이 중요했다고 강조했다. 하지만 정작 우리는 이건희의 삼성에 대해 무언가를 말하는 것이 거북스럽기만 하다.

물론 이 숙제를 해결해야 하는 것은 삼성의 몫이다. 승자는 삼성이다. 삼성은 사회와 접점을 넓혀가야 한다. 국민의 오해를 푸는 것은 국민의 몫이 아니라 삼성의 몫이다. 인식도 사실을 통해 형성된 것이기 때문이다. '국민이 왜 삼성의 순수성을 몰라주냐'고 탓하기 전에 국민의 머리에 그런 생각을 심어준 행동과 결정에 대한 반성이 있어야 한다. 그래야 사회 속에 뿌리내릴 수 있다.

이 책이 한국 사회와 삼성이 인식의 간극을 좁혀가는 데 미미한 도움이 되길 바란다.

3부

인간과 역사에 대한 통찰

4부

엔지니어 이건희

7부
지행33훈

1부

생각의 힘

뇌가 몸살에 걸릴 때까지 생각하라

뇌가 몸살에 걸릴 때까지 생각하라

지행33훈은 크게 9항목으로 구성되어 있다. 경영자, 사업전략, 경영인프라, 인사조직, 연구개발, 제조생산, 마케팅, 글로벌, 기업문화이다. 이 순서에 맞춰 1장은 경영자 항목을 다룬다. 경영자들은 어떤 자질을 가져야 하고, 어떤 자세로 사업에 임해야 하는지에 대한 이건희의 생각을 정리했다.

경영자 항목은 위기의식, 미래통찰, 변화선도 등 3가지로 세분화되어 있다. 이건희는 "위기의식을 온몸으로 느끼고, 남들보다 앞서 미래를 내다보고, 맨 앞에서 변화를 이끄는 것이 경영자다"라고 정의했다.

지행33훈을 통해 어떻게 하면 이런 경영자가 될 수 있는지 구체적인 지침을 제공하고 있다. 예를 들면 "위기의식은 조직의 전 계층, 전 임직원이 공유해야 하며, 항상 세계 최고와 비교해야 위기의식을 잃지 않을 수 있다"는 내용 등이다.

또 경영자는 항상 10년 후를 고민해야 하고, 미래를 준비하기 위해 후계자를 양성하라는 지침도 있다. 이건희의 말 중에는 "삼성에서 일하는 동안 후계자 하나 제대로 안 키우고 나 아니면 안 된다고 생각하는 사람 중에 성공하는 사람을 못 봤다. 후계자를 제대로 키워놔야 내가 성공할 수 있다.

후계자가 없으니 그 자리에 있을 수밖에 없고 그러다 보면 도태될 수밖에 없다"라는 발언이 눈에 띈다.

변화선도를 위해 이건희는 "경영자는 월급쟁이 근성을 버리고 내가 오너라는 생각으로 회사를 봐야 방향이 보일 것이다"라고 주문하고 있다.

하지만 이건희의 말을 해석하고, 과거 발언을 정리하는 과정에서 더 중요한 무언가가 있다는 점을 발견했다. 이건희 경영철학의 핵심을 규정하는 문제다. 이를 찾기 위해 그의 사고방식을 따라가다 보면 직관이라는 곳에 다다르게 된다. 이런 직관을 그에게 가져다 준 것은 깊은 생각과 본질에 대한 집착이었다는 것도 발견할 수 있었다. 물론 인간 이건희를 규정하는 또 하나의 단어인 고독도 이런 생각을 더욱 깊게 만들었다고 그 스스로 말하고 있다.

직관의 경영자 이건희는 미래를 볼 수 있는 통찰력과 직관을 위해 "정신적 몸살에 걸릴 때까지 생각하라"고 주문하고 있다.

지행33훈

샐러리맨은
황제를
이길 수 없다

이건희는 일본을 부러워했다. 한국보다 발전한 일본에서 새로운 사업을 구상해야 한다며 아버지와 함께 일본에서 새해를 맞는 일도 잦았다. 본격적으로 사업 일선에 나선 후에는 적극적으로 일본 기술을 들여왔다. 그의 사업이 성장하는 데 일본 기술이 결정적 역할을 한 것도 사실이다.

일본 기술자를 스카우트하기 위해 그가 직접 일본을 찾은 적도 있었다. 삼성을 개혁하는 결정적 계기를 제공한 것도 일본인 고문이었다. 이 개혁을 발판으로 삼성전자는 세계적 기업을 만들어냈다.

실제로 그는 일본에 집착했다. 그와 일본의 관계는 숙명과도 같았다. 인간으로서 또 경영자로서 그의 삶은 일본으로 시작해 일본으로 끝났다고 해도 과언이 아닐 정도다.

그의 아버지는 "선진 문물을 보고 자라야 한다"며 1952년 어린 나이의 이건희를 일본으로 보냈다. 그는 인성이 형성되는 중요한 시기인 초등학교 시절을 일본에서 보냈다. 학교에서는 조센징이라 놀림받으며 혼자 남겨지기 일쑤였다. 집에 돌아와도 하소연할 어머니, 아버지가 없었다. 사교적이지 못했던 그는 더더욱 내성적인 아이로 성장했다. 마음속에는 일본에 대한 부러움과 함께 말로 표현하지 못할 울분이 동시에 자리 잡기 시작했다.

고등학교를 한국에서 졸업한 후 이건희는 다시 일본으로 돌아가 그곳에서 대학을 졸업했다. 일본 생활을 오래 한 그는 NHK 프로그램의 열렬한 시청자가 됐다. 일본 잡지는 그의 필수 독서목록에 항상 들어 있었다. 이런 환경에서 그가 일본 기업들을 배우고 따라가야 할 대상으로 삼은 것은 당연한 일이었다.

아버지를 이어 1987년 그룹 회장이 되자 그는 일본에 더욱 집착했다. "일본을 배워야 한다"는 말도 자주했다. 그리고 수많은 일본인을 고문으로 데려왔다.

이런 그를 바라보는 일본의 시각도 나쁘지 않았다. 일본을 우호적으로 생각하고, 배우려 하는 기업가가 한국에서 영향력을 확대하고 있는 것은 그들 입장에서는 환영할 만한 일이었다. 일본 기업들이 기술을 지원해준 것도 이런 이유에서였다. 국가 전체적으로 보면 '친일 기업인 하나 키우는 것은 나쁘지 않은 일'이라는 정서도 있었다.

일본과의 이런 우호적 관계를 상징하는 모임이 있다. 'LJF Lee Japanese Friends'. 그의 일본 친구들을 뜻하는 기업인 모임이다. 일본의 내로라하는 전자부품기업의 총수들, 또는 각 기업의 정책 결정권을 갖고 있는 최고 경영자가 참석했다. 일본을 배우려는 한국인 기업가와 적당한 수준의 기술을 제공해주면서 매출을 올리려는 일본 기업인들의 만남이었다. 1990년대 중반부터 계속된 이 모임의 분위기가 우호적이었음을 짐작하기는 어렵지 않다.

하지만 이런 분위기는 2000년대 중반을 기점으로 급변하기 시작했다. 이건희가 넘지 않아야 할 선을 넘으려 했기 때문이다. 그 선은 일본의 자존심이라고 부를 수 있는 세계 전자 산업의 패권이었다.

소니, 도시바, 파나소닉, 히타치, 샤프 등이 장악하고 있던 세계 전자 시장을 그가 본격적으로 넘보기 시작했다. 일본은 긴장했고, LJF의 분위기가 서먹해지기 시작한 것도 이때쯤이었다.

그에 대한 경계심이 일본 사회에 급속히 확산됐다. 이런 분위기를 반영한 책 한 권이 2005년 출간된다. 제목은 《세계 최강 기업 삼성이 두렵다》였다. 출간되자마자 베스트셀러에 올랐다. 활력 없는 일본 기업들이 삼성 등 역동적인 한국 기업에 밀리는 근본적 원인을 분석한 책이다. 투지도 전략도 없는 일본의 월급쟁이 CEO들을 비판하는 내용이 주를 이뤘다. 비교 대상은 삼성이었다. 책은 "경영자의 전략능력과 의사결정의 차이가 한일 기업의 성패를 갈랐다"고 결론 내렸다.

책의 저자인 기타오카 도시아키는 2004년 이 책을 쓰기 시작했다. 계기는 한국과 일본 기업의 경영실적이었다. 2004년 삼성전자는 사상 처음 10조 원이 넘는 이익을 올렸다. 반면 소니, 도시바 등 7대 전자업체의 이익은 모두 합쳐도 삼성의 절반이 안 됐다. 일본 입장에서는 참담한 실적이었다.

더 충격적인 사실은 반도체뿐 아니라 다른 부문에서도 삼성이 일본 기업들을 잡아먹을 기세로 치고 올라오기 시작한 점이다. 삼성은 1980년대 일본 기업이 버리다시피한 반도체 시장에 뛰어들어 성장의 발판을 마련했다. 1990년대 들어 반도체에서 거둬들인 엄청난 수익을 TV와 휴대폰 사업에 쏟아 부었다. 이를 통해 일본 기업들이 장악하고 있는 TV와 가전 시장에서도 턱밑까지 추격했다.

일본 여론이 들끓기 시작했다. 기타오카 도시아키는 "일본 업체들은 앞으로도 계속 삼성의 뒤를 따라 다녀야만 하는 것은 아닐까?"라는 의문으로 끝을 맺었다.

그의 불길한 느낌이 현실이 되는 데는 채 5년이 걸리지 않았다. 2009년 글로벌 금융위기가 한풀 꺾이자 삼성의 저력이 힘을 발휘하기 시작했다. 삼성전자는 생존을 넘어 비약의 단계로 접어들었다. 2009년 삼성의 반도체는 물론 TV, 휴대폰, 가전 부문까지 한 분기 이익이 조 단위로 성장했다. 일본 전자업체들은 엔고까지 겹쳐 깊고 깊은 적자의 수렁에서 헤매고 있었다.

일본 언론은 또다시 패닉에 빠졌다. 일본 전자업체들이 우위를 점하는 시장은 이제 찾아보기 힘들게 됐다. 미국, 유럽, 아시아 모두 마찬가지였다. 열도는 다시 이유를 찾기 시작했다.

그들이 찾은 답은 5년 전과 같았다. 이건희였다. 2010년 1월 일본 경제주간지 〈닛케이비즈니스〉는 "삼성은 위기를 기회로 바꾸기 위해 일본이 투자를 줄일 때 과감히 투자했다. 경기회복이 늦어지면 막대한 적자를 낼 수 있다는 리스크를 감수해야 가능한 일이었다"고 분석했다. 이어 "일본 기업들의 샐러리맨 경영자들이 두려워하는 이런 대규모 투자를 할 수 있는 것은 그룹 오너인 이건희의 존재 때문이다"라고 결론 내렸다. 그리고 기사에 이런 제목을 달았다.

"샐러리맨은 황제를 이길 수 없다."

이 기사가 작성되고 있던 그 순간, 미국 라스베이거스에서 열린 세계가전전시회인 CES 행사장에 이건희가 모습을 드러냈다. 평소 일본에 대해 말을 아끼던 그였다. 하지만 이날은 달랐다.

그는 떨리는 목소리로 말했다. "우리는 일본을 앞섰습니다. 기술과 디자인에서 앞섰기 때문에 당분간 그들은 우리를 따라오기 힘들 것입니다." 오래전 "레슬링이든 탁구든 사업이든 뭐든 일본만 이기면 기분 좋다"고 말했던 이건희가 일본과의 30년 전자전쟁에서 승리를 선언한 날이었다. 이건희는 그렇게 일본에서 어린 시절 받았던 설움을 사업을 통해 되돌려줬다.

전략적 직관과
통찰의 힘

● 사건 1 ── 1974년 삼성전자에서 반도체 논쟁이 벌어졌다. 이병철 회장의 셋째 아들 이건희가 "한국반도체를 인수하자"고 제안했기 때문이다. 삼성전자 임원들은 황당했다. "우리 수준에 반도체라니……."

삼성전자가 생긴 지 5년밖에 안 된 해였다. 당시 삼성전자는 TV 하나 제대로 만들지 못해 일본에서 부품을 사다 조립해서 판매하는 수준이었다. 반도체가 뭔지 아는 사람도 별로 없었다. 삼성전관, 삼성전기 등 전자 관련 계열사들은 모두 어려움에 처해 있었다. 임원들의 이런 반응은 당연했다.

이병철도 썩 구미가 당기지는 않은 듯 결정을 미뤘다. 결국 이병철은 회사 차원에서는 한국반도체를 인수하지 않기로 결정했다. 하지만 이건희는 물러서지 않았다. "회사가 안 하면 개인 돈으로 한국반도체를 인수하겠습니다"라고 이병철에게 말했다. 이병철은 그것까지 막지는 않았다. 이건희가 사재로 인수해 시작한 삼성의 반도체 사업은 1980년대 후반부터 삼성그룹의 캐시카우cash cow 역할을 했다. 반도체로 번 돈은 삼성전자와 삼성그룹을 글로벌 강자로 만든 든든한 밑천이 됐다.

● 사건 2__ 1987년 세계 반도체 업계는 고민에 부딪쳤다. 반도체 설계를 어떤 식으로 할 것인지를 놓고 2가지 의견이 대립하고 있었기 때문이다. 반도체 기술력은 집적도에 달려 있다. 즉 얼마나 작은 공간에 많은 데이터를 넣을 수 있느냐의 싸움이었다. 쟁점은 데이터가 들어갈 공간을 만드는 방식에 대한 것이다. 하나는 파고 들어가는 트렌치trench 방식이고, 다른 하나는 얇은 층을 여러 겹 쌓는 스택stack 방식이다. 방식을 잘못 선택하면 생산성이 떨어져 경쟁에서 뒤처질 수 있는 중요한 사안이었다. 어떤 반도체 회사도 선뜻 결정하지 못했다. 갈림길에서 삼성전자는 스택 방식을 택했다. "쌓는 것이 파고 들어가는 것보다 쉽다"는 단순한 논리였다. 일부 기업들은 트렌치 방식을 선택했다. 얼마 후 스택 방식을 선택한 삼성전자의 경쟁력은 다른 회사들을 앞도하기 시작했다. D램 시장에서 삼성전자의 독주가 시작됐다.

● 사건 3—— 1993년 어느 날 삼성그룹 수뇌부들이 태평로 빌딩 한 회의실에 모였다. 회의장에 앉아 있는 이건희의 표정은 점점 굳어졌다. 논쟁에 지친 기색이었다. 이건희는 양과 질을 놓고 사장들과 논쟁을 벌이고 있었다. 이건희는 "양은 포기하고 질로 가야 한다"고 주장했다. 하지만 비서실 직원들은 부정적 의견을 내놨다. 제품을 국내 시장에만 내다 놓으면 무조건 팔리던 때였다. 수요가 공급을 초과하는 상황에서 양을 포기한다는 것과 고장 나면 고쳐주면서 돈을 버는 방법을 포기하겠다는 이건희를 비서실 직원들은 이해할 수 없었다.

마침내 이건희가 최후통첩을 했다. "그동안 양이 7이고 질이 3이었다면, 앞으로는 질이 10이고 양은 0입니다." 비서실장이었던 이수빈이 반발했다. "그렇게까지 하는 것은 무리라고 생각합니다." 이건희는 티스푼을 던져버리고 회의를 끝냈다. 그리고 다음날 이수빈을 경질해버렸다. 이건희의 트레이드마크가 된 질 경영은 이렇게 시작됐다.

이때부터 삼성전자는 불량품이 나오면 생산라인을 세웠다. 이는 '라인스톱제'라고 불렸다. 불량의 원인을 찾을 때까지 라인은 재가동할 수 없었다. 이 사건은 '품질의 삼성전자'를 향한 출발점이 됐다. 삼성전자는 일본 회사에 뒤지지 않는 품질을 갖춰가기 시작했다. 품질력은 이후 삼성이 세계 TV와 가전은 물론 휴대폰 시장을 장악하는 기반이 됐다.

위의 사건들은 이건희가 삼성전자를 경영하면서 내린 중요한 결정들이다. 이들 결정 하나 하나에 회사의 명운이 달려 있었다. 반도체 사업 진출은 말할 것도 없고, 반도체 생산 라인에 대한 투자는 한번 잘못하면 수조 원을 한꺼번에 날릴 수 있는 결정이었다. 회사를 영원히 경쟁의 대열에서 탈락할 수 있게 만들 정도의 돈이 들어가는 모험도 있었다.

이건희는 결단했다. 그리고 이런 결정은 대부분 적중했다. 삼성은 성장을 거듭했다. 반면 삼성이 성장하는 동안 일본의 전문 경영인들은 머뭇거렸다. 기존 체제를 유지하거나, 큰 돈을 쓰지 않아도 되는 안전한 곳으로 키를 돌렸다. '모험은 전문 경영인의 임기만 단축시킨다'는 암묵적 합의라도 본 듯했다. 일본 언론이 "왜 우리에겐 이건희처럼 미래를 내다보는 경영자가 없는가"라고 탄식하는 것은 당연한 일이었다.

이건희는 어떻게 이런 결정을 내릴 수 있었을까? 이건희를 이런 결정으로 이끈 원동력은 무엇일까? 이 의문에 대한 해답을 찾는 것이 이 책의 주제이기도 하다. 이건희 생각의 궤적을 추적하는 일이다.

그 첫 번째 키워드는 직관이다. 1974년 한국반도체 인수에 대한 그의 설명을 들어보자. "1973년 오일쇼크 이후 한국은 부가가치가 높은 하이테크 산업에 진출해야 한다는 확신이 들었다. 한국반도체라는 회사가 파산에 직면했다는 소식을 들었을 때 반도체라는 이름에 끌렸다."

여기서 중요한 표현은 "반도체라는 이름에 끌렸다"는 것이다. 오일쇼크로 인한 충격 때문에 하이테크 산업에 진출할 필요성을 절감하고 있을 때 반도체란 단어가 그를 끌어당겼다. 말 그대로 '감'이었다.

당시 그에게는 반도체 산업에 진출해 연구개발을 어떻게 하고, 세계 시장에서 강자들과 어떻게 경쟁할지에 대한 대책 같은 건 없었다. 계획이 없었다는 것은 경영학적 분석보다 더 중요한 무언가가 그의 생각을 지배했다는 얘기다.

이건희는 시대의 과제와 자신의 직감을 결합했다. 설명할 수 없지만 반도체 사업을 하지 않으면 미래에 패배자가 될 것이라는 것을 직감하고, 패배자의 길을 피해가기 위한 모험을 택했다. 또 어려워진 삼성의 전자사업을 제대로 일으킬 수 있는 핵심 사업 또한 반도체라는 것을 그는 간파했다. 핵심 경쟁력을 갖추면 다른 사업의 수준은 저절로 올라간다는 '역발상 경영'이었다.

이런 결정을 설명하는 용어가 직관이다. '감'이란 단어를 성공한 사업가들에게 적용할 때는 '직관'으로 바꿔 부른다. 이건희 스스로도 "나는 선친으로부터 경영은 이론이 아닌 실제이며 감이라는 것을 배웠다"고 말할 정도로 직관을 중시했다.

그가 한국 기업이 반도체 산업에 성공할 수 있다고 판단한 이유를 설명하는 대목에서도 직관이 작동했음을 알 수 있다. 그는 "반도체 산업이 우리 민족의 재주와 특성에 딱 들어맞는 업종이라고 생각했다"고 말했다. 한민족은 젓가락을 쓰는 문화권에 있기 때문에 손재주가 좋고, 집 안에서 주로 신발을 벗고 생활하기 때문에 깨끗하다는 점을 반도체 성공 가능성의 근거로 들었다. 그럴듯해 보이지만 왠지 딱 떨어지지는 않는 것 같은 느낌이 든다. 그 이유는 이 결정이 직관에 따른 감각적 결정이었기 때문이다.

이후에도 이건희는 중요한 결정 대부분을 이런 방식으로 했다. 이건희가 내린 결정은 숫자로 성공 가능성을 입증하는 것 자체가 불가능했다. 파격적 결정의 연속이었으며 모험이었기 때문이다.

물론 이런 결정 대부분이 초기에는 저항에 부딪쳤다. 이건희가 불황기에 대규모 투자를 하겠다고 발표했을 때는 미친 짓이라고 하는 사람들도 있었다. 애널리스트들은 이런 이건희 중심의 삼성식 의사결정 방식이 불투명하다며 투덜거렸다. 삼성의 가장 큰 위험 요인 중 하나가 "이건희를 중심으로 한 불투명한 경영 방식"이라고 지적하는 외국계 증권사 애널리스트들도 많았다. 그들은 숫자를 원했다. 2000년대 초반까지도 그랬다.

하지만 세상을 바꾼 전략적 판단 대부분은 이런 순서로 이뤄진다는 것이 경영학자들의 공통된 의견이다. 방대한 연구와 검토가 이뤄진 후 무언가 끌어당기는 듯한, 또는 갑자기 찾아오는 듯한 감에 의해 전략적 판단이 이뤄진다. 그 판단은 실행으로 이어지고, 시간이 흐른 뒤 성과로 증명된다. 치밀한 시장 조사를 거쳐 숫자로 성공 가능성을 판단한 후 실행한다는 일반적 생각과는 정반대다.

앞이 보이지 않는 상황, 숫자로 증명할 수 없고, 어떤 경영학 교과서에도 나오지 않는 모험에 가까운 결정, 이것이 '이건희의 직관'이었다.

컬럼비아 대학 교수인 윌리엄 더건은 《위대한 전략가의 조건》이란 책에서 "다양한 경험에서 오는 단순한 전술적 직관과 달리 전략적 직관은 경험과 냉철한 판단, 역사에 대한 학습, 그리고 실행력이 뒷받침되어야 한다"고 했다. 이건희의 감은 완벽히 전략적 직관에 속한다.

이건희 스스로도 직관의 중요성을 언급했다. 경영자에 대해 그는 "보이지 않는 것을 보는 사람이다"라고 했다. '보이지 않는 것을 보는 것', 이것이 이건희 경영철학의 요체이며 이를 가능케 한 것이 전략적 직관의 힘이다. 이를 기반으로 그는 "10년 후 미래를 예측하고 준비하라"고 외치며 오늘의 삼성을 만들었다.

숫자로 설명할 수 없는 결정을 중시했던 대표적 경영자는 스티브 잡스였다. 스티브 잡스는 1983년 매킨토시를 출시하고 한 기자로부터 질문을 받았다. "매킨토시에 대한 수요 조사 결과는 어떻게 나왔습니까?" 잡스는 답했다. "알렉산더 그레이엄 벨이 전화기를 발명할 때 수요를 조사하고 발명했습니까?"

경영은
보이지 않는 것을
보는 것

세계적 인지심리학자 개리 클라인도 직관에 대해 "보이지 않는 것을 보는 힘"이라고 했다. 클라인은 '보이지 않는 것'이 무엇인지에 대해 "전문가는 볼 수 있지만 다른 사람들에게 보이지 않는 것"이라고 정의했다. 그리고 "일반인들이 의식하지 못하는 패턴, 이변(일어나지 않았던 사건이나 기대치에 어긋난 점), 자신의 한계" 등을 예로 들었다. 이건희가 본 것도 이 범주에 들어 있다.

우선 패턴부터 살펴보자. 패턴은 일이 일정한 방식으로 전개되는 전형성을 말한다. 이건희는 세계 제조업의 패권이 영국에서 미국으로, 미국에서 일본으로 넘어가는 것을 목격했다. 이 과정에서 경쟁력의 핵심이 양에서 질로, 하드웨어에서 소프트웨어로 넘어가고 있다는 것도 파악했다. 1993년부터 이건희가 질 경영과 소프트웨어에 기반한 경영을 주장한 이유다. 그는 패턴을 파악하고 미래를 준비했다.

이건희는 또 사람과 자본이 모여 있는 곳에서 경쟁력이 나온다는 패턴도 파악했다. 금융의 중심지 뉴욕에는 전 세계 금융회사와 인재들이 몰려 있고, 실리콘밸리에서는 벤처캐피털리스트와 IT 분야의 천재들이 각축을 벌이며 경쟁력을 더욱 높이고 있다는 것도 알아차렸다. 그래서 "삼성을 천재들의 각축장으로 만들어야 한다"고 주장했다.

다음은 이변이다. 이는 과거의 법칙대로 움직이지 않는 새로운 질서를 말한다. 이건희는 TV 산업이 아날로그에서 디지털로 급속히 옮겨갈 것이라는 점을 파악했다. 디지털 시대에는 LCD TV가 브라운관 TV를 대체하고, 선발주자와 후발주자 간 큰 차이가 없을 것으로 내다봤다. 그래서 삼성은 1990년대 초반부터 LCD를 집중 육성했다. 이건희의 예상은 들어맞았다. 아날로그 TV의 제왕 소니는 삼성에서 LCD를 사다 쓰는 신세로 전락했다. 그리고 왕좌에서 내려왔다. 그 자리를 삼성이 차지했다. 이건희는 산업의 변화, 즉 과거의 방식과 다르게 움직이는 디지털 시대를 내다보고 이를 준비했다.

마지막은 자신의 한계다. 개리 클라인은 직관의 범주에 자신의 한계를 집어넣으면서 이렇게 설명했다. "전문가의 눈은 외부로뿐만 아니라 내면으로도 향해 있다. 이를 통해 자신이 생각하는 과정도 볼 수 있는데 이는 사고에 대한 사고라는 의미인 초인지 과정이라고 할 수 있다.”

상황을 인식하고 큰 그림을 보는 것뿐 아니라 큰 그림을 놓치는 시점도 감지하며, 그것을 극복하기 위해 미리 준비하고 전략을 변경한다는 설명이다.

이는 이건희가 항상 위기를 외친 것과 맥을 같이한다. 1993년 신경영 때는 일본에 종속되어 있는 기술력과 간부직원들의 안일한 인식을 위기라고 규정하고 “마누라와 자식 빼고 다 바꾸라”고 했다. 1997년에는 “모든 것을 팔아 이 고비를 넘지 않으면 현재 사업구조로는 삼성이 영원히 사라질 수 있다”며 강력한 구조조정을 했다.

이렇게 이건희는 패턴과 이변을 파악하고, 자신의 한계를 인식한 후, 적절한 전략을 선택했다. 이를 통칭해 직관이라고 한다.

이런 직관은 타고나는 것일까? 이건희는 “직관과 통찰력은 훈련을 통해 기를 수 있다”고 했다. 그는 자신이 체득한 방법도 상세히 제시했다.

이건희가 제시하는 방법의 핵심 단어는 ‘생각’이다. ‘생각의 힘’을 빌려 내가 처한 현실을 제대로 파악하면 지금 무엇을 해야 하는지를 알 수 있고, 좀 더 깊이 들어가면 미래도 볼 수 있다는 게 그의 지론이다. “나를 알고, 위기를 느끼고, 위기를 헤쳐갈 답을 찾다 보면 새로운 것을 볼 수 있게 된다”고 이건희는 말했다.

이는 이건희 경영철학 '지행 33훈' 첫 번째 장의 주제를 '생각의 힘'으로 정한 이유다. 그가 갖고 있었던 가장 중요한 경쟁력은 '생각의 힘에 기반한 직관'이었다. '생각에 관한 이건희의 생각'을 알 수 있는 표현이 있다. '정신적 몸살'이다. 그는 1993년 이렇게 말했다. "우리는 전통적으로 물리적인 고통은 잘 견뎌왔으나 정신적인 고통은 잘 못 참는다. (한국인들이 흔히 쓰는) 골치 아프다는 말은 이런 심리에서 나온 것이다. 앞으로는 육체적 몸살을 앓는 것에서 벗어나 정신적 몸살을 앓을 정도로 고민하고 분석해야 한다."

정신적 몸살을 앓을 때까지 생각하라는 주문이다. 이를 통해 문제점을 분석하고, 끝까지 추적해 해답(솔루션)을 찾으라고 했다. 실제 그가 사용한 생각의 방식이다.

정신적 몸살. 신체를 많이 쓰면 몸살에 걸리듯, 뇌를 많이 쓰면 정신적 몸살에 걸린다고 이건희는 생각했다. 고도로 집중해 생각하다 보면 '뇌를 쉬게 해줘야겠다'는 느낌이 드는데, 그 정도가 되어야 생각한다고 할 수 있다는 얘기다. 이건희에게 생각은 직관과 통찰력을 길러주는 유력한 방법이었으며, 전략으로 향하는 문이었다.

이건희는 생각하는 힘을 기르는 방법도 제시했다. "골치 아픈 것(정신적 훈련)도 훈련하면 된다. 2킬로미터를 뛰다가 3킬로미터, 4킬로미터를 달리는 것은 어렵지 않다. 그러나 안 뛰다가 갑자기 4킬로미터를 뛰려고 하면 문제가 생긴다."

그는 생각의 힘을 기르기 위해 훈련하라고 주문한다. 답을 찾을 때까지, 정신적 몸살이 걸릴 때까지 생각하는 훈련.

헬스클럽에서 트레이너들이 하는 말을 떠올려보면 이런 이건희의 주장이 타당성 있다는 것을 알 수 있다. 트레이너들은 "근육을 만들기 위해 운동을 하다 보면 근육이 실제로 팽창되는 순간이 있다. 도저히 들지 못한다는 생각이 들 때 한 번 더 들었다 내려놓는 그 순간이다"라고 말한다.

뇌도 마찬가지다. 도저히 생각을 더 하지 못할 정도가 될 때 그 고비를 넘기고 답을 향해 한 걸음 더 나아가면 정신적 몸살이 찾아온다. 이때 뇌의 용량이 확대되고, 생각의 힘은 길러진다. 실제 이건희는 중요한 결정을 내리기 전이면 철저히 혼자가 됐다. 혼자 어디엔가 틀어박혀 뇌가 몸살에 걸릴 정도로 생각했다.

1993년 대규모 투자 결정이 그런 사례다. 당시 반도체 웨이퍼(wafer, IC를 제조하는 출발원료인 실리콘 등 반도체의 얇은 판) 6인치가 세계 표준이었다. 웨이퍼를 8인치로 늘리면 생산량이 2배로 증가하는 것을 반도체 회사들은 모두 알고 있었다. 하지만 기술적 위험성 때문에 누구도 시도하지 않았다.

이건희는 당시 상황에 대해 "나는 고심 끝에 8인치로 결정했다"고 말한다. '고심'이란 말이 이건희의 생각을 설명해준다. 고심은 혼자서 하는 생각이다.

생각이 더 이상 갈 곳이 없는 깊은 곳에 다다르면 사고는 단순해진다. 그리고 머릿속에 해법이 명쾌하게 정리된다. 이건희는 사고를 단순화했다. 실패할 때의 손실과 시도도 하지 않았을 때 맞닥뜨릴 결과를 비교했다. 그는 "기회상실로 인한 손해는 돈으로 환산할 수 없다"고 결론 내렸다.

그리고 그는 월반이란 단어로 표현했다. 예를 들면 초등학교 4학년에 다니다 6학년으로 올라가는 것이다. 그때 상황에 대해 이건희는 "일본 업체들이 머뭇거릴 때 투자를 감행해야 한다고 판단했다"고 설명했다. 그리고 승부수를 띄웠다. 그는 자서전에서 "나는 단계를 착실히 밟는 편안한 길을 버리고 월반을 택했다"라고 결단 배경을 설명했다.

월반 전략, 1등이 하는 방식으로는 1등을 따라갈 수 없다는 창조적 혁신 전략이라고 평가한다. 그렇게 1993년 10월 삼성은 메모리 반도체 1위에 오른다.

이건희는 늘 이런 방식으로 생각했다. 생각은 그에게 직관과 솔루션을 제공했고, 성공할 수 있었던 수많은 결정을 내리게 해준 힘이었다. 전남대 강준만 교수는 이런 이건희를 '생각중독자'라고 표현했다.

2002년 이건희는 자서전을 출간했다. 그 제목은 《이보게 생각 좀 하며 살게》였다. 가벼운 표현이었다. 하지만 생각중독자 이건희가 자서전에 달 만한 제목이었다.

이건희가 이처럼 생각중독자가 된 데는 이유가 있다. 고독이었다. 그는 한 인터뷰에서 "태어나면서부터 (가족들과) 떨어져 사는 게 버릇이 됐다. 그래서 내성적이 됐고 친구도 없고 술도 못 먹으니 혼자 있게 됐고 그러니까 혼자 생각을 많이 하게 됐고, 생각을 해도 아주 깊게 생각하게 됐다"고 말했다.

고독이 그에게 준 선물은 생각의 힘이었고, 생각은 삼성전자를 세계적 기업으로 키울 수 있었던 직관과 통찰력을 그에게 가져다 줬다.

역사를 모르면
전략은 없다

전략이란 단어가 탄생하는 데 결정적 역할을 한 인물은 나폴레옹이다. 그는 전투의 목표를 정하지 않고 군대를 이끌고 유럽 대륙을 유령처럼 떠돌았다. 나폴레옹이 유령처럼 떠돈 이유는 나의 힘과 적의 힘이 부딪쳤을 때 그 결과를 예상하고 움직였기 때문이다. 군대를 이끌고 지나가다 적과 마주치면 그의 직관이 작동했다. 질 것 같으면 그대로 지나쳤다. 이길 수 있다고 판단하면 싸워서 이겼다. 나폴레옹 전쟁사에 빈, 베를린 등 유럽 요지의 전투명은 하나도 나오지 않는다. 왜냐하면 요지는 적의 방어가 철통 같아 싸움을 걸지 않았기 때문이다. 그는 그저 군대를 이끌고 변방을 돌아다니면서 12전 전승을 하며 유럽을 정복했다. 나폴레

옹에게 전쟁의 시작은 나의 힘을 정확히 아는 것이었다.

이 사례는 이건희 개혁을 이해하는 데도 도움이 된다. 이건희 개혁의 출발점이 '나 자신'이었기 때문이다. 생각의 힘에서 나온 직관과 통찰력으로 세계 전자 시장을 제패한 이건희가 던지는 첫 번째 생각의 주제는 '내가 처한 현재의 위치(상황)'다.

신경영을 선언한 1993년 당시 삼성은 국내 최고의 기업이었다. 국민들도 삼성 경영자들도 모두 그렇게 생각했다. 하지만 이건희의 생각은 달랐다.

그는 "지금도 반은 일본에 예속된 것이나 다름없다. 전자, 자동차, 조선 산업은 가장 중요한 핵심 기술들이 전부 일본에 발목 잡혀 있다. 이렇게 가면 언제 망해도 망할 수밖에 없다"고 했다.

이건희는 삼성을 "망하는 것은 시간문제인 회사"라고 평했다. 삼성 간부와 직원들이 "망할 줄도 모르고 국내 1등이라는 자만심과 부서이기주의, 사업부 이기주의에 사로잡혀 회사를 망하는 길로 이끌고 있다"고 질타했다. 삼성에 대해 가장 냉혹한 평가를 한 사람이 이건희였다는 것은 그의 탁월함을 보여주는 장면이기도 하다.

이건희가 삼성에 대해 남들과 다른 진단을 할 수 있었던 것은 시대의 흐름을 정확히 파악했기 때문이다. 다시 시계를 당시로 돌려보자.

1993년은 자유무역을 상징하는 세계무역기구wto 출범을 코앞에 둔 해였다. 사회주의가 붕괴됨에 따라 이데올로기 전쟁은 막을 내리고, 경제전쟁이 시작되고 있었다. 생각의 무대를 국내가 아닌 해외로 넓히고, 그 흐름을 파악하면 모든 것이 달리 보일 수밖에 없었을 것이라는 것은 어렵지 않게 짐작할 수 있다.

당시 삼성에는 반도체를 제외하면 세계무대에 내놓을 만한 제품이 없었다. 제대로 된 기술도 없었다. 특히 일본에 대한 의존도는 절대적이었다. 전자 산업의 근간이 되는 부품과 장비 모두 일본 것을 쓰고 있었다.

이건희는 경제전쟁의 시대로 접어들면 일본의 태도가 과거와는 다를 것으로 내다봤다. 그때까지는 한국에 기술지원도 해주고, 인력도 파견해주던 일본이었다. 하지만 앞으로는 이런 일이 일어날 수 없을 것이라고 봤다. 그는 "하루빨리 기술을 자립하고 일본 의존 일변도에서 탈피하지 않으면 안 된다. 이완용을 욕하지만 우리도 김완용, 박완용이 될 가능성은 얼마든지 있다"고 했다. 기술 종속이 또 다른 식민지화로 이어질 것이며, 기업인들은 기술 종속을 방치한 매국노가 될 수 있다는 논리였다.

냄비 속 개구리론도 들고 나왔다. "경제전쟁은 무력전과 다르다. 자기가 전쟁을 하고 있는지 또 전쟁에 지고 있는지도 모르면서 망해간다. 마치 물이 끓고 있는 냄비 속에 갇힌 개구리처럼 죽는 줄도 모르고 무기력하게 당할 수 있다. 이 전쟁의 패자는 누구도 도와주지 않는다."

생존에 대한 절박함은 이건희가 역사의 흐름 속에서 삼성의 위치를 파악했기 때문에 인식할 수 있었던 것이다. '나의 위치를 역사의 흐름 속에서 냉철하고 정확히 파악한' 결과였다.

나의 위치를 파악하는 것은 전략과 전술의 기본이 된다는 게 그의 철학이다. 이건희는 "주제파악이 안 되면 전략이 나올 수 없고, 전술 개념이 없어지고, 대소완급의 판단력이 흐려진다"라고 강조했다.

이런 역사 속에서 오늘의 나를 판단하는 문제는 이후 발언에서도 수시로 확인된다. 삼성이 성장을 거듭하던 2007년, 세계 경제는 버블의 정점을 향하고 있었다. 이때 이건희는 역샌드위치론을 들고 나왔다. 그해 4월 한 회의에서 "인도, 중국이 뒤에서 치고 올라오고 있고 일본은 앞서가고 있다. 그렇다면 우리 자신을 먼저 분석해야 할 것 아닌가. 우리가 치고 올라가니 노키아 등 경쟁사가 신경 쓰고 위기의식을 갖고 지켜보고 있다. 우리는 어떤가. 우리 자세는 어떤가"라고 목소리를 높였다.

삼성과 한국경제에 대한 진지한 고민의 결과였다. 중진국 함정에 빠져 있는 한국, 앞서 가고 있는 것 같지만 여전한 일본과는 기술 격차를 보이고 있고 중국과 인도의 빠른 추격을 받고 있다는 생각이 그의 머릿속을 지나갔다. 이건희는 상상했다. 이 상황이 몇 년간 지속되면 한국 경제는 물론, 삼성도 큰 위기를 맞을 수밖에 없다고 결론 내렸다.

역샌드위치 상황에 처한 한국 경제와 삼성이 택할 수 있는 전략은 분명했다. 추격자에게 역전당하지 않고, 일본을 추월할 수 있는 '삼성만의 경쟁력'을 갖추는 것이었다.

여기서 나온 전략은 창조경영론으로 불렸다. 과거의 제조업과는 다른 고부가가치 제조업, 하드웨어와 소프트웨어가 어우러져 새로운 경쟁력을 만들어내는 융합산업, 이를 위해서는 삼성에도 과거와는 다른 기업문화가 필요하다고 판단했다.

그는 "세계의 인재들이 삼성에서 마음껏 발상하고 역량을 최대한 발휘할 수 있도록 경영시스템과 제도를 개혁해야 한다"고 주장했다. 또 "우리가 소중하게 간직해왔던 기업문화까지 시대적 변화에 맞게 바꾼다는 각오를 해야 한다"고 했다.

그때까지 삼성은 관리의 삼성, 전략의 삼성으로 불렸다. 이건희는 삼성이 관리와 전략을 통해 성장했지만 전환이 필요하다고 했다. 그는 '창의의 삼성'으로 전환하라고 주문했다. 역사의 요구였다. 하지만 창조경영은 2007년 이건희의 회장직 사퇴로 결실을 보지 못하고 훗날을 기약해야 했다.

위기경영은
기업가의 본능

지금 자신의 위치를 파악한다는 것은 항상 위기론으로 연결된다. 어떤 인간과 기업, 국가도 완전할 수 없기 때문이다. 특히 외부 환경의 변화는 조직에게 변화를 강요한다. 그래서 "모든 것은 변한다. 변하지 않는 것은 변하지 않는다는 사실뿐이다"라는 수천 년 전 헤라클레이토스의 말이 새삼 현대 전략가들의 입에 오르내리고 있는지도 모른다.

이건희는 이런 변화에 적응하는 출발점이자, 가장 중요한 수단은 '위기의식'이라고 주장한다. 나의 처지를 파악하고, 우리 기업이 처한 위치를 알면 위기의식을 느낄 수밖에 없다는 것이 그의 지론이다.

그의 얘기를 들어보자. "작년 말부터 등에 땀이 흐를 정도의 위기감을 느껴왔으며 잠도 제대로 자지 못했다. 모든 것을 빼앗아가 버리는 종말의 시작이 될 수도 있기 때문이다." 이대로 가면 앞으로 삼성의 생존마저 보장할 수 없다는 위기의식이 글로벌 삼성의 출발점이었다.

이건희는 위기의식을 경영자가 갖춰야 할 첫 번째 덕목으로 꼽았다. 때문에 지행33훈의 첫 번째 장이 '위기의식'으로 시작되고, 많은 이들이 그를 '위기의 경영자'로 부른다.

그는 삼성전자가 좋은 실적을 올리는 해마다 위기론으로 조직을 긴장시켰다. 삼성전자가 본격적인 성장을 시작한 2001년, 회사 전체는 축제 분위기에 젖어 있었다. 이건희는 당시 사장단 회의에서 "제일 중요한 것은 위기감이 회사 전체에 어느 정도 퍼져 있느냐, 그 위기감이 구체적으로 어디까지 와 있느냐, 얼마나 심각하게 와 있느냐 하는 것이다"라고 지적했다.

반도체에서 10조 원의 흑자를 낸 2005년 6월에도 과거 반도체 시장을 독점했던 일본을 경계하라고 경고했다. "우리가 일본 업체를 앞선 것은 특정 품목일 뿐인데 과장되어 있다. 일본을 절대 무시해서는 안 된다. 일본의 저력을 아무도 모른다." 이때 일본에서는 삼성 경계론이 본격적으로 부상하고 있었다.

2010년 회장직에 복귀할 때도 마찬가지였다. 당시 삼성전자는 명실상부한 금융위기의 승자였다. 분기이익 10조 원을 넘볼 때였다. 하지만 이건희의 복귀 일성은 "10년 후 삼성이 세계 1위 하는 제품은 모두 사라져버릴 수도 있다"였다. 이 발언은 대부분 신문의 헤드라인을 장식했다.

이건희가 던진 끝없는 위기론은 삼성이란 조직의 위기감지 능력을 고도로 발전시켰다. 위기의식은 삼성의 중요한 문화로 자리 잡았다.

2008년 금융위기가 터지자 이 문화는 힘을 발휘했다. 삼성그룹 전 조직은 긴장하기 시작했다. 최고위급 임원을 제외하고 운전사를 없애버렸다. 광고비는 삭감됐고, 작업 현장에서는 일회용 커피도 사라졌다. 개인용 난방용품도 수거했다. 직원들은 이런 분위기를 몸으로 감지했다. 위기의식이 조직 전체에 전달되는 속도는 삼성을 따라갈 조직이 없다. 삼성의 한 간부는 "회장의 한마디에 신기할 정도로 빨리 조직이 긴장하기 시작한다는 것을 느낀다"고 했다.

이런 위기경영은 이건희가 보기에는 기업가의 본능에 가깝다. 그는 "기업가란 항상 비관적이다. 모든 것이 비관적인 상황에서 긍정적 결과를 바라는 게 기업이다"라고 말했다. 기업과 기업가에 대한 그의 생각은 이 말로 요약할 수 있다. "기업과 위기는 숙명적인 동반자이며, 기업가는 위기를 기회로 바꾸어놓는 사람이다."

역설적이지만 이런 비관적인 전망은 원대한 목표에서 나온다. 그는 1990년대 초 이런 말을 했다. "비관적인 데는 전제가 있다. 21세기 전에 세계 일류국가로 들어가야 한다는 대전제 때문에 비관적이다." 1등을 못 하면 생존하지 못할까 봐 비관적이 되고, 1등

자리에 오르면 10년 후에도 1위를 지킬 수 있을까를 생각하면 비관적이 될 수밖에 없다는 논리다. 이런 이건희에게 만족이란 없다. 2011년 초 좋은 실적에 대해 묻자 그는 "기업가에게 만족이란 없다"고 잘라 말했다.

불안과 비관은 항상 '지금이 위기'라는 인식으로 이어지고, 위기를 기회로 바꾸는 반전의 경영을 꾀할 수밖에 없게 만든다. 이건희의 위기론에서 특이한 점은 큰 위기, 작은 위기가 따로 없다는 것이다. 위기는 그냥 위기일 뿐이다.

2000년대 중반 한때 국내시장에서 LG전자의 초콜릿폰이 인기를 끌고 삼성 휴대폰이 주춤하자, 그는 한 회의에서 이런 말을 했다. "댐은 비행기가 폭격을 해도 끄덕하지 않지만 바늘구멍이라도 있으면 점점 커지다가 결국 무너진다. 조그만 것이라도 경쟁사에 지기 시작하면 이게 점점 확대된다. 한번 지면 걷잡을 수 없게 된다."

경영자라면
입체적 사고를
길러라

이건희가 던지는 생각에 대한 메시지를 우리는 이렇게 정리할 수 있다. "역사적 맥락에서 현재 위치를 파악하고, 위기의식에 기반해 이를 헤쳐나갈 솔루션을 찾아라. 이를 위해서는 지독한 사고의 과정이 필요하다."

그러나 이것만으로는 무언가 부족해 보인다. 그래서 그는 또 다른 생각의 방법을 제시한다. 그는 "입체적 사고야말로 경영을 하는 사람들에게 반드시 필요한 것이라고 할 수 있다"고 말했다.

입체적 사고란 무엇인지에 대해 그는 영화를 예로 들어 설명했다. "나는 영화를 볼 때 한 번만 보지 않는다. 시각을 바꿔가며 보면 전혀 새롭게 보인다." 주인공의 시각, 카메라 감독의 시각, 관객의 시각, 조연의 시각, 감독의 시각으로 보면 볼 때마다 영화의 다른 면을 볼 수 있다고 주장한다. 이를 경영에 접목하면 한 사안의 본질에 접근해 미래를 예측하는 데 큰 도움이 된다고도 했다.

입체적 사고는 또 현실을 객관적으로 볼 수 있게 해준다고 그는 말했다. "입체적으로 사고하면 자기중심으로 보고 자기 가치만을 기준으로 생각하는 버릇을 고칠 수 있다." 그는 벌어지는 일을 객관적으로 분석하기 위한 전제조건으로 입체적 사고를 제시했다.

이건희의 입체적 사고론은 그가 영화광이었기 때문에 나올 수 있는 발상이라는 평가도 있다. 실제 그는 일본에서 외로움을 달래기 위해 틈만 나면 하루 종일 영화를 봤다. "하루 종일 영화관에서 지내는 일이 많았다"고 술회했다. 영화에 대해 그는 "나는 기업 경영을 하지 않았으면 영화감독이 됐을 것"이라고 말할 정도로 애정을 갖고 있었다. 1990년대 중반까지도 그의 거실에는 수천 개의 비디오테이프가 쌓여 있었다.

그는 경영자들이 어떻게 하면 입체적 사고를 기를 수 있을지에 대해서도 조언했다. 우선 경영자들에게 전용기를 타고 다니라고 주문했다. 시간을 아껴 현지를 살펴보고 해외 유명인사와 교류하면서 다양하게 볼 수 있는 시각을 기르라는 주문이었다. 자신도 미래를 입체적으로 보기 위해 세계 명사들을 그의 집무실인 승지원으로 초청해 만나곤 했다. 그가 스티브 잡스, 스티븐 스필버그 등을 만난 것은 1990년대 중반의 일이다.

입체적 사고론은 삼성에서 시나리오 경영으로 나타났다. 삼성은 해마다 경영 계획을 세우면서 3가지 정도의 시나리오를 짠다. 세계 경제의 각종 변수를 고려해 다양한 상황에 대비하기 위해서다. 물론 각 계열사 경영자들은 가장 좋지 않은 시나리오를 기반으로 경영한다. 그래서 두 번째 정도 시나리오대로 세계 경제가 움직여도 삼성은 비교적 좋은 성적을 낼 수 있게 된다.

영화 외에 이건희가 경영철학을 정립하는 데 큰 영향을 끼친 빼놓을 수 없는 취미가 하나 더 있다. 경주용 자동차 운전이다. 그는 제대로 걷기 힘들어진 상태에서도 용인 스피드웨이에서 경주용 자동차를 몰곤 했다. 또 미국 라스베이거스에서 열리는 CES에 참석할 때마다 자동차 박물관을 찾는 것을 잊지 않았다. 삼성이 자동차 사업에 진출한 것도 이런 취향과 관련 없다고 보기는 힘들다. 그만큼 그는 속도에 집착했다. 그가 내놓은 경영론도 속도와 관련 있는 것들이 있다. 대표적인 것이 마하경영론이다.

2001년 삼성전자의 이익이 안정적으로 수조 원 단위로 올라섰을 때 일이다. 이듬해 그는 한 회의에서 "우리의 매상 이익이 제트기에서 지금 마하로 갓 넘어온 느낌이다. 여기서 재료, 기자재, 소재 등을 빨리 바꾸지 않으면 후발주자에게 계속 쫓길 것이다"라고 말했다. 이른바 마하경영론의 등장이다. 제트기가 음속(1마하는 초속 340미터)을 돌파하려면 설계도, 엔진, 소재, 부품을 모두 바꿔야 한다는 얘기였다.

체질을 완전히 바꾸지 않으면 초일류기업으로 비약적인 발전을 할 수 없다고 강조했다. "마누라와 자식 빼고 다 바꾸라"고 말한 지 10년 만에 비약적으로 발전한 삼성을 한 단계 업그레이드하기 위해 그는 직원들에게 또 다른 변신을 주문했다. 물론 실제 타깃은 후발주자가 아니라 세계 전자 시장의 패자였던 소니와 휴대폰 시장을 장악하고 있던 노키아였다.

그의 생각은 2003년 11월 "노키아를 넘기 위해서는 디자인, 기술, 조직 등 모든 것을 근본적으로 바꿔야 한다"는 발언에서도 잘 나타난다. 이건희의 파괴자적 면모가 드러나는 순간이다. 그는 적당한 변화로는 아무것도 바꿀 수 없다는 것을 잘 알고 있었다. 신경영을 선언하면서 아침 7시 출근, 오후 4시 퇴근이라는 파격적 처방을 한 이유에 대해 그는 "일반적인 말로 변화를 촉구해서는 직원들이 제대로 느낄 수 없을 것이라고 생각했다"고 말했다.

이건희에게는 '속도를 동반한 질적 변화'만이 의미 있는 변화였다.

삼성그룹이 속도와 관련된 이건희 경영론에 공식적으로 마하경영론이란 명칭을 붙인 것은 2006년이다. 삼성은 최근에 다시 마하경영론을 들고 나왔다. 2014년 3월 삼성은 마하경영을 주제로 5부작 교육자료를 만들어 사내방송을 통해 내보냈다. 마하경영이 처음 나온 지 10년도 안 돼 소니 등 일본 업체와 유럽 가전업체들을 휴대폰과 TV 시장에서 몰아낸 삼성이었다. 그들이 다시 마하경영론을 들고 나온 이유는 아마도 이후 이건희가 새로운 경영론을 내놓지 않았기 때문이었을 것이다.

실제 2007년 회장직에서 퇴임한 이후 이건희는 별다른 인사이트 있는 경영론을 제시하지는 못했다. 또 아무리 좋은 이론이 있더라도 이건희를 인용하지 않으면 새로운 경영론으로 내세울 수 없는 이건희 중심의 삼성 문화가 갖고 있는 한계이기도 하다.

마하경영 외에 그의 유명한 메기경영론도 속도와 관련이 있다. 연못에 메기를 풀어놓아야 다른 물고기들이 메기에게 잡아먹히지 않기 위해 더 빠르게 움직여 강한 생존능력을 갖게 된다는 얘기다. 이건희는 자신이 메기 역할을 하겠다고 했다. 이처럼 이건희는 자신의 취미인 골프, 영화, 자동차 등에서도 경영의 교훈을 얻었다.

이번 장은 그가 경영자로서 평소 어떤 취미를 즐겼는지에 대한 얘기로 마무리할까 한다. 한 언론과의 인터뷰에서 한 말이다.

"시간 나면 외국 자동차 잡지도 서너 가지 구독하고, 드라마, 영화 비디오는 6,000개 정도 된다. NHK시리즈들 중에는 10번 본 것도 있다. 드라마를 볼 때는 관점을 달리해서 피해자, 가해자 입장에서 각각 보고 이 2가지 입장을 다 함께 생각해본다. 그러면 객관적이고 다양한 시각을 갖출 수 있다. 역사극도 자주 보는 편이다. 수식이나 변질된 것보다 동물의 세계나 자연생태 같은 비디오도 즐겨 본다."

2부

업의 개념과 복합화

업의 개념을 알면 사업에 실패할 수 없다

업의 개념을 알면 사업에 실패할 수 없다

1장에서는 모든 경영철학의 기초가 되는 생각의 방식을 다뤘다.
다음은 이건희의 비즈니스 철학을 다룰 차례다. 지행33훈의 순서
로 보면 사업전략(업의 개념, 기회선점, 1등전략)과 경영인프라(정
보화, 복합화)가 2장의 주제다. 직관에 의해 탄생한 전략이 실제
기업경영에서 어떻게 현실화됐는지를 보여주는 장이다.

2장의 핵심 표현은 업의 개념이다. 이건희가 처음 사용하기 시작
한 이 말은 삼성뿐 아니라 다른 기업에서도 흔히 쓰는 말이 됐다.
사업의 본질을 알고 사업을 해야 한다는 것이다. 이를 알지 못하
면 사업을 해도 성공할 수 없고, 본질을 알면 승패의 포인트가 어
디인지를 알기 때문에 실패할 수 없다는 메시지를 담고 있다.

기회선점과 1등전략 항목에서는 전자업계의 제왕이었던 소니를 제
치고 삼성전자가 세계 TV 시장 1위로 올라갈 때 그의 철학이 어
떤 역할을 했는지를 살펴봤다. 전략과 속도가 키워드다.

사업인프라로서 정보화는 별다른 설명이 필요없을 듯해서 생략했다. 그가 "기업은 물론 개인이나 국가, 누구든 이 디지털 물결에서 뒤처지면 오그라지고 힘없이 사라지는 시대가 됐다"라고 경고한 것은 2006년 일이다. 오그라진다는 말은 이건희가 부정적인 상황을 묘사할 때 자주 쓰는 표현이다.

복합화는 '모든 것을 한곳에 모으면 경쟁력이 생긴다'는 뜻으로 이건희가 만들어낸 철학이다. 공간, 시간, 사람을 합치라는 주문이다. 복합화로 삼성의 많은 것을 설명할 수 있다. 사업도 마찬가지다. GE를 제외하면 삼성만큼 많은 사업 품목을 가진 기업을 찾아보기 힘들다. 한때 문어발식 확장이라는 비판도 있었지만 이 포트폴리오는 삼성전자를 세계적 기업으로 성장할 수 있게 만든 기초가 되었다.

지행33훈

사업의
본질을 끊임없이
파악하다

 2000년 12월 말 어느 날. LG트윈타워 한 층에서 퀸

Queen의 노래가 흘러나왔다. 제목은 〈We are the champion〉.

파티가 진행되고 있었다. LG카드가 라이벌 삼성카드를 제치고
업계 1위에 오른 것을 축하하는 자리였다.

LG는 1등에 목말라 있었다. 삼성과 경합하는 사업이 수십 가지
있지만 1위인 삼성을 추월한 사업은 거의 없었다. 그룹 차원에서
도 LG카드의 1위 탈환은 축하할 일이었다. LG카드의 위상도 높
아졌다. 구본무 LG그룹 회장은 "사업은 LG카드처럼 해야 한다"
는 말을 하기도 했다. 그러나 챔피언 벨트는 LG 품에 그리 오래
머물지 않았다. 이듬해 신용카드 사태가 터졌다. 불길한 기운이

LG카드에 감돌기 시작했다.

당시를 돌아보자. 1999년, 2000년에는 누구든지 신용카드를 만들 수 있었다. 신분증 하나만 있으면 길거리에서도 만들어줬다. 정부가 외환위기를 극복하기 위해 내수를 진작한다며, 신용카드 규제를 몽땅 풀어버렸기 때문이다.

신용카드사들은 상당한 경품을 주며 고객 유치 전쟁을 벌였다. 다양한 공짜 혜택도 부여했다. 영화할인, 놀이공원 무료입장 등이 대표적이었다. 이런 혜택이 카드사에는 고스란히 비용으로 돌아왔다.

더 큰 문제는 혜택이 아니라 신용카드 사용자 그 자체였다. 2002년 하반기 결국 일이 터졌다. 신용카드 사용자 중 수백 만 명이 카드빚을 갚지 못하고 신용불량자로 전락했다. 카드업계는 타격을 입었다. 결국 업계 1위 LG카드는 2003년 대출 서비스를 중단했다. 그리고 워크아웃에 들어갔다. 이후 신한은행에 팔리는 운명을 맞았다. 지금의 신한카드다.

LG카드뿐 아니라 다른 카드사들도 상황은 비슷했다. 삼성도 그랬다. 그러나 내상이 LG에 비해 덜했다. 삼성은 재빨리 재무구조가 건전한 삼성캐피탈과 합병을 추진했다. 그리고 증자를 통해 최악의 상황을 면했다.

이 대목에서도 이건희가 등장한다. 삼성은 어려울 때 항상 이건희를 찾는다. 그리고 그의 말대로 움직인다. 이건희는 카드 사업에 대해 오래전부터 이렇게 말했다.

"카드업은 물장사다."

물장사는 술장사를 말한다. 1970~1980년대 동네 어귀나 공장 인근에는 허름한 소규모 술집이 많았다. 요즘으로 치면 동네 호프 집 정도라고 보면 되는데, 당시에는 대포집이라고 불렸다. 신용카드가 없었으므로 거래는 대부분 현찰이 아닌 외상으로 이뤄졌다. 실컷 술 먹고 외상장부에 이름을 적어놓고 가는 사람들이 태반이었다. 이들은 월급날이 되면 한꺼번에 갚았다. 쉽게 말하면 외상 술거래였다.

이건희는 카드업은 본질적으로 이런 외상 술장사(물장사)와 같다고 했다. 외상 술장사에서 가장 중요한 자료는 외상을 기록한 장부다. 이 장부에 적혀 있는 외상을 월급날 얼마나 잘 회수하는가에 술장사의 성패가 달려 있다는 얘기였다. 카드업도 마찬가지다. 그만큼 외상(채권) 관리가 중요하다고 강조한 것이다.

삼성카드는 대대적인 채권 회수에 들어갔다. 오래된 고객, 신규 고객을 가리지 않고 진행됐다. 신규 대출은 중단하다시피 했다. 욕도 많이 먹었다. 그러나 위기는 넘어섰다.

"카드업은 물장사다"라는 말에는 사업의 본질과 핵심 지침이 모두 담겨 있었다. 외상장사에서 가장 중요한 것은 채권 관리라는 지침이었다. 사업이 부진한 것은 어떻게 해볼 수 있지만, 이건희의 말을 어기는 것은 구제할 방법이 없는 게 삼성의 문화다. 이건희의 말은 선택의 문제가 아니라, 실행하고 말아야만 하는 가치였다.

"카드업은 물장사"라는 그의 말은 업의 개념이 무엇인지를 보여주는 대표적 사례라고 할 만하다.

이 업의 개념은 삼성이 한국 시장을 넘어, 글로벌 시장의 강자가 되는 데 큰 역할을 했다. 전략이 이 업의 개념에서 나왔기 때문이다.

업의 개념은 삼성에서만 쓰는 낯선 용어 중 하나다. 이건희는 "업의 개념과 같은 삼성만의 고급 용어를 만들어야 한다"고 말할 만큼 이 용어에 자부심을 갖고 있었다.

업의 개념은 말 그대로 해석하면 된다. 사업의 개념, 즉 본질을 말한다. 본질을 알고 핵심 성공 요인을 찾아내는 것이 전략의 핵심이라고 할 수 있다.

지행33훈 사업전략의 첫 번째 항목이 업의 개념인 것도 이런 이유 때문이다.

이건희는 "업의 개념 파악 여부에 따라 사업의 성패가 좌우된다"고 했다. 그는 예를 들어 백화점업은 부동산업이라고 규정했다. 부동산에서 가장 중요한 것은 위치다. 백화점 사업의 성패는 입지를 어느 곳에 잡느냐에 달려 있다고 봤다. 서울 한복판에 있으며, 2호선 을지로 입구 지하철역에서 곧장 매장으로 연결되는 롯데백화점이 백화점 업계 1위인 이유를 생각해보면 충분히 이해할 만하다.

호텔업은 '장치 산업'이라고 규정했다. 장치 산업은 보통 대규모 장치가 필요한 석유화학, 중공업을 칭할 때 쓰는 말이다. 이건희는 "호텔 방 하나에는 1,300개 정도의 비품이 들어간다. 이 비품을 누가 더 잘 갖추냐에 따라 호텔의 성패가 좌우된다"고 설명했다. 호텔을 찾는 사람들의 고급스러운 취향을 만족시켜야 한다는 얘기였다. 또 보험업의 성패는 보험 아줌마들을 어떻게 관리하는가에 달려 있다고도 했다.

업의 개념은 삼성에서는 일반적 단어가 됐다. 그래서 삼성은 그저 전망이 좋다고 사업에 뛰어들지 않는다. 사업의 역사와 개념, 그리고 철학을 철저히 이해하고 시작한다. 사업의 본질을 철저히 이해하면 성공 요소를 발견할 수 있다. 그리고 그곳에 자원을 집중적으로 투하하면 사업은 저절로 성장한다는 것이 이건희의 철학이자, 삼성의 철학이다.

그는 이렇게 말했다. "나는 일의 본질이 무엇인지를 먼저 파악한다. 본질을 모르고는 어떤 결정도 하지 않는다. 본질이 파악될 때까지 몇 번이고 반복해 물어보고 연구한다." 여기서 그는 직관력을 갖추는 데 필수적인 요소를 또 한 가지 제시하고 있다. 본질을 파악하려는 끊임없는 노력이다.

이건희의 말대로 업의 개념을 파악하고 이를 실행에 옮긴 대표적인 회사는 이건희가 평생 전력을 기울여 키운 삼성전자다.

이건희는 일찍감치 전자산업을 '타이밍 산업'이라고 정의했다. 누가 먼저 제품을 출시하느냐에 따라 성패가 갈리는 사업이라는 얘기다. 실제로 이를 충실히 이행한 사업은 모두 세계 1위에 올랐다.

본질은
변한다

업의 개념은 결국 본질에 대한 집착이다. 이건희는 "사업은 저마다 독특한 본질과 특성을 갖고 있다. 본질이 다르니 핵심 성공 요인도 달라진다. 본질과 특성을 제대로 알고 핵심 성공 요인을 찾아 관리역량을 집중하는 것이 전략 경영의 요체다"라고 했다. 삼성의 성공 비결이 고스란히 들어가 있는 발언이다.

그렇다면 경영자가 이런 업의 개념을 모르면 어떤 일이 일어날까? 당연히 전략, 전술이 나올 수 없다. 이건희는 "전략, 전술이 없다면 관리는 무슨 수로 할 것인가? 전략, 전술이 없으면 어디에 돈을 투자해야 할지, 어떤 인재를 뽑아야 할지 헷갈릴 수밖에 없다"고 했다.

업의 개념은 이건희에게는 사업 성공의 공식이었다. "사업이 안되다 잘되는 것은 이해할 수 있다. 그러나 사업이 잘되다 안되는 것은 이해할 수 없다"는 그의 말은 이를 증명해준다. 이론이라기보다는 경영자의 자세, 즉 업의 개념에 집착하고 본질을 파고들라는 지침에 가깝다.

이건희가 이처럼 업의 개념에 집착한 것은 개인적 성향과 밀접한 연관이 있다. 그는 한번 빠지면 끝을 보는 스타일이다. 궁금증은 해결해야 직성이 풀린다. 사물을 구성하는 기본 요소까지 분해한 후 이를 본인의 창의적 발상으로 입체적으로 재구성하고 만다.

실제 이건희는 어려서부터 전자제품을 사서 모두 분해하는 일을 자주했다. 소리가 좋은 전자제품은 어떤 차별성이 있는지, 화질이 좋은 것은 어떤 이유인지, 삼성 제품의 품질력이 떨어진다면 문제가 무엇인지 기어이 알아내야 했다. 그를 표현하는 또 하나의 단어는 집요함이다.

골프에 대해서도 마찬가지였다. 그는 젊었을 때 아버지 이병철과 함께하거나 손님을 맞아야 하는 일이 아니면 혼자 골프를 쳤다. "혼자서 골프를 치는 경우가 90%였다"고 했다. 연습장에 가거나 안양CC에서 혼자 새벽에 쳤다는 얘기다. 그 이유에 대해 묻자 이건희는 "자세 하나하나를 연구 분석하고 스윙 동작을 완벽하게 고치기 위해 부단히 연구했다"고 답했다. 기업경영도 마찬가지라고 했다.

이처럼 그는 모든 일을 기업경영과 연관시켰다.

이건희에게 몰입은 본능과도 같았다. 몰입은 본질에 대한 집착, 기어이 해결책을 찾아내는 습관으로 이어진다.

그는 한 신문과 인터뷰에서 "가전제품 관련 회의를 하다 임원들과 생각이 다르다는 것을 확인했다. 그리고 선진국의 요소가 무엇인지 파고들기 시작했고, 기업 차원에서 양이 아닌 질 경영으로 나가야 한다고 결론 내렸다"고 말했다. 여기서 중요한 단어는 '파고들어, 결론 내렸다'는 것이다.

본질주의자들의 사고 과정은 복잡하다. 많은 변수들을 자신의 사고 속에 집어넣고, 이를 조합하는 프로세스를 거친 후, 창의력을 통해 근본적인 솔루션을 찾아야 하기 때문이다. 그러나 이들이 내놓는 결론은 항상 단순하다. 해답은 명쾌하다. 본질에 가까워질수록 사안을 단순화시킬 수 있기 때문이다.

이건희는 본질을 찾아내는 것에서 한걸음 더 나아갔다. 그는 의문이 들었다. '이런 사업의 본질, 업의 개념은 고정된 것일까? 그러면 한번 1등한 회사는 영원히 1등을 하게 되어 있지 않은가.' 이건희가 본 현실은 정반대였다. 100년간 세계 시장에 군림해온 기업들이 한순간에 무너지고 있었다. 이건희는 이 사고 과정을 통해 "업의 개념은 시대에 따라 변한다"는 답을 찾아냈다.

여기서 떨어진 실천적 과제는 변화하는 업의 개념을 따라 기업도 변화해야 한다는 것이다. 이건희는 변화하는 업의 개념에 주목했다. "업의 개념이 변화함에 따라 핵심 경쟁력도 변화한다"는 것을 깨달았다.

그는 시계 산업을 예로 들었다. "시계 산업은 처음에는 고도의 기술이 필요한 정밀 산업이었다. 그러나 디지털화되면서 양산 조립업으로 변했다. 이후 패션 산업으로 변모했고 최근에는 보석 산업으로 변해왔다"고 말했다. 업의 개념이 변할 때마다 승부처가 달라진다고도 했다. 정밀 산업은 고도의 조합기술이, 양산업은 빨리, 싸게 만드는 제조 노하우가 승부처가 된다. 패션 산업에서는 디자인이, 보석 산업에서는 가공기술과 브랜드 파워가 경쟁력의 근원이 된다고 했다. 시계 산업의 주도권이 스위스에서 일본으로, 다시 프랑스, 스위스 등으로 옮겨 다니는 과정을 보면 알 수 있다는 얘기였다.

이건희는 경영자와 직장인들에게 "과연 지금 내가 하고 있는 일의 업의 개념은 무엇일까?"라는 질문을 던지고 있다.

기업이
존재한다는 것은
앞서 간다는 의미다

2009년 3월 미국발 금융위기 여파는 여전히 전 세계에 영향을 미치고 있었다. 모든 산업은 움츠러들었다. TV 시장도 비관적 전망이 지배했다. "이 불황에 누가 TV를 사겠냐"고 많은 사람들이 얘기했다.

이런 비관적 전망을 모두 무시하고 삼성전자는 느닷없이 LED TV(발광다이오드 TV)를 전 세계 시장에 출시한다. 두께는 29밀리미터로 기존 LCD TV보다 훨씬 얇았고, 화질은 기존 LCD TV에 비해 선명했다. 대신 가격은 LCD TV에 비해 100만 원가량 비쌌다. 모험이었다.

하지만 몇 달 후 뜻밖의 결과가 나왔다. 삼성전자 해외지사들은 팔고 싶어도 제품이 없어서 못 판다고 아우성치기 시작했다. 사겠다는 사람은 늘어나는데 TV에 들어가는 부품인 LED 공급 물량이 부족했기 때문이다. 부품 부족을 뜻하는 '쇼티지shortage'란 말이 전자업계에서 유행한 것도 이때다.

업계의 예상을 깨고 고가의 삼성전자 LED TV 수요가 폭발했다. 얼마 후 2009년 2분기 삼성전자 실적이 나왔다. TV 사업부가 벌어들인 이익은 1조 원이 넘었다. LED TV 이익률(매출 대비 이익의 비중)은 30%를 넘어섰다. 보통 제조업에서 이익률이 10%를 넘으면 세계적 수준이다. 냉장고, 에어컨 등 백색가전은 2~3%가 보통이고, TV는 5%만 해도 잘한다고 한다.

이런 시장에서 30%가 넘는 이익률을 기록한 비결은 딱 한발 앞서 간 결과였다. 전자 산업을 타이밍 산업으로 규정한 이건희의 실행전략은 '기회선점'이었다. 삼성전자는 LED TV 사업을 통해 이를 증명했다.

삼성의 독주를 지켜보던 다른 기업들도 2009년 하반기에 잇따라 제품을 내놓고 삼성을 추격했다. 삼성의 대응은 예상대로였다. 가격을 떨어뜨려 점유율을 지키는 전략을 썼다. 이미 시장에서 단물은 다 빨아 먹은 후였다. 이후 LED TV 가격은 수직 낙하했다. 국내에서는 50인치가 500만 원에서 200만 원 대로 떨어졌다. 세계 시장에서도 마찬가지였다. 이익을 챙긴 것은 삼성전자뿐이었다. 다른 기업들은 삼성의 뒤를 쫓았지만 TV 사업에서 적자를 면하기 어려웠다.

기회선점은 미래를 철저히 준비해 수요가 발생할 때 초기에 시장을 장악하는 것이다.

이건희는 "기업경영에서는 기회선점이 진정한 이익의 개념이다"라고 했다. 그는 반도체 1위에서 얻은 성공 경험을 다른 사업부로 이식했다. 성공 경험을 일반화하는 삼성 특유의 경영방식이기도 하다. 그는 "반도체 8인치는 세계에서 제일 먼저 했다. 잘못되면 1조 원이 날아갈 수도 있고, 성공을 장담할 수 없는 일이지만 하라고 지시했다. 모험도 해봐야 남보다 앞서 갈 수 있기 때문이다"라고 말했다.

'남보다 1년 빨라지면 2등에 비해 플러스 알파가 나오고, 모든 것을 선점해 들어가면 쉽게 10배, 15배 이익이 발생한다'는 게 그의 지론이다. 삼성전자 TV 사업부는 이를 LED TV로 증명했다.

기회를 선점하지 못했을 때 어떤 문제가 발생하는지에 대해서도 이건희는 알기 쉽게 설명했다. "올림픽에서 2등은 은메달이라도 걸지만 기업의 세계에서 2등에게 돌아오는 것은 아무것도 없다."

1등을 하려면 앞서 가야 한다. 그래서 이건희는 손실을 감수하더라도 뛰어들라고 했다. "상거래에 의한 직접 손실보다 기회상실에 의한 손해액은 차원이 다를 정도로 크다."

신제품을 내놓은 후 시장경쟁을 할 때, 점유율에서 밀리고 가격이 떨어지면 손실이 난다. 제품 판매가격보다 개발비용과 제조비용이 더 많으면 장부에 손실로 기록된다. 그러나 신제품을 내놓지 않으면 손실도 없다. 그래서 보이지 않는다. 더 무서운 것은 이 보이지 않는 손실, 시장에서 잊혀져가는 데서 오는 손실은 만회할 방법도 없다는 얘기다.

그래서 이건희는 "장부상의 이익만으로 경영을 판단하면 안 된다"고 강조했다. 기회선점과 기회손실의 차이를 모르기 때문에 단기이익만 갖고 경영자를 판단하는 우를 범하면 안 된다고 했다.

여기서 그의 나무다리론이 나온다. 아버지 이병철은 돌다리도 두드려보고 안 건넜지만 이건희는 "나무다리가 아니라 뗏목이라도 타고 건너봐야 한다"고 했다.

기회선점을 위해 모험적으로 투자해야 한다는 말이었다. 그는 "회사 공금을 횡령하는 것이 아니면 일을 저질러야 한다. 일 자체를 무서워하지 말라는 것이며 꼭 해야 할 일이라면 가능한 빨리 뛰어들어 기회를 선점하든가 최소한 기회손실을 방지해야 한다"고 했다.

그래서 이건희는 '만회'라는 말을 싫어한다. 기회를 놓치고 "이제부터 잘해서 만회하겠습니다"라고 말하는 경영자에게 이건희는 "소용없다. 아무리 잘해서 만회하더라도 그건 당연한 것이다. 만회가 아니라 기회손실이다"라고 질타했다.

기회선점은 공격뿐 아니라 수비에도 적용된다. 구조조정도 기회선점 전략에 기초해야 한다고 주장한다. "지금 이익이 좀 나도 없앨 것은 빨리 없애버려야 한다. 그리고 적자가 나더라도 시작할 건 빨리 시작해야 한다."

1,2년 이익을 낼 수 있는가 없는가의 시각으로는 기회를 선점할 수 없다는 얘기다. 실제로 이렇게 한 발 앞선 선택과 집중의 전략에 따라 삼성전자는 2012년 이익이 나고 있던 프린터 사업을 HP에 매각해버리기도 했다.

기회선점을 위한 준비는 필수다. 이건희는 "5년, 10년을 내다보고 기술투자를 시작해 준비하지 않으면 삼성은 존재는 하지만 이익은 내지 못하는 기업으로 전락한다"고 경고하고 있다. 이건희에게 기업이 존재한다는 것은 곧 앞서간다는 의미였다.

기업문화를
꿰뚫어
일본을 뛰어넘다

이건희는 '업의 개념, 기회선점, 1등전략'이라는 자신의 비즈니스 철학을 TV 사업에 완벽히 구현했다. LED TV에 앞서 소니를 제치고 세계 TV 시장 1위에 오른 과정도 마찬가지였다. 그 역전의 드라마를 잠시 돌아보자.

1990년대 말 이건희는 답답했다. TV 때문이었다. 삼성이 세계 시장점유율 1위를 하는 품목은 반도체, LCD 등 수십 개에 달했다. 하지만 TV는 마음대로 되지 않았다. 삼성을 가로막고 있는 장벽은 소니였다.

소니는 수십 년간 세계 TV 시장 지존의 자리를 지키고 있었다. 소니가 갖고 있던 기술은 트리니트론이라고 불리는 아날로그 TV

기술이었다. 선명한 화질의 상징이었다. 이 기술을 넘볼 회사는 없었다.

다른 품목이 1위를 해도 이건희는 만족해하지 않았다. 그는 "TV 시장을 장악하는 자가 세계 전자 시장의 패권을 장악한다"는 명제를 잘 알고 있었기 때문이다.

이런 이건희의 고민을 풀기 위해 삼성 경영진은 소니의 기술을 들여오기로 했다. 트리니트론 기술을 적용한 TV를 만들어 시장에 내다 팔면 승산이 있을 것이라고 봤다. 경영진은 일본으로 건너갔다.

소니 경영진에게 트리니트론 기술을 공급해달라고 부탁했다. 소니는 터무니없는 가격을 불렀다. 소니가 제시한 가격에 기술을 들여와 제조한다면 틀림없이 그 원가가 소니 TV보다 비싸질 것이었다. 소니는 겉으로는 기술을 팔겠다고 했지만, 사실상 팔지 않겠다는 답을 한 셈이다. 삼성 경영진은 굴욕을 느꼈지만 어쩔 수 없는 일이었다.

삼성은 스스로 답을 찾기 시작했다. 디자인을 개선하고, 화질도 최대한 선명하게 만들기 위해 노력했다. 하지만 아날로그 시대의 기술 격차는 쉽게 극복할 수 없었다. 수십 년 축적된 소니의 기술을 따라잡는 것은 사실상 불가능했다. 그렇게 시간이 흘렀다.

2000년대 들어서자 이건희는 기회가 오고 있다는 것을 느끼기 시작했다. TV 시장에서 PDP 수요가 늘어나고 LCD TV가 서서히 팔리기 시작했다. 전체 TV 시장에서 디지털 TV의 점유율이 점점 높아졌다.

　이건희는 욕심을 드러냈다. 2001년 초 그는 "아날로그 방식에서는 우리가 졌다. 출발이 늦었기 때문이다. 하지만 세상은 디지털로 바뀌고 있다. 출발선이 같다. 우리도 1등을 할 수 있다"라고 했다. 전자제품 시장의 흐름을 정확히 간파한 말이었다. 아날로그 시대 일본과의 기술 격차는 5년 정도로 계속 유지됐다. 아무리 노력해도 2,3년 차이로밖에 줄일 수 없었다. 소니가 500만 원에 TV를 팔 때, 삼성은 100만 원, 200만 원에 팔 수밖에 없었던 이유다.

　하지만 디지털 시대는 기술 격차가 기껏해야 6개월을 넘지 않는다. 봄 전시회에 삼성이 신제품을 내놓으면 가을 전시회에 중국이 똑같은 제품을 들고 나오는 것을 보면 알 수 있다.

　하지만 당시만 해도 이건희의 "우리도 1등을 할 수 있다"는 말을 믿는 삼성 직원은 얼마 되지 않았다. 당시 삼성의 한 엔지니어는 이런 말을 했다. "엔지니어들에게 소니는 신적인 존재였습니다. 소니를 제치고 1등을 하라는 것은 신을 넘어서라고 하는 말이나 마찬가지였습니다."

　하지만 이건희는 빈말을 하지 않는다. 그는 행동에 나섰다. 디지털 TV에 가장 적합한 디스플레이라고 판단한 LCD 사업을 키우기로 했다. 2002년 초 사장단 회의에서 그는 "삼성전관(현 삼성SDI)은 LCD 사업을 삼성전자로 이관하세요"라고 지시했다. LCD 사업은 삼성전관이 1994년 시작해 세계 1위에 올려놓은 사업이었다. 삼성전관 입장에서는 억울한 일이었다.

하지만 이건희는 가차 없었다. "LCD 사업은 프런티어 정신이 있어야 합니다. 삼성전관은 농업적 근면성은 있으나 창의적인 사업을 할 수 있는 문화가 없습니다. LCD는 반도체 공정과 흡사하기 때문에 단순히 디스플레이라고 해서 삼성전관에 맡겨놓아서는 안 됩니다. 대규모 투자가 수반되는데 삼성전관은 투자 여력도 없어 보입니다."

반도체 등에서 번 돈을 LCD에 대규모로 투자해 TV 사업에 승부를 보겠다는 얘기였다.

계열사의 기업문화를 꿰뚫어본 직관이 빛나는 순간이었다. 또한 LCD와 반도체의 결합을 예고하는 발언이기도 했다.

삼성전자는 LCD에 대규모 자금을 투자하기 시작했다. 이 투자로 품질과 대형화 경쟁에서 세계적 강자인 일본 샤프 등을 제치고 앞으로 치고 나갔다. 40인치 등 대형 디스플레이를 세계에서 가장 먼저 양산하는 데 성공했다. 삼성전자의 TV 사업도 LCD를 중심으로 급속히 재편됐다.

디지털 시대로 전환되고 있다는 이건희의 예견은 정확히 맞아떨어졌다. LCD 등 디지털 TV가 아날로그 TV를 급속히 대체했다. 삼성은 이 전환기의 파도에 올라탔다. 세계 시장에서 삼성 TV의 점유율은 계속 올라갔다.

2006년 초 삼성은 소니의 턱밑까지 추격했다. 그러나 좋아하기만 할 일은 아니었다. 가격이 문제였다. 여전히 소니제품이 훨씬 더 비싸게 팔렸다. 윤부근 삼성전자 TV 담당 사장은 "당시 소니

제품이 100원에 팔리면, 삼성 TV는 68원에 팔리는 수준이었다"고 했다.

이 수준은 이건희가 보기에 1등과는 거리가 멀었다. 이건희의 1등에 대한 철학에 비춰보면 철저한 2등이었다. "1등 제품은 양적 시장점유율뿐 아니라 그 질적 가치, 수익력, 그리고 브랜드 이미지 등이 모두 세계 최고 수준에 올라서야 한다."

이건희는 승부수를 띄웠다. "소니를 넘어설 방법을 찾으세요."

삼성 경영진은 경악했다. 사실 엔지니어들 입장에서 소니를 이 정도까지 따라온 것만 해도 엄청난 일이었다. 그런데 이건희는 안 된다고 하고 있었다. 말은 점잖게 했지만 당장 답을 찾아내라는 지시가 내려온 것이나 다름없었다. 삼성전자 전체가 술렁거렸다. "노인네가 욕심이 많아서 현실을 잘 모르는 것 같다"고 말하는 엔지니어도 있었다.

하지만 삼성에서 이건희 지시는 판단의 대상이 될 수 없었다. 삼성 경영진은 실행에 나섰다. 삼성식 실행은 항상 TF(태스크포스)부터 시작된다. 이 과정에서 만들어진 것이 TV일류화추진위원회였다. 2006년 5월의 일이다.

TF 구성원은 화려했다. 당시 대표이사 부회장 윤종용, 최지성 디지털미디어 총괄 겸 영상디스플레이 사업부장, 윤부근 영상디스플레이 사업부 개발팀장 등이 주축이 됐다. 여기에 현재 삼성전자의 핵심 임원 40여 명이 결합했다. 핵심 부품인 반도체와 LCD 담당자도 포함됐다.

TV일류화추진위원회가 꼭 필요한 이유는 속도와 시너지 때문이었다. 삼성전자는 사업부별로 독립적으로 운영된다. TV 사업부는 반도체는 반도체 사업부에서, LCD는 LCD 사업부에서 사다 쓴다. 가격이 맞지 않으면 LCD 사업부는 삼성전자가 아닌 다른 곳에 팔기도 했다. 반도체도 마찬가지다. 때로는 사업부 간 경쟁과열이 문제를 일으키기도 했다. 이런 문제를 해결함과 동시에 속도감 있게 의사결정을 하고, 시너지를 내기 위한 대책이 TF였다.

TV일류화추진위원회는 얼마 지나지 않아 미래 디지털 TV의 핵심 경쟁력이 무엇인지를 찾아냈다. 반도체였다. 인간의 뇌처럼 TV의 모든 성능을 조절할 수 있는 반도체 칩, 여기에 승부를 걸기로 했다.

그러나 막상 실행하려 하니 걸림돌이 있었다. 반도체와 TV 사업부가 별개로 움직이는 삼성전자의 시스템이었다. 이들을 한곳에 모아야 했다. 함께 머리를 맞대고 성능을 시험하고, 최적의 칩을 개발하려면 사업부 간 복잡한 절차를 생략해야 했기 때문이다.

TF는 반도체 인력을 TV 사업부로 배치하기로 결정했다. 하지만 이 일은 쉽지 않았다. 당시 반도체는 삼성전자의 캐시카우였으며, 확고한 세계 1위 제품이었다. 삼성은 실적 중심의 회사이기 때문에 실적이 좋은 계열사와 사업부의 힘이 세다. 그래서 반도체 사업부 직원 한 명만 다른 곳으로 옮기려 해도 당시 반도체 사업부장인 이윤우 사장의 사인을 받아야 할 정도였다. 엔지니어들도 반발했다. 실적 좋은 반도체 사업부에서 매년 연봉의 50%를 보너스로 받던 이들이었다. 이를 포기하고 TV 사업부로 가고 싶은 직원은 없었다.

하지만 이건희는 TF의 제안을 받아들였다. 반도체 직원 500명을 한꺼번에 TV 사업부로 전환배치하라는 지시를 내렸다. 이건희 아니면 누구도 할 수 없는 결정이었다.

이 모험은 성공했다. 얼마 후 TV 사업부로 옮겨간 반도체 엔지니어들은 '하이퍼 리얼 엔진'이라고 부르는 반도체System on Chip. SoC(여러 가지 반도체 부품이 하나로 집적되는 기술 및 제품) 개발에 성공했다. 삼성전자 TV 화질의 경쟁력은 여기서 나온다. 이 칩을 장착한 TV는 전 세계 소비자들의 마음을 사로잡았다. 당시 브랜드는 보르도였다.

삼성전자는 2006년 판매 대수를 기준으로 소니를 제치고 세계 시장 1위에 등극했다. 이듬해에는 금액 기준으로도 소니를 제쳤다. 금액 기준 점유율은 19%였다. 소니는 17%였다. TV일류화추진위원회는 2007년 세계 TV 시장 1위에 오르자 해체됐다.

이후 삼성전자는 지금까지 한 번도 세계 TV 시장 1위 자리를 내놓지 않았다.

타워팰리스에 담긴
복합화 철학

업의 개념과 함께 이건희가 자부심을 갖고 있던 또 하나의 경영이론은 복합화다. 언뜻 보면 단순한 단어다. 하지만 복합화로 이건희는 많은 것을 설명했고, 삼성에서는 중요한 전략이 됐다. 복합화에 대한 설명은 타워팰리스로 시작한다.

도곡동 타워팰리스는 2000년대 중반 이후 한국 사회에서 부의 상징이 됐다. 이건희도 이 아파트를 한 채 갖고 있고, 이학수 전 부회장 등 많은 삼성 전현직 고위 간부들이 이곳에 살고 있다.

처음부터 타워팰리스 인기가 좋았던 것은 아니다. 삼성은 타워팰리스를 1990년대 후반에 분양했다. 외환위기 여파가 가시기 전이었다. 그래서 상당수가 미분양 상태로 남아 있었다. 삼성은 이를 처리하기 위해 임원들에게 아파트를 강매하기도 했다. 계열사에도 할당이 떨어졌다. 이를 소화하기 위해 일부 계열사는 협력업체에 떠넘기기도 했다. 이 사실이 알려져 사회적 물의를 빚었다.

타워팰리스 얘기를 꺼낸 것은 부동산 얘기를 하기 위해서가 아니다. 이 아파트에도 이건희의 남다른 발상이 담겨 있기 때문이다. 삼성은 타워팰리스를 지금과 같은 주거 전용 건물로 지을 계획이 아니었다. 당초 삼성이 구상한 계획은 사무실과 아파트가 공존하는 복합건물로, 그 안을 삼성인들만 살면서 일하는 공간으로 만들려고 했다. 타워팰리스 건설을 지시한 것도 이건희였다.

그는 타워팰리스를 통해 무엇을 하고 싶었을까?

이건희 발언부터 들어보자. "115층짜리 빌딩을 지어 절반은 사무실로 쓰고 절반은 아파트로 쓰면 된다. 좋은 엘리베이터를 놓으면 전 계열사 사장들이 모이는 데 걸리는 시간은 5분도 안 된다."

이 아이디어를 현실화하기 위해 진행한 프로젝트가 타워팰리스였다. 삼성의 주요 사장과 임직원들을 한곳에 모으겠다는 얘기였다. 사장단 회의를 소집하면 한 아파트에 살기 때문에 5분이면 모일 수 있다고 그는 생각했다.

이건희는 직접적인 대면 접촉을 통해 얻을 수 있는 효율적 커뮤니케이션의 효과를 간파했다. 이건희에게 효율은 언제나 시간과의 싸움이었다. 어떻게 하면 남들이 8시간 걸리는 일을 3,4시간에 해낼 것이냐가 고민이었다. 그는 선진국을 돌아다니며 모여 있는 것이 가져다주는 효율에 대한 효과를 확신하게 됐다.

이탈리아에는 패션 산업 종사자들이 모여 있고, 실리콘밸리에는 IT 산업의 실력자들이 몰려 있다. 그리고 이들을 지원할 수 있는 학교, 금융회사들까지 한곳에 모여 산업을 발전시켰다. 런던과 뉴욕에는 금융회사와 천재적 금융 인력이 모여 있다.

그는 모여 있음으로 인해 발생하는 효율을 삼성에 어떤 방식으로 적용할지 고민했다. 그 결론이 주거와 업무공간을 한곳에 모으는 것이었다. 이건희는 이를 복합화라고 표현했다. '모든 것을 한곳에 모으는 것'이다. 사람, 자금, 공간, 심지어 시간까지 기업이 쓸 수 있는 자원을 한곳에 모두 모으라고 했다.

그의 표현을 그대로 옮기면 "복합화는 누워 있는 도시를 일으켜 세우는 것"이다. 좁은 땅덩어리에 초고층 건물을 세우면, 누워 있는 도시를 일으켜 세워 효율적으로 땅을 활용하고, 빠른 커뮤니케이션을 통해 업무능력을 끌어올릴 수 있다는 얘기였다. 또 "복합화는 어떻게 머리를 써서 시간을 합칠 것이냐의 문제다"라고도 했다. 시간도 모으라는 말이다.

각자에게 주어져 있는 시간은 5분이지만 10명이면 50분이 주어진다는 얘기다. 5분의 시간을 10명이 모여 제대로 활용하면 가용 시간을 10배로 늘릴 수 있다는 의미다.

스티브 잡스도 이런 얘기를 한 적이 있다. 1982년 매킨토시를 개발할 때, 당초 개발팀은 저가의 칩을 장착할 계획이었다. 그러나 잡스는 고성능칩을 부착해야 한다고 주장했다. 그는 "매킨토시를 100만 명이 쓴다고 가정해보자. 부팅되는 시간이 1분만 빨라도 100만 분이라는 시간을 절약할 수 있다"고 말했다.

다시 이건희의 설명이다. 그는 일본을 예로 들었다. "복합화해서 한꺼번에 모여 잡담도 하고 다른 이야기도 하는 게 일본 사람이다. 일본 회사 근처 술집을 가보면 라인 바꿨는데 어떻냐는 등 업무 이야기를 하고 있다. 그렇듯 모이면 건설적인 이야기를 할 수 있다"고 설명했다.

대면 커뮤니케이션 효과에 대해 그는 강한 확신을 갖고 있었다. 한때 삼성의 효자상품이었던 VTR을 예로 들며 "VTR 하나만 해도 7,8개 부서가 모여야 된다. 직반장급, 과장급, 부장급 등 사업부장끼리 모여야 제대로 된 물건이 나온다. 한 빌딩에서 해야 한다. 모이자 하면 15분 이내 모일 수 있는 장소에 있어라. 이게 경쟁력이다. 돈 안 드는 경쟁력이다"라고 했다.

그는 자신이 직접 창안했다는 복합화 이론을 통해 효율과 경쟁력을 확보할 수 있다고 확신했다. 여기서 그치지 않고 이 확신을 실행에 옮기고자 했다. 사무실, 주거공간, 회의실, 운동시설, 호텔, 백화점, 슈퍼를 한 빌딩 안에 넣으라고 주문했다. 이를 통해 시간의 문제를 해결하는 것, 타워팰리스 프로젝트는 그렇게 시작됐다.

그러나 타워팰리스는 고도제한 등에 걸려 사업 진척이 느려졌다. 주변 다른 아파트 주민들의 민원도 쏟아졌다. 진척이 되지 않는 상황에서 외환위기까지 터졌다. 결국 타워팰리스 프로젝트는 좌초했다. 그리고 한국에서 부의 상징으로 변질됐다.

하지만 삼성에서 이건희의 지침은 절대적이다. 삼성은 새로운 방법을 찾아 나섰다. 그렇게 탄생한 것이 지금의 서초 사옥이다.

지하철 2호선 강남역에서 서초동 방향으로 나오면 삼성타운이 형성돼 있다. 여기에는 삼성전자, 삼성SDI, 삼성전기 등 주요 전자 계열사와 화학 계열사, 삼성물산 등이 몰려 있다. 지하에는 빈폴, 아티제, 삼성전자 매장 등 삼성 계열사의 주요 브랜드 매장이 입주해 있다.

서초 사옥은 지하를 통해 모두 연결돼 있다. 사장단 회의를 소집하면 5분 내에 모두 모일 수 있다. 계열사 간 협의가 필요할 때도 띄엄띄엄 떨어져 있는 다른 회사들과 달리 신속한 모임이 가능하다. 그리고 삼성생명, 삼성증권, 삼성자산운용, 삼성카드 등 금융 관련 계열사들은 옛 삼성본관이 있는 태평로로 몰았다. 효율은 대면접촉에서 나온다는 게 이건희의 생각이며, 이를 체계화한 것이 복합화이고, 서초 사옥은 이를 가능케 하는 인프라인 셈이다.

사람과 자원, 시간을 한곳에 모아 효율을 극대화하는 복합화는 삼성의 전략으로 자리잡았다. 최근 인구가 많은 대도시가 인구밀도가 낮은 소도시보다 훨씬 혁신적이라는 연구 결과가 미국에서 나왔다. 사람이 모인 대도시에 1인당 특허 등이 훨씬 많다는 내용이었다. 이건희가 사업가적 감각으로 만들어낸 복합화 이론과 비슷한 맥락이다.

한곳에 모으는 것이
경쟁력이다

이건희에게 복합화는 공간·시간 커뮤니케이션을 모두 포함하는 개념이다. 그는 자신의 이론을 발전시켰다. "생산의 복합화, 부지의 복합화, 주택의 복합화 등 여러 가지가 있다"라고 말하며, 그는 일본과의 반도체 경쟁에서 승리하면서 복합화에 대한 확신을 굳혀갔다.

일본 D램 업체들의 추격을 저만치 따돌린 2001년 8월 사장단 회의에서 이건희는 "수원에서 연구, 생산, 개발 등이 모두 이루어지기 때문에 일본을 이길 수 있었다. 이것을 한 빌딩에 둔다면 더욱 경쟁력이 생길 것이다"라고 말했다. 전투에서 승리한 요인을 분석하고 미래를 어떻게 준비할 것인지에 대한 지침을 내린 것이다. 삼성전자는 이 지침에 따라 이후 기흥에 아시아 최대의 연구 개발단지를 조성하고 새 반도체 생산라인을 깔았다.

2003년 10월에도 그는 일본이 반도체 전쟁에서 패배한 이유에 대해 말했다. "일본 반도체 회사가 어려운 이유 중 하나는 공장과 본사가 떨어져 있을 때의 문제점을 고려하지 않았다는 것이다." 그는 일본을 방문해 한 반도체 회사를 둘러본 후 "공장과 본사가 멀리 떨어져 있으면 경영효율이 상당히 떨어진다고 얘기해줬지만 일본 사람들은 이 얘기를 귀담아듣지 않았다"고 말하기도 했다.

일본 반도체 회사들은 본사, 연구소와 생산시설이 수백 킬로미터 떨어져 있다. 각 부문 간 유기적 소통이 불가능했다. 비효율을 스스로 자초했다는 게 이건희의 분석이었다. 그에게는 모여 있는 것이 곧 경쟁력이었다.

복합화라는 개념을 만들어낸 것은 삼성그룹의 주력 계열사가 삼성전자인 것과 밀접한 관련이 있다. TV를 예로 들어보자. TV에는 수천 개의 부품이 들어간다. 수천 개의 부품이 하나도 어긋남 없이 맞아떨어져야 한다. 이건희는 일찌감치 "수천 개의 부품을 맞춰야 하는데 이런 것이 전화와 이메일만으로 가능하겠는가?"라고 지적했다. 개발 단계에서부터 디자이너, 개발자, 부품 담당자, 마케팅기획 담당자들이 만나서 긴밀히 협의해야 한다고 그는 생각했다. 이런 기능을 하는 부서들이 수원, 구미, 서울에 각각 떨어져 있을 때 일어나는 일은 충분히 상상할 수 있다. 어떤 문제가 발생하면 전화를 돌리거나 이메일을 주고받아야 한다. 대면접촉이

긴급히 필요한 상황에서 만나지 못해, 남들보다 몇 시간 늦게 해결책을 찾을 수도 있다. 이 시간들이 쌓여 경쟁력을 갉아먹게 된다고 이건희는 확신했다.

전자 산업은 시간과의 싸움이다. 개발이 계획보다 하루, 이틀 늦어지면 변해가는 소비자들의 요구를 맞추는 것은 얼마나 늦어질지 모른다. 윤부근 삼성전자 사장은 "삼성전자 수뇌부가 토요일 밤 11시에 수시로 회의를 하는 것은 시간과의 싸움에서 이기기 위한 것"이라고 말했다. 이건희는 시간과의 싸움에서 이길 수 있는 해결방안으로 복합화라는 처방을 내렸다.

그렇다면 해외공장에서 생산하는 제품은 어떻게 할 것인가. 현지인들의 취향에 맞는 제품을 개발하기 위해 매일 모여 회의하는 것은 현실적으로 불가능하다.

이를 해결하기 위해 삼성전자가 사용한 방식은 일명 시체부검이라 불리는 '포스트 모템_post mortem_' 프로그램이었다. 복합화라는 이건희의 철학은 미국이라는 세계 최대의 TV 시장에서 삼성전자가 소니를 제치고 세계 1위 자리를 차지하는 솔루션을 제공했다. 그 스토리를 잠깐 살펴보자.

2000년대 초반만 해도 삼성전자 멕시코 공장_SAMEX_은 골칫거리였다. 이 공장은 미국에서 판매되는 TV를 생산한다. 그러나 품질이 좋지 않았다. 미국인들이 원하는 제품을 제때에 만들어 공급하지도 못했다. 일본, 유럽업체에 비해 지명도가 떨어지는 삼성이었기 때문에 고민이 더 컸다. 미국 판매가 부진하면 영업담당자들은

"멕시코 공장 때문이야"라는 말을 입에 달고 다녔다.

그러나 2011년 1월 필자가 직접 가본 멕시코 공장은 완전히 달라져 있었다. 누구도 판매 부진의 책임을 멕시코 공장으로 돌리지 않았다. 완벽한 품질과 적시에 공급하는 능력은 오히려 삼성전자 내에서 벤치마킹의 대상이 되고 있었다. 그 변화의 시작이 포스트 모템 프로그램이었다.

2006년 삼성전자는 운명의 시간과 마주쳤다. TV 시장 1위, 미국 시장 1위를 눈앞에 두고 있었기 때문이다. 하지만 경영진에게 고민이 있었다. 수십 년간 일본이 지배해온 전자 시장의 주도권을 한국으로 가져오는 데 장애물은 멕시코 공장이었다. 낮은 생산성이 문제였다. 이를 끌어올려야 한판 승부가 가능했다.

삼성전자 경영진은 결단을 내렸다. 그리고 "멕시코 공장으로 모두 모여"라는 오더를 내렸다. 참석 대상자는 광범위했다. TV 담당 사장은 물론 북미지역 판매 담당자, 한국의 상품기획 담당자, 연구소의 연구개발 담당자, 멕시코법인 생산 담당자 등 임원만도 수십 명에 이르렀다.

멕시코 공장에 모인 이들은 모든 것을 얘기하기 시작했다. 북미지역에 맞는 상품에는 어떤 아이디어가 들어가야 하는가부터 시작해서 사소한 회로와 물류, 생산라인의 문제점까지 수백 개의 문제가 다뤄졌다. 그래서 붙여진 이름이 부검을 뜻하는 '포스트 모템'이었다. 김석기 당시 멕시코법인장은 "어감이 좋지 않아 이 단어를 안 쓰려고 했지만 그보다 더 이 회의의 분위기를 정확히 표현하는 단어를 찾지 못해 지금도 그대로 쓰고 있다"고 설명했다.

회의석상에서 미국 판매 담당자들은 현지인들이 원하는 세부적인 사양 등을 모두 얘기했다. 상품기획자들은 이를 어떻게 반영할지 해법을 찾았다. 멕시코법인은 이런 제품을 생산하기 위해 생산라인을 어떻게 바꿀지에 대한 답을 찾았다. 연구개발 담당자들은 이를 취합하고 생산라인을 세밀히 살핀 후 한국으로 돌아왔다.

성과는 예상보다 좋았다. 김 법인장은 "이 회의가 끝나면 얼마 후 연구개발 파트에서 설계도면이 날아오는데 멕시코 공장에서 생산하기에 딱 맞게 설계된 것이었다"고 설명했다. 포스트 모템 프로그램의 성과였다.

2007년 이 과정을 통해 개발, 생산한 보르도TV는 북미시장에서 꽃을 피웠다. 삼성전자는 판매 대수는 물론 판매 금액 기준으로 소니를 제치고 1위에 올랐다. 삼성전자는 1년에 한두 번 집중적으로 시체를 해부하듯 신제품을 해부하는 회의를 멕시코에서 한다.

이건희의 복합화 철학은 그가 바라던 세계 전자 시장의 주도권을 삼성으로 가져오는 데 결정적인 역할을 했다.

그는 "21세기 경쟁력의 핵심은 복합화에 있다. 미래에는 자주 모이는 것 자체가 경쟁력이 된다"고 말했다. 그 예로 TV를 들면서 "세계 시장에서 살아남으려면 디자인, 섀시 설계, 회로 설계, 판매, 상품기획 등을 담당하는 사람이 모두 모여 머리를 짜내야 한다"고 했다. 그리고 한자리에 모인 사람들의 말, 얼굴표정, 손짓, 눈빛을 통해 아이디어가 나왔을 때 좋은 제품이 될 수 있다고 강조했다. 포스트 모템이 딱 그런 모델이었다. 회의에 참석했던 한 임원은 "실제 서류로 왔다갔다할 때와 달리 서로의 눈빛을 통해 세계 1위에 대한 열정을 확인하고 불신을 없앤 것도 큰 성과였다"라고 평가했다.

최근 경영혁신에 대한 많은 연구들도 이와 같은 대면 커뮤니케이션의 중요성을 강조하기 시작했다. 《탁월한 아이디어는 어디서 오는가》의 저자인 하버드대 스티븐 존슨 교수는 "중요한 역사적 발견이나 발명은 연구자의 연구실이 아닌 그들이 한곳에 모여 대화를 나누는 테이블에서 나온다"고 했다. 서로가 연구 과정에서 발견한 것에 대해 의견을 나누는 동안 결정적 단서를 발견하거나, 새로운 문제의식이 싹터 위대한 아이디어로 이어진다는 결론이었다.

이건희의 복합화 철학은 사업구조의 복합화로도 나타났다. 2000년 초 이건희는 〈한국경제신문〉과 인터뷰에서 "삼성전자는 부품 사업과 디지털 가전, 통신 사업을 골고루 갖추고 있는 세계적으로 몇 안 되는 기업인데 이런 사업 부문들이 서로 협력하고 지원하는 시스템 플레이가 잘되는 편입니다"라고 말했다. 사업도 시간과 공간처럼 한곳에 모은 효과를 기대한 것이다.

복합화는 이렇게 삼성의 전략으로 자리잡았다. 이건희는 "우리는 모래에서 TV까지 만들 수 있는 장점을 가진 그룹이다. 전자에서 필요한 브라운관을 코닝, SDI에 만들어달라고 주문하면 TV세트는 원하는 대로 만들 수 있다. 이런 여건은 전 세계에서 우리만 갖추고 있다. 이것처럼 다양한 여건을 복합화하고 집중하면 큰 강점이 된다"고 말했다.

복합화는 또 삼성그룹의 해외 진출 전략으로까지 발전했다. 이건희는 "해외 진출 시 모두 협력해서 같이 진출해야 한다. 같이 진출하면 사람도 비슷한 수준으로 뽑을 수 있고, 인프라도 같이 쓸 수 있다"고 했다. 해외에 나갈 때도 한데 모으는 복합화 진출 전략을 쓰면 큰 시너지 효과를 낼 수 있다는 얘기였다.

이건희가 자주 한 말 중 1석5조의 사고라는 것이 있다. 1가지 일을 통해 5가지를 얻을 수 있는 방안을 항상 염두에 두라는 것이다. 복합화는 이건희에게 1석5조를 달성할 수 있는 유력한 방법이었던 셈이다.

모든 기록이
정보력이다

삼성의 또 다른 장점으로는 정보력을 꼽을 수 있다. 박빙의 승부가 펼쳐졌던 2002년과 2007년 대통령선거. 그 결과가 나온 후 시중에는 이런 말이 나돌았다. "국가정보원도 못 맞힌 대통령선거 결과를 삼성은 맞혔다."

이런 정보력은 어디서 오는 것일까? 간단히 말하면 이는 모두 기록의 문화 때문에 가능했다.

삼성은 모든 정보를 기록한다. 국내외 업계의 동향, 언론의 움직임, 정관계에서 벌어지는 모든 것이 기록의 대상이다. 일본의 주요 언론이 다룬 기사와 중국에서 벌어지는 각종 사건 등은 한글로 번역되어 홈페이지에 올라간다. 삼성그룹 일원이면 누구나 볼 수 있다.

삼성이 이런 기록 문화를 갖게 된 것도 이건희의 철학과 무관하지 않다. 과거 제3세계의 한 기업인으로서 그에게 가장 중요한 관심은 선진기업들과의 격차였다. 또 그는 선진국과 한국의 차이에 대해서도 깊이 고민했다. 그 과정에서 중요한 차이점을 발견했다.

그는 "선진국에 가면 오래된 자료, 문서가 산더미처럼 쌓여 있다. 200년밖에 안된 미국도 그렇고 2차 세계대전 때 잿더미가 된 독일조차 1000년 넘은 자료가 수두룩하다"며 부러워했다. 많은 경쟁력의 요소 가운데 기록이 갖는 의미를 그는 일찌감치 깨달았다. 기록의 수준이 사회 간 발전의 격차를 설명할 수 있다는 확신을 갖게 됐다. 그리고 기록을 문화로 만들라고 지시한다.

그는 "역사가 왜 중요하고, 기록이 왜 필요한가. 과거의 모든 데이터를 가져와 현재를 분석하고 미래를 시뮬레이션해보면 웬만한 것은 다 나오기 때문이다"라고 말했다. 기록이란 미래를 보기 위한 도구였다는 말이다. 시뮬레이션은 보이지 않는 것을 볼 수 있는 유력한 방법 중 하나다.

최근 빅데이터가 기업경영의 핵심 요소로 부상하고 있다. 이건희는 빅데이터라는 표현을 쓰지 않았을 뿐 기록 문화를 강조하면서 이미 빅데이터 경영을 실천하고 있었다고 볼 수 있다. 이건희가 기록의 중요성을 말한 것은 1990년대 초반이었다.

그러나 기록과 자료에도 질이 있다. 이건희는 자료가 빅데이터가 되고, 미래를 예측할 수 있는 수단이 되려면 가공한 자료가 아닌 생생한 자료가 필요하다고 했다. 정리가 안 되고 세련되지 않아도 기록을 쌓아두면 자산이 된다는 게 그의 지론이다. 그는 가공한 자료에 대한 거부감을 보였다.

신문에 대해서도 마찬가지였다. 그는 정보를 누군가 작위적으로 걸러내는 것을 무척 싫어했다. 이런 이건희의 성향과 관련된 에피소드를 하나 소개하고 가자.

대기업들은 대부분 임직원들이 볼 수 있도록 주요 기사를 스크랩한다. 많은 신문을 보는 부담을 줄여주자는 취지다. 삼성도 마찬가지다. 그래서 삼성그룹 계열사 홍보팀 직원들은 새벽 4~6시 사이에 출근한다.

어느 날 이건희는 스크랩을 다 보고, 시간이 남아 신문을 보기 시작했다. 한 신문을 넘기던 중 스크랩에 없던 기사를 발견했다. 삼성전자 제품에 문제가 있다는 기사였다. 그는 대노했다. 그리고 담당자들을 불러 질타했다. "문제를 숨기는 것이 문제 자체보다 더 심각한 문제"라는 것이 그가 화를 낸 이유였다. 스크랩도 유리한 것, 불리한 것을 가려서는 안 되며 있는 그대로 해야 한다는 게 그의 철학이다. 유리함과 불리함을 판단하는 것 자체가 정보를 왜곡할 수 있다는 점을 잘 알고 있었다.

삼성에서 이런 생생한 기록과 기록의 축적은 그저 당위적 문제가 아니다. 이건희는 "삼성 직원의 책임"이라고 했다. 문화는 행동방식이다. 행동방식이 몸에 익으려면 처음에는 의무감으로 임해야 한다는 것을 그는 간파하고 있었다. 그는 "삼성 직원은 누구든 자기가 하는 일에 대해 생데이터를 남겨야 할 책임이 있다. 이게 삼성의 역사가 되고 재산이 된다"라고 했다.

생데이터, 즉 날 것 그대로의 데이터란 표현에는 중요한 의미가 담겨 있다. 가공한 자료에는 주관적 판단이 담길 수 있기 때문이다.

기록을 통해 이건희는 미래를 볼 수 있다고 확신했다. 그는 "최신 데이터가 모이면 정보가 되고 상식이 된다. 상식이 유기적으로 또 복합적으로 연결되면 지식이 되고, 이것을 더 깊이 파고들어 가면 전문지식이 되고 지혜가 된다"고 말했다. 과거와 현재를 통해 보이지 않는 것을 보는 통찰력, 이것을 지혜라고 부른다. 이건희는 경영자를 "보이지 않는 것을 보는 사람"이라고 했다. 이런 직관과 통찰력을 갖기 위해 기록은 그 기초가 되는 셈이다. 그는 "지혜 차원까지 가야 회사를 경영한다는 말을 할 수 있다"고 했다.

이런 기록에 대한 집착은 정보화로 이어졌다. 기록을 특수한 사람만 소유하면 안 되기 때문이다. 기록을 자유롭게 공유하려면 정보화된 시스템으로 전 세계 퍼져 있는 지사를 연결해야 한다.

삼성은 싱글이라는 시스템을 통해 모든 것을 공유하고 있다. 정보화는 기록 문화를 발전시키기 위한 필요조건이었다. 정보화는 너무 진부한 주제다. 삼성의 정보화와 관련된 1가지 에피소드를 전하는 것으로 마무리하자.

삼성전자 TV 담당 사장의 방에는 커다란 스크린이 걸려 있다. 이 안에는 빨간색 막대그래프가 순간순간 움직이고 있다. 밑에는 지역명이 쓰여 있다. 전 세계 시장에서 삼성전자 TV가 얼마나 팔리는지 실시간 볼 수 있는 스크린이다. 움직임이 시원치 않으면 사장은 곧장 전화기를 집어든다. 상대방은 해당 국가의 책임자다. 사장은 다그친다. 무슨 일이 있는지 확인하고, 없으면 똑바로 하라 말하고 끊는다. 정보화를 통해 속도의 문제를 해결하는 한 풍경이다.

〈포브스〉는 2004년 7월 26일자에서 삼성의 성공 스토리를 속도경영으로 분석하기도 했다. 정보화는 속도경영을 위한 삼성의 강력한 인프라인 셈이다.

3부

인간과 역사에 대한 통찰

시대를 개척하는 인재가 필요하다

시대를 개척하는 인재가 필요하다

3장의 주제는 인사다. 인사조직의 한 항목이지만 지행33훈에서는 '핵심 인력, 능력주의, 성과 보상, 여성 인력 전문가 활용, 복리후생, 조직문화, 인재육성, 지역전문가' 등 7부문을 차지할 만큼 삼성이 중시한 대목이다.

많은 이들이 삼성의 성공은 결국 인재를 잘 썼기 때문이라고 말한다. 그렇다면 왜 삼성이 인재 부분에서 다른 기업들보다 두드러진 성공을 거뒀을까? 이에 대한 답이 3장의 주제이기도 하다. 여기서 전략과 인간에 대한 연구라는 키워드가 나온다. 이 내용은 본문에서 살펴봤다.

또 하나의 단어는 구체성이다. 이건희는 구체적이고 실질적으로 고민하는 사람이었다. 사람이 필요한 이유도 구체적이었고, 사람을 키우고 데려오는 방법도 구체적으로 제시했다. 또한 자신의 철학과 지침을 전달할 때도 선명했다. 예를 들면 "S급 1명 가지고 있는 것이 A급 10명 가지고 있는 것보다 낫다. A급 1명이 B급 10명보다 낫다. 이는 경영의 아주 기본이다"라고 말한다. S급, A급이 아니면 기분 나쁠지 모르지만 삼성 인사의 핵심을 표현한 말이다.

또 "동기끼리도 급여 차이가 3배 나고, 후배가 5배 많아도 되는 그런 분위기, 눈에서 불이 반짝반짝 나는 분위기가 유지되어야 살아 있는 브랜드가 나온다"고 말해 성과에 따른 차별적 보상을 강조하기도 했다. 삼성의 성과급 시스템은 이런 지시의 결과물이기도 하다.

그는 또 식당, 화장실 등 사소한 문제에 대해서도 언급했다. 이는 행동경제학이 경영에 가져다준 통찰과 맥을 같이한다. 이건희가 행동경제학을 공부했는지는 확실치 않다. 다만 그가 인간에 대한 연구를 통해 인간을 움직이는 동인이 무엇인지를 체득했다는 것은 분명한 사실이다. 그리고 이를 경영에 적용했다.

지역전문가와 전문가 활용 부분은 본문에서 구체적으로 다루지 않았다. 너무 많이 알려져 있는 내용이라 지행33훈 원문을 보는 것만으로 충분하다고 생각했기 때문이다. 조직문화(노사관계)에 대해서는 삼성의 과제와 기업문화 부분에서 언급할 기회가 있을 듯하다.

지행33훈

인재정책을
전략의 수준으로
격상시키다

"인재 확보가 미래를 준비하기 위한 가장 중요한 전략이다." 이건희가 한 말이다. 이 짧은 문장 하나로 삼성의 인재경영을 다루는 이번 장을 모두 설명할 수 있다. 이 지침을 통해 이건희는 삼성을 다른 국내 기업과는 전혀 다른 모습으로 만들었기 때문이다.

그래서 삼성의 성공 요인을 인재경영이라고 하는 사람들이 많다. 전적으로 맞는 얘기다. 삼성은 인재를 적극적으로 찾고, 길러 냈다. 그래서 삼성 출신이라고 하면 스카우트 시장에서 환영받는다. 국내 중소 중견 기업 CEO 상당수도 삼성 출신이다. SK그룹, 동부그룹 등은 삼성 출신 주요 임원을 대거 영입, 삼성 시스템을 이식하는 시도를 하고 있다. 삼성 인재경영의 성과를 보여주는 사례들이다.

이 대목에서 의문이 하나 든다. 똑같이 인재경영을 외쳤던 다른 기업들과 달리 왜 유독 삼성만이 인재경영의 모델이 될까? 이 의문을 해소하는 것이 이번 장의 주제다.

이를 풀기 위해 우선 일본 잡지가 소개한 기사를 하나 읽어보고 가자. 〈다이아몬드〉가 2012년 6월 소개한 에피소드다.

"2011년 어느 날, 일본 유명 전자업체에서 전기자동차용 리튬이온 배터리를 개발하던 엔지니어는 삼성으로부터 스카우트 제의를 받았다. 계약하는 순간 2,000만 엔을 주고, 연봉은 실수령액 3,500만 엔을 보장하겠다는 것이었다. 여기에 비서, 운전기사, 아파트 등도 붙여주겠다고 제안했다. 또 1년에 6차례 일본을 방문할 수 있도록 보장하고, 일본에 있는 가족이 한국을 방문하면 여비도 지불하겠다고 약속했다. 삼성에서 몇 년만 일하면 일본에서 평생 벌어야 하는 돈을 모을 수 있다고 엔지니어는 생각했다."

일본 전자업계의 인재를 빼가려는 삼성을 경계해야 한다는 메시지가 담긴 기사였다. 기사는 이어졌다. "삼성이 독자적으로 작성한 인재 후보자 리스트를 보면 수십 명의 기술간부들 이름과 회사명, 소속부서, 자택주소, 연간 보수액 등이 기재돼 있었다. 이 자료를 분석한 결과 삼성은 환경과 에너지 분야의 인재들을 원하고 있다는 것을 알 수 있었다."

이처럼 길게 인용한 이유는 삼성이 인재경영에 성공한 이유를 엿볼 수 있는 기사이기 때문이다. 그 키워드는 전략이다.

경영전략의 구루로 불리는 앤더슨경영대학원의 리처드 루멜트 교수는 "좋은 전략은 현재의 가장 중요한 문제에 대한 정확한 진단과 추진방침, 일관되고 구체적인 행동이라는 핵심 요소로 구성된 논리적 구조를 갖고 있다"고 했다. 루멜트 교수는 진단, 방침, 행동을 좋은 전략의 3가지 구성요소로 꼽았다.

이 앵글로 〈다이아몬드〉 기사에 나타난 삼성의 인재 확보 노력을 살펴보자. 삼성의 인재 수급 작전은 좋은 전략의 논리구조를 그대로 따르고 있다는 것을 알 수 있다.

삼성은 우선 현재의 문제점을 정확히 진단했다. '환경과 에너지를 미래사업으로 육성하기로 했지만 자체 기술력만으로는 시장을 선도할 제품과 서비스를 만들어내는 것은 역부족'이라는 진단이다. '선진 기술 확보'가 가장 중요한 과제로 떠올랐다. 삼성은 이 문제를 해결하기 위해 일본의 인재로 눈을 돌렸다. 추진방침을 동반한 삼성의 전략이 나왔다. '환경과 에너지 분야의 전문 인력 확보'다. 또 '구체적인 행동계획은 전략의 세부 사항이 아니라 전략의 핵심 사항'이라는 명제를 따르기나 하듯, 인재를 찾아 리스트를 만들고 그들에게 제안할 조건까지 구체적으로 확정한 후 행동에 옮겼다.

GE의 잭 웰치는 수백 건의 인수합병을 하면서 이런 말을 했다. "세상에 좋은 아이디어는 널려 있다. 우리는 그것이 어디에 있는

지 찾아내 우리의 것으로 만들어 그림을 맞추면 된다."

GE가 인수합병을 통해 퍼즐을 맞췄다면, 삼성은 인재로 그 퍼즐을 완성했다. 그 인재가 일본인이냐 미국인이냐는 중요하지 않았다. 필요한 시기에 필요한 사람을 데려오는 데 집중했다는 점이 포인트다.

여기서 삼성의 인재경영과 다른 기업의 인재경영의 차이점이 발견된다. 삼성만이 인재정책을 전략의 수준으로 끌어올렸다는 점이다. 인재를 단순히 수단이나 전술적 도구로 인식한 기업들과는 달랐다.

이렇게 데려온 인재는 삼성의 가장 큰 장점인 스피드 경영을 가능케 했다. 삼성 계열사의 한 인사 담당자는 "제품을 만드는 데 한 가지 기술이 필요할 때가 있다. 예를 들어 회로 전문가가 필요한 경우라고 하면, 그 기술을 개발하는 데 어느 정도의 돈과 시간이 들어갈지 알 수 없었다. 그러면 그 기술을 가진 사람을 찾기 위해 일본으로 달려갔다"고 말했다. 기술을 개발할 시간에 사람을 데려와 격차를 메웠다는 것이다. 시간을 놓치면 기술은 개발해봐야 소용이 없다는 것을 삼성은 잘 알고 있었다. 고비마다 외국에서 데려온 인재들은 문제 해결의 실마리를 제공해줬다.

삼성의 인재전략이 성공할 수 있었던 또 하나의 이유가 있다. 삼성이 추격자 입장에 있었기 때문이다. 이건희가 회장에 오른 1987년부터 2000년대 초까지 삼성은 후발주자였다. 소니를 비롯한 일본 기업들과 마이크로소프트, 필립스, 애플 등의 모습에는 삼성의 미래가 담겨 있었다. 미국, 유럽, 일본 사회에서도 이건희는 미래 한국 사회가 어떻게 발전할지에 대한 아이디어를 찾아냈다.

세상은 그가 예상한 대로 움직였다. 보이는 미래를 세계 각국에서 끌어온 인재들이 준비하게 만든 결과가 오늘의 삼성이다. 추격자 전략을 가능케 한 플랫폼이 인재경영이었다.

삼성의 인재경영은 "인재정책은 기업전략의 한 부분이 아니라 핵심 전략이 되어야 한다"는 메시지를 담고 있다.

이처럼 이건희가 이끄는 삼성의 핵심 전략은 인재전략이었지만 이를 공식화한 것은 2002년이다. 이해에 이건희는 다양한 화두를 던졌다. 모든 것을 다시 다 바꾸라는 '마하경영', 5년 후, 10년 후 무엇을 먹고살 것인지 다시 고민해야 한다고 한 '준비경영' 등이 그것이다. 그리고 그해 6월 이건희는 이를 하나로 모아 인재경영이란 슬로건을 내걸었다. 인재를 중시하는 이건희가 이를 공식화하며 재차 강조한 2002년의 상황을 잠시 돌아보자.

2000년대 초 삼성의 기술은 일본, 미국을 거의 다 따라잡았다. 오히려 앞서 가는 분야도 생겼다. 외환위기를 극복한 한국도 세계에서 유행이 가장 빠른 나라가 됐다. 기술은 예측 가능한 선형적 변화가 아닌 비선형적 변화를 일으키기 시작했다. 인터넷 대중화로 정보의 불균형은 사라지기 시작했다.

삼성의 추격은 끝나가고, 세상은 급속히 변해가는 과정에서 이건희는 혼란스러웠다. 더 이상 10년 후를 보여줄 수 있는 기업도, 국가도 없었다. 이건희는 새로운 해법을 찾아야 하는 상황에 내몰렸다. 하지만 그 해법이 보이지 않았다.

그의 또 하나의 장점은 솔직함이다. 그는 공개적으로 한계를 실토했다. "5년 후, 10년 후 뭘 먹고살지 고민했다. 그러나 바로 이거다 하는 사업이 떠오르지 않았다. 환경, 기술 변화가 너무 빠르기 때문이다."

그는 답답했다. 무엇을 준비해야 할 것인가? 답을 찾기 위해 다양한 사람을 만나고, 아이디어를 탐구하고, 세계를 돌아다녔다. 그 결과 들고 나온 솔루션은 사람이었다. 그는 말했다. "내가 볼 수 없는 미래를 볼 수 있는 사람을 준비하라."

이때부터 이건희에게 인재는 더 이상 추격자 전략의 핵심 플랫폼이 아니었다. 이건희 혼자서는 볼 수 없는 미래를 함께 보고, 세계적 경쟁에서 선두로 치고 나가는 '추월의 플랫폼'으로 전환됐다. 이건희가 내세운 새로운 인재경영은 앞이 보이지 않는 절박함의 소산이었다.

이건희에게 인재는 추격의 플랫폼이자, 미래를 보는 창이며, 경쟁전략이었다. 전략으로서의 인재정책이 한 단계 업그레이드되는 순간이었다. 미국의 경영학자와 컨설턴트들은 수십 년간 전략에 대한 다양한 논쟁을 벌였다. 비용, 산업구조, 기업문화, 고객, 인재 등 다양한 요소가 전략의 핵심 사안으로 떠올랐다 가라앉기를 반복했다. 이런 논쟁은 최근에 한곳으로 수렴되고 있다. "급변하는 산업환경에서 일관된 장기 전략은 힘을 발휘하기 어렵다. 변화의 시기에 좋은 전략적 아이디어가 나올 수 있는 분위기를 만들고 사람을 채우는 것이 전략의 핵심이다"로 요약할 수 있다.

미국 경영전략 전문가들이 하는 고민은 이미 2000년대 초 이건희의 머릿속을 지배하고 있었다. 이론가들은 결과를 분석해 이론을 만들지만 기업인들은 전장에서 자신의 철학을 정립해가기 때문에 이론가들보다 항상 한 발 앞서 간다는 것을 보여준 사례이기도 하다.

이건희의 인재론 중 한 구절로 이번 장을 마무리한다.

"20세기에는 컨베이어벨트가 제품을 만들었으나 21세기에는 천재급 인력 1명이 제조공정 전체를 대신할 수 있다."

인재 욕심은
경영자의 본능

좋은 전략의 또 다른 요건은 전략적 목표가 조직원들의 마인드에 뿌리 내리는 것이다. 전략의 확산이라고 부르는 요소다. 삼성의 인재경영은 이 부분에서도 다른 기업들과 차별성을 보여준다.

과거 얘기부터 해보자. 애초 인재에 대한 이건희의 욕심은 단순했다. 그는 1987년 회장이 됐을 때를 회상하며 "나의 스태프는 운전기사와 비서 2명밖에 없었다. 일을 하려고 해도 경영자가 없었다"고 했다. 아버지와 장인 밑에서 20년 가까이 구상해온 것을 막상 직접 실행하려고 했더니 함께할 만한 사람이 없었다는 아쉬움을 토로했다.

또 경영진에 대한 배신감도 토로했다. 1993년 그는 "삼성에는 고졸, 대졸 중 2등이라면 서러워할 사람이 다 모여 있다. 그러나 이런 지혜 많고 우수한 인재들을 경영자들이 다 망쳐놨다"고 질타했다. 회장이 된 후 경영자들에게 인재 육성을 맡겨놓았지만 제대로 쓸 인재를 키워놓지 않은 것에 대한 분노를 표현했다.

이런 분노와 아쉬움은 시대의 흐름을 보면 어쩔 수 없는 측면도 있다. 이건희가 경영자 수업을 시작한 1970년대 한국의 인재들은 어디 있었을까? 대부분 군에 있었다. 1960년대와 1970년대에는 육군사관학교에 가서 별을 다는 것이 한국에서 출세하는 길이요, 권력에 가까이 가는 길이었다. 어떤 사회이든 권력과 돈, 명예 등 사회의 가치를 가장 많이 배분받을 수 있는 곳으로 인재들은 모이게 되어 있다. 당시 한국 사회에서는 군이 그랬다. 실제 1980년대 중반까지만 해도 공부 잘하고 똑똑한 학생 중 육사를 지원하겠다는 학생이 꽤 있었다. 이곳은 또 신분이동이 가능한 공간이기도 했다.

그 다음 인재가 몰린 곳은 관, 즉 정부다. 한국 경제는 전형적인 국가 주도 시스템을 기반으로 성장했다. 산업 발전의 시기에 그 계획을 주도한 주체는 정부였다. 이런 나라에서는 고시를 통과해 관료가 되는 것이 권력으로 가는 또 하나의 길이었다. 개발연대인 1960~1970년대 경제부처 사무관들은 전화 한 통으로 은행장들을 청사로 불러들여 호통을 치고는 했다. 지금으로서는 상상도 하기 힘든 일이지만 당시에는 권력의 또 다른 축인 정부에 인재가 몰릴 수밖에 없었다.

군, 관, 기껏해야 은행을 찾던 뛰어난 인재들이 기업으로 흘러들어간 것은 대략 1980년대부터라고 볼 수 있다. 현대, 삼성, LG 등 기업들이 본격적으로 성장하기 시작했기 때문이다.

이건희가 안타까워했던 '기업을 경영할 핵심 인력의 부족'은 이런 시대적 한계를 생각해보면 필연적이었다. 하지만 이건희는 이를 당연하다고 받아들이지 않았다. 다른 기업인들과 이건희를 차별화하는 또 하나의 포인트다.

시대의 한계를 넘어 인재를 찾아 나섰다. 현실과 타협하지 않았다는 얘기다.

이건희가 그냥 인재만 데려온 것으로 끝났다면 오늘의 삼성을 만들지 못했을 것이다. 그는 자신의 생각을 전 조직으로 확산시켜 경영자들도 똑같은 생각을 갖게 만들었다. 그는 "경영자는 본능적으로 사람에 대한 욕심이 있어야 한다"고 했다. 이 말을 뒤집으면 "인재 욕심이 없으면 경영자 본능이 없는 것으로 간주하겠다"는 뜻이 된다. 그래서 삼성 경영자의 가장 중요한 책임 가운데 하나가 뛰어난 인재를 모으고, 제대로 활용하는 것이 됐다. 이건희는 "필요한 인재(적재)를 길러 필요한 시기(적시)에 필요한 곳(적소)에 배치하는 것이야말로 경영자의 가장 중요한 의무"라고 강조했다.

이후 삼성의 경영자들은 인재를 찾기 위해 사방팔방으로 뛰어다닐 수밖에 없었다. 2000년대 중반 삼성의 사장들 상당수는 해외에 나가 있기도 했다. 이건희가 "사장을 평가할 때 누가 얼마나 많은 인재를 데려왔는지를 기준으로 하겠다"는 말을 한 직후였다.

이건희의 생각을 경영자들에게 주입하는 데 황제경영이라고 불리는 전권이 효과적으로 작용했다는 사실을 다시 한 번 입증해준 것이 삼성의 인재경영이기도 하다.

그러나 삼성도 모든 전투에서 이길 수는 없었다. 실패도 겪었다.

2000년대 초 삼성에서 대규모 인재들이 회사를 빠져나갔다. IT 버블이 한창이던 때다. 외환위기를 극복한 후 IT 기업들의 주가가 천정부지로 치솟았다. 김대중 정부의 벤처 지원 정책에 힘입어 창업이 활성화됐다. IT란 이름만 붙으면 농사를 짓는 회사의 주가도 폭등하던 시절이었다. 삼성을 퇴직하는 사람들도 늘었다. 의욕적으로 창업한 사람도 있었다. 또 삼성 출신이 핵심적인 자리에 있으면 기업의 신뢰성이 높아진다는 이유로 거액의 스카우트 제의를 받고 나가는 사람도 있었다. "인재가 빠져나가고 있다"는 보고가 이건희에게 올라갔다.

이건희는 이런 상황을 두고 보지 못했다. 그는 "기업을 경영하는 데 있어서 적자를 내는 것이 제일 바보 같은 짓이고 그 다음이 사람 빼앗기는 것이다. 장기적으로 보면 사람 빼앗기는 것이 더 바보 같은 짓이다"라고 질타했다. 이건희 발 인재전쟁의 시작이었다. 이후 인재가 많이 빠져나가는 부서의 책임자들은 좋은 인사고과를 받는 것이 불가능했다.

이건희는 또 경영자에게 교육이라는 책임도 부여했다. "삼성은 부정하는 것을 싫어하지만 부정보다 더 싫어하는 것이 사람을 망치는 것이다. 부도덕하고 머리를 텅 비게 만든다든지 인간미 없고 버릇없는 사람으로 만드는 것은 부정보다 더 파렴치한 짓이고 국가적 손실이며 죄악이다." 이처럼 인재 관리 실패를 죄악이라고 규정해버렸다. 이 말을 들은 경영자들은 범죄자가 되지 않는 길을 택할 수밖에 없었을 것이다. 그래서 삼성의 교육프로그램은 외국 기업들의 벤치마킹 대상이 되기도 했다.

한편 이건희는 인재 관리에서 디테일도 놓치지 않았다. 2006년 4월 그는 뜬금없는 지시를 한다. "식당을 설계할 때는 배기 환기를 보통보다 3~5배 강하게 해서 냄새가 나지 않게 하라."

이건희의 트레이드마크인 위기론, 10년 후 미래, 천재경영 등과는 어울리지 않는 소박한 발언이었다. 이는 이건희의 또 다른 단면이다. 그는 디테일에 집착했다. 식당 냄새, 화장실 같은 사소한 것들이 회사에 대한 직원들의 인식에 영향을 미친다고 생각했다. "자잘한 복지제도가 때로는 회사에 정을 붙이는 데 상당한 역할을 한다"며 "종업원 복지제도를 잘 검토하라"고 지시한 것도 같은 맥락이다.

삼성의 임원용 치과도 디테일에 대한 집착을 보여준다. 삼성은 특이하게 임원들을 위해 이태원에 조그마한 전용 치과를 만들었다. 이건희 지시에 따른 것이다. 삼성의 한 임원은 "사람의 업무 능력을 떨어뜨리는 가장 일반적인 문제가 무엇인지 고민한 결과였던 것 같다"고 했다. 치아는 사소한 것 같지만 아프면 아무것도 못 한다는 것을 이건희는 잘 알고 있었다.

이런 디테일에 대한 집착은 곳곳에서 나타난다. 일본에서 사람을 데려온 것에 대해 그는 "일본인 고문을 모셔올 때 그 부인을 찾아가 일을 성사시킨 사람에게는 특별한 상을 줘야 한다"고 했다. 남자가 직장을 옮길 때 여자의 마음을 움직이는 것이 얼마나 중요한지를 잘 알고 있었던 것이다.

이헌재 전 경제부총리도 이런 말을 한 적이 있다. "한국 벤처기업 발전의 걸림돌은 삼성, LG 간부들의 부인이다." 경험과 실력을 갖춘 과장, 차장, 부장이 창업을 하면 성공 확률을 높일 수 있다. 하지만 삼성, LG를 그만두고 창업을 하면 당장 부인들이 이혼하자고 하는 분위기에서 벤처 붐은 불가능하다는 얘기다.

이건희는 또 인간적 대우도 강조했다.

2007년 4월 한 회의에서 그는 "인간적으로 대우를 잘해주면 인건비를 올려줘도 이익이 더 난다. 2,3년은 이익이 안 좋을지 몰라도 더 잘되게 되어 있다"고 말했다. 삼성 계열사들이 이 같은 방침을 실천하고 있는지는 또 다른 문제다.

이건희가 이처럼 디테일에 관심을 기울인 이유는 사람에 대한 연구결과라고 할 수 있다. 그는 "나는 평소 생각의 80% 정도를 사람에 대한 연구에 할애한다"고 했다. 사람이 움직이는 다양한 요인을 분석한 결과가 결국 디테일 중시로 나타난 셈이다.

인간에 대한 연구가
천재경영론을 낳다

일본 유학시절 이건희는 야쿠자들과 어울려 다녔다. 주변 사람들은 걱정했다. 하지만 정작 본인은 주변의 시선에 신경 쓰지 않았다. 그들과의 어울림은 1년간 지속됐다.

이건희는 시간이 한참 흐른 후 이유를 설명했다. "어떤 사람이 1등이라고 하면 만나고 싶고 얘기하고 싶다. 일본에서 일류 야쿠자 집단 사람들과 1년간 놀아본 것도 그런 이유 때문이었다." 1등에 대한 궁금증 때문에 그들과 어울려 다니며 무엇이 다른 점인지 연구했다는 얘기다.

이 얘기는 이건희가 주장한 천재경영론이 이미 오래전부터 그의 머릿속에 맹아형태로 자리잡고 있었다는 것을 보여준다. 1등에 대한 궁금증과 호기심은 이후 경영전선에서 사람에 대한 욕심으로 이어졌다. 그리고 2002년 인재경영론, 곧 천재경영론으로 발전했다.

그의 천재경영론은 다른 사안과 마찬가지로 철저한 논리구조를 기반으로 두고 있다. 시대의 변화에 대한 해답이었기 때문이다.

이건희는 21세기의 새로운 경쟁력이라는 과제와 마주쳤다. 제조업, 즉 하드웨어에서 소프트웨어로 경쟁의 축이 넘어가는 시대가 그것이었다. 소프트웨어는 하드웨어와 달리 한 사람의 창의성이 상상할 수 없는 힘을 발휘한다. 그는 미국에서 이미 이런 일이 벌어지고 있는 것을 목격했다.

천재경영론을 주창하면서 그는 이렇게 말했다. "천재가 모여 경쟁해야 발명이 나온다. 이것이 미국이 전화기부터 반도체, 소프트웨어, 하드웨어를 다 점령한 원동력이었다."

이건희는 미국이 세계 경제의 패권을 잡고 있는 이유가 궁금했고, 파고들어 답을 얻었다. '천재들의 경쟁'이 그것이었다. 산업의 패권도 결국 천재들이 어떤 공간에서 어떻게 경쟁하는가 즉, 경쟁구도에 달려 있다는 게 그의 결론이었다.

1등에 대한 호기심, 사람에 대한 욕심, 새로운 시대, 앞서 가는 미국이라는 요소가 이건희의 머릿속에서 합쳐져 천재경영론이라는 경영철학으로 구체화됐다.

이건희가 주장한 천재경영의 3대 요소는 인재, 경쟁, 그리고 공간이다.

천재들이 한곳에 모여 경쟁하는 곳, 이건희가 꿈꿨던 삼성의 미래 모습이었다.

삼성은 현재 실리콘밸리에 대규모 연구소를 짓고 있다. 천재들을 한국으로 불러들이는 게 아니라, 인재가 있는 곳으로 아예 공간을 옮기기 위한 것이다.

이런 천재들의 경쟁이 새로운 문화와 문명을 만들어낸 것은 이미 수천 년 전 일이다. 소크라테스, 아리스토텔레스, 플라톤 등의 수많은 천재들이 아테네에서 동시대에 태어나 서구문명의 기틀을 세웠다.

그로부터 2000년 후 피렌체라는 이탈리아의 한 도시에 미켈란젤로, 레오나르도 다빈치, 라파엘로, 기베르티, 브루넬레스키 등이 한꺼번에 쏟아져 나와 서양 문명사를 새롭게 쓰며 암흑의 시대인 중세의 막을 내렸다. 천재, 경쟁, 그리고 공간이라는 3가지 요소는 기업뿐 아니라 인류문화사의 가장 중요한 동인이었는지도 모른다.

이렇듯 이건희의 인재경영론은 천재경영론으로 불린다. 그는 천재 없이는 미래에 생존이 불가능하다는 결론에 이르렀다.

천재경영을 머릿속에 그리던 승부사 이건희의 동물적 감각은 일본 제조업 전성기를 이끌었던 천재경영자들의 퇴장을 보면서 기회를 발견했다. 1993년 그는 "최근 몇 년 새 마스시타 등 일본 최고경영자들이 세상을 떠났다. 이것은 우리에게 기회가 될 수도 있다"고 했다. 천재경영자의 공백이 삼성에 기회를 제공해줄 것이라는 얘기였다. 이는 현실이 됐다. 일본 전자업계는 이후 세계에 내놓을 만한 경영자를 배출하지 못했고, 세계 전자업계의 패권을 한국에 내줬다. 그리고 소프트웨어 전쟁에서는 미국에게 밀리며 그 위상이 추락했다.

한 일본 학자는 이에 대해 "이건희라는 천재와 대적할 경영자가 없다. 마스시타 고노스케, 혼다, 모리히타 아키노 같은 경영자가 있었으면 이렇게 당하지만은 않았을 것이다"라고 한탄하기도 했다.

그렇다면 이건희가 원하는 천재는 어떤 모습일까?

그는 "그들이 정상에 올라가기 위해 어떻게 노력했는가를 연구했는데 공통점이 있었다. 철저하고, 인간미가 넘쳐흐르며, 벌 줄 때는 사정없이 주고, 상을 줄 때는 깜짝 놀랄 정도로 줬다"고 말했다.

이건희의 천재경영자 모델은 이렇게 탄생했다. 그 대표적 인물이 빌 게이츠 마이크로소프트 회장이다. 이건희는 "천재는 공부만 잘하는 사람이 아니다. 끼가 하나씩은 있고, 놀기도 잘하고, 공부도 효율적으로 하는 창의력이 뛰어난 빌 게이츠 같은 사람이다"라고 적시했다.

끼, 학습능력, 효율, 창의성 등을 가장 중요한 인재의 요소로 꼽았다. 일찌감치 소프트웨어의 중요성을 깨달았던 이건희가 소프트웨어 시대를 개척한 빌 게이츠를 천재의 전형으로 꼽은 것은 당연한 일인지도 모른다.

경영 측면에서 천재의 역할에 대해 이건희는 "소프트웨어 하나를 개발하면 몇십 억 달러는 간단히 벌어들이고 수십 만 명에게 일자리를 제공한다"라는 말도 했다. 또 시대적으로도 창의력과 지식이 제조기술보다 훨씬 부가가치가 높아지는 시대가 오면 이런 천재가 기업의 가장 중요한 자산이 될 것이라고 수차례 강조했다. "21세기 경영은 사람경영이다. 얼마나 좋은 사람을 얼마나 데리고 있느냐 하는 전쟁이다"라고 말한 것은 2006년이었다.

빌 게이츠가 경영에서 거둔 성과뿐 아니라 일선에서 물러난 후 보여준 모습은 이건희의 인재관에 딱 들어맞는 측면이 있다. '인간미 넘쳐흐르는 모습'이란 점에서 그렇다. 빌 게이츠는 은퇴 후 아프리카 사람들의 생명을 지키기 위해 화장실 개선사업을 하고, 말라리아를 없애는 노력을 하고 있다.

이건희의 천재경영론은 S급 인재 영입이라는 전략으로 이어졌다. 이건희는 "S급 1명 가지고 있는 것이 A급 10명 가지고 있는 것보다 더 낫다. A급 1명이 B급 10명보다 낫다. 이는 경영의 아주 기본이다"라고 말했다.

S급이 아닌 인재들, 미래에 S급이 될지도 모르는 인재들이 들으면 절망할 수 있는 말을 서슴지 않고 내뱉었던 이유가 있다. 이렇게 말하지 않으면 전문 경영인들이 인재에 집착하지 않을 것이라고 생각했다.

이런 S급 인재에 대한 집착은 말에 그치지 않았다. 구체적 지침까지 내렸다. 사장보다 월급을 더 많이 받는 인재를 모셔오라는 것이었다. 실제 삼성에는 사장보다 더 많은 연봉을 받는 사람들이 꽤 있다.

이건희는 어떻게 인재를 끌어들일지에 대한 지침으로 "데려오지 말고 모셔오라"고 했다. 지행33훈 핵심 인재 항목의 키워드 맨 앞에는 'S급 인력'과 '삼고초려'가 자리하고 있다. 삼성그룹은 이에 따라 더 주고 더 좋은 인재를 뽑아왔다.

이렇게 인재들을 끌어 모아 세계 강자가 되자, 인재들이 스스로 삼성을 찾기 시작했다. 삼성전자 미국법인 사람들은 이렇게 말한다. "삼성이 잘나가니 삼성에 오겠다는 사람들이 늘어나고 있다. 소니, 도시바, 히타치에서 온 사람들이 미국법인 경력사원의 상당 부분을 차지하고 있다." 해외 사업장의 인재 수급은 선순환 구조에 들어섰다.

이건희의 주문은 한 발 더 나아간다. "천재급 이공계 학생은 장학금을 지급해 조기에 양성하고, 교육훈련을 먼저 시켜 채용하는 인턴 식 채용을 확대하라." 한마디로 인재를 입도선매하라는 얘기였다.

또 인재를 빼앗기지 않기 위해 "삼성 인력을 데려가면 문제가 된다는 인식을 심어주라"고 구체적인 지시를 내리기도 했다. 가끔 삼성과 다른 회사가 스카우트 문제로 소송을 벌이는 이유가 이 때문이다.

그의 천재경영론에서 주목해야 할 점은 선언에 그치지 않았다는 것이다. 왜 천재가 필요한지를 시대의 변화에 맞게 설명하고, 이를 시스템으로 만드는 방법을 찾아내어, 구체적으로 행동에 옮겼다는 점이다.

파벌은 곧
죽음

이 장을 시작하기 전 우선 퀴즈 2개를 풀고 가자. 그냥 가볍게 생각하면 된다.

첫 번째, 삼성전자의 사내 등기이사인 권오현, 윤부근, 신종균, 이상훈 등 4명의 경영자는 어느 대학 출신일까?

두 번째, 삼성전자가 올해 실적이 좋을 것 같다고 하면 어떤 회사 주식을 사야 하나?

우선 첫 번째 문제의 답이다. 권오현 부회장은 서울대, 윤부근 사장은 한양대, 신종균 사장은 광운대, 이상훈 사장은 경북대를 나왔다. 이들은 1년에 적게는 수십 억 원, 많게는 100억 원이 넘는 연봉을 받아간다.

이렇게 다양한 학교 출신들로 경영진이 구성된 것은 삼성이 특정 학연에 얽매이지 않고 있다는 것을 보여주는 한 사례다.

삼성 계열사 한 직원의 말이다. "어제 사내 대학 동문들 모임 한 번 했다가 인사팀에 경고 먹었어요." 사내 대학 동문들끼리 만나는 것이 경고받을 일이냐고 했더니 "삼성 문화가 좀 그렇잖아요"라는 답이 돌아왔다. 대학이나 지역 등에 따라 모임을 만들면 사내에 파벌이 생긴다고 금기시하는 문화가 있다는 설명도 덧붙였다.

능력 중심의 인사를 위한 전제 조건은 파벌이 없어야 한다는 게 삼성의 철학이다. 그래서 대학 동문회, 지역 모임 등에 대해 삼성 계열사 인사팀은 눈에 불을 켜고 지켜볼 수밖에 없다.

지연, 혈연, 학연이라는 한국 사회에서 가장 흔한 끈을 끊어야 능력에 따른 평가가 가능하다는 인사원칙을 '3불연不然 정책'이라고 부르기도 한다.

이 같은 파벌에 대한 삼성의 거부 반응은 이건희의 개인적 성향과 자라온 환경의 영향도 컸다. 이건희는 스스로 "친구가 없다"고 말하며, 혼자 있기를 좋아한다. 그가 살아온 인생도 파벌과는 거리가 멀다. 어려서 할머니가 어머니인 줄 알았다고 할 정도로 가족과 떨어져 있었다. 그리고 어린 시절을 일본에서 보냈다. 대학도 일본에서 나왔다. 국내에서 파벌을 만들고 싶어도 만들기 쉽지 않았을 것이다.

이건희가 갖고 있는 파벌에 대한 반감은 역사에 대한 성찰의 결과이기도 하다. 그는 "한국처럼 우수한 민족이 일본의 식민지배를 받고, 3류 국가로 전락한 가장 큰 이유 가운데 하나가 파벌"이라고 주장하기도 했다. 삼성 내에서도 마찬가지다. 창의성을 생명으로 하는 디자인 조직에까지 파벌중시 풍토가 퍼져 있다는 것을 확인한 후 이건희의 분노가 폭발한 적도 있다. 이후 삼성은 3불연 정책에 더욱 집착하게 됐다.

다음은 두 번째 문제를 풀 차례다. 삼성 실적이 좋으면 어떤 주식을 사야 하냐는 질문에 한 애널리스트는 "현대차나 기아자동차 주식을 사야 한다"고 답했다.

삼성의 인센티브 제도에 대한 비유적인 표현이다. 왜 그런지 살펴보자.

이건희는 '능력에 따라 일하고 일한 만큼 보상받는다'는 자본주의 논리의 신봉자였다. 그는 여기서 한 발 더 나아가 "인센티브 시스템은 자본주의 최고의 발명품 중 하나"라고까지 말했다. 이러니 삼성에서 성과에 따른 추가적인 보상인 인센티브 시스템이 가장 발달한 것은 필연적이다.

삼성의 임금제도는 특이하다. 삼성전자의 임금은 국내 최고가 아니다. 하지만 그들은 연말에 성과급으로 연봉의 절반 정도를 한 번에 받아간다. 성과배분profit sharing 제도 덕분이다. 계열사별로 성과에 따라 수백 만 원에서 수천 만 원, 임원이나 사장들은 수천 만 원에서 수억 원을 한 번에 받는 구조다.

이런 목돈을 한 번에 손에 쥔 사람들 중 상당수가 새로운 자동차를 구매하기 때문에 삼성 실적이 좋으면 현대 기아차 주식을 사야 한다는 얘기가 나온 것이다.

실제 2012년 직장인 연봉이 공개된 적이 있다. 건강보험 직장 가입자 가운데 연봉 상위 랭킹 2,500명을 집계한 결과였다. 삼성 전자 무선사업부 신종균 사장 등 110명이 삼성그룹 계열사 소속 직장인이었다. 나머지 기업들은 많아야 50명이 채 안됐다.

삼성의 전문 경영인들이 이렇게 많은 돈을 받을 수 있는 이유도 이건희의 철학으로 설명할 수 있다. 그는 "일류를 일류에 맞게 연 봉을 안 주면 일류가 안 된다. S급, A급은 C,D급과 몇 배 차이가 나야 한다. 동기끼리도 급여 차이가 3배 나고, 후배가 5배 많아도 되는 그런 분위기, 눈에서 불이 반짝반짝 나는 분위기가 유지되어 야 살아 있는 브랜드가 나온다"고 했다. 그에게 파격적인 대우는 살아 있는 브랜드의 필요조건이었다.

이 같은 성과중심의 인사는 삼성전자 사장뿐 아니라 임원의 출 신 학교별 분포를 봐도 알 수 있다. 2013년 연말 인사가 발표되기 전까지 삼성그룹의 수뇌부인 미래전략실에서는 충남대가 가장 중 요한 학맥이었다. 또 삼성전자 임원진 명단을 보면 전국 각지의 대학이 총망라되어 있다. 지방대 출신이 수두룩하다.

2010년 새롭게 삼성전자 홍보실로 발령이 난 한 간부는 이런 말 을 했다. "참 이상하지요. 여기 와서 보니 진짜 삼성 인사가 어떤 것인 줄 알겠어요. 홍보실의 많은 직원 가운데 서울대 출신이 1명 밖에 없어요." 출신 학교보다 성과가 훨씬 중요한 잣대가 된다는 말이었다.

하지만 삼성도 인간의 조직이기 때문에 이를 완벽히 피해갈 수는 없다. 곳곳에 누구 라인, 누구 라인이 존재한다. 특히 회장 비서실 출신들은 대부분 인사 때 다른 출신에 비해 유리한 고지를 점하는 것은 분명한 사실이다. 이것을 인맥이라면 인맥이라고 부를 수 있다. 그래서 밑으로부터의 불만이 점점 커져가고 있는 것도 사실이다. 이는 삼성이 풀어야 할 숙제다.

다른 문제도 있다. 삼성은 과도한 인센티브 중심의 문화에 대해 최근 재검토하기 시작했다. 예상보다 심각한 문제가 발생하고 있기 때문이다. 삼성 사람들은 내부적으로 전자와 후자가 있다는 말을 한다. 삼성전자 외에 나머지 계열사들이 스스로를 지칭하는 자조 섞인 칭호가 후자다. 삼성전자 직원들이 엄청난 성과급을 받아갈 때 수백 만 원도 못 받는 다른 계열사 직원들이 수두룩하다. 삼성 가족이라고 하기에 격차가 너무 크다.

삼성전자 내부에서도 마찬가지다. 몇 년간 휴대전화 사업부는 50%의 성과배분을 받아갔다. 하지만 거의 받지 못한 사업부도 있다. 같은 회사에 다니면서도 이런 성과배분을 둘러싸고 사업부 간 이질감이 커지는 현상이 발생하고 있다. 이는 회사에 대한 직원들의 로열티를 떨어뜨리는 요인이 될 수 있다.

삼성 인사팀의 또 다른 걱정은 돈 중심의 사고가 직원들 사이에 너무 뿌리 깊게 자리잡고 있다는 것이다. 삼성에 대한 로열티와 업무에 대한 사명감보다는 돈이 더 중요한 가치로 자리잡고 있다. 이런 분위기는 실적이 좋을 때는 문제가 없지만, 회사가 어려움에 처했을 때 문제를 일으킬 가능성이 높다. 이런 상황을 적나라하게 보여준 사례가 있다.

삼성이 그룹 차원에서 직원들의 사기를 높여주기 위해 〈슈퍼스타 K〉를 본떠 '슈퍼스타 S'란 행사를 만들었다. 2010년이었다. 그런데 여기에 나온 팀 이름 중 '인센티브', 'PS(초과이익분배금)'도 있었다. 그래서 한때 내부에서는 직원들의 관심이 지나치게 돈으로 옮겨가는 것을 걱정한 사람들이 성과배분제도를 개선해야 한다는 지적을 하기도 했다. 하지만 지금도 이 문제는 풀리지 않고 있다.

삼성 인사에서 이건희의 철학이 실행까지 이어지지 않은 또 하나의 현안은 여성 인력 문제다. 이건희는 여성을 높이 평가했다. 우선 잠재력에 대한 그의 평가를 들어보자. "모성애라는 것은 인간이 상상할 수 없는 힘이다. 불이 나면 애를 궤짝에 넣어서 들고 나오는 것이 모성의 힘이다." 자서전에서도 "히틀러가 유태인에게 실험한 잔인한 이야기가 있다. 물도 안 먹이고 밥도 안 주고 남녀를 똑같이 감옥에 넣어놓고 굶겼다. 남자가 3일 만에 죽으면 여자는 4일이나 4일 반 만에 죽는다. 자궁 때문에 그런 것이다. 생리적으로 수놈이 약하게 되어 있다"고 쓰기도 했다.

제대로 일하지 못하는 남성에 대해서는 비하 발언도 서슴지 않았다. "사자는 전부 암놈이 사냥하고 새끼 낳고 젖먹이고 한다. 수놈은 멍청하게 앉아서 그저 동네만 지키고 있다. 암놈이 사냥해서 잡아온 것을 주워 먹고 있다." 그의 말은 이어졌다. "사자 수컷은 일 안 하고 잘 먹으니까 겉모양은 번질번질하다. 암놈은 사냥하고 뭐하고 하다 보니 꺼칠꺼칠해 껍질이 다 벗겨져 있다. 이것이 동물의 세계다. 사람도 동물이기 때문에 원리는 비슷하다."

기업인 입장에서 소비자로서의 여성도 강조했다. 그는 "어떤 신문을 볼지에 대한 구독 결정권을 80~90%는 여성이 쥐고 있는 것을 모르고 있다. 거의 부인들이 정한다. 백화점에서도 물건을 사는 사람의 90%는 여자다"라고 했다. 소비자로서의 여성을 분석하지 않으니 기업이 잘될 리가 없다는 질타가 이어진 것은 당연한 일이다.

여성에 대한 그의 발언은 한국 사회에 대한 근본적인 문제 제기로 이어진다. "삼성, 대한민국이 자원 낭비하는 게 뭐냐. 여자가 생리적으로 우수한데 사회에서 여성을 안 쓴다. 1960~70년대 여자들은 취업한 후 다 시집가버렸다. 그래서 여자를 안 뽑는 것이 관습이 되어버렸다."

한국 사회는 여성이라는 자원을 썩히고 있다고 주장했다. 이 말을 한 것이 1993년이다. 당시 아무도 귀 기울이지 않은 것은 물론이다.

삼성이 여직원의 근무여건을 개선하기 위해 유연근무제를 도입한 것은 2009년이다. 그러나 여전히 삼성에서 여성 임원 비율은 턱없이 낮다. 외부에서 스카우트하지 않고 승진해서 임원이 된 케이스는 더욱 찾기 힘들다. 이건희의 이상과 삼성의 현실과 괴리가 가장 큰 부분 가운데 하나가 여성인력 정책이기도 하다.

이 책임은 누구에게 있을까? 이건희는 "대한민국도 남성의 오그라진 사고방식 때문에 여성 천시주의가 생겼다"고 지적했다. 남성의 이기적 사고가 여성인력 활용을 어렵게 만들었다는 것이다.

 이건희는 자신의 여성관에 대해서도 한 인터뷰에서 솔직히 털어났다. "남자하고 의무도 똑같이 하고 권한도 똑같이 가진다는 것이 내 여성관이다. 여성인력을 최대한 활용하라. 찾아보면 여성이 강한 부문이 한없이 많을 것이다."

4부

엔지니어 이건희

기술을 모르는 경영자는 필요 없다

기술을 모르는 경영자는 필요 없다

1장은 이건희가 생각하는 방식을, 2장은 이를 기반으로 한 경영철학을, 3장은 삼성의 성공요인이라고 하는 인재전략을 다뤘다. 4장은 지행33훈의 연구개발(기술중시, 기술확보, 명품개발)과 제조생산(최고품질, 환경안전, 구매예술화) 항목에 대해 살펴본다.

삼성전자는 기술기업이다. 이건희가 갖고 있는 엔지니어적 기질로부터 기술중시 문화가 만들어진 과정을 중심으로 얘기를 풀어갔다. 후발주자로서 기술 없이 시작했지만 40년 만에 일본을 따라잡을 수 있었던 무기인 벤치마킹에 대한 그의 확신도 비중 있게 다뤘다. 삼성의 성공비결인 빠른 추격자(fast follower) 전략을 가능케 했기 때문이다.

본문에서도 다루지만 그는 "기술확보는 합작-제휴-스카우트 순으로 해야 한다"는 지침도 만들어냈다. 수십 년 경험에서 나온 결과물인 셈이다. 또 2006년 "R&D를 하려면 우수한 사람이 모일 장소인지 신중히 생각해야 한다"고 말했다. 현재 삼성이 기흥이 아닌 양재동에 대규모 디자인센터를 짓고 있는 이유가 무엇인지를 알 수 있게 해주는 대목이다.

구매와 관련해서는 그가 말한 유명한 문구인 "구매는 예술이다"라는 말이 왜 나왔는지를 중심으로 얘기를 풀어갔다. 전자 산업의 본질은 부품업이라고 할 만큼 그는 구매에 집착했다. 예술의 경지에 가야 한다고 한 것도 이런 면에서 보면 무리는 아니다. 과거 노키아와 최근 애플의 경쟁력을 말할 때도 그들의 부품 소싱 능력을 포함시키는 사람들이 많다. 그런 면에서 삼성의 구매철학은 한번 곱씹어볼 만하다. 다만 협력업체 정책이 삼성에 대한 반감을 만들어낸 중요한 원인 중에 하나라는 점도 분명한 사실이다.

또 하나 그가 이런 기술과 품질에 대한 자신의 생각을 조직 내부에 전파한 방식도 살펴본다. 커뮤니케이터 이건희 항목을 별도로 만든 이유다. 지행33훈과 직접적인 관계는 없지만 소통이 어느 때보다 중요해지는 시기라는 점을 염두에 뒀다. 미국의 유명한 여론조사 전문가이자 컨설턴트인 프랭크 런치가 제시한 좋은 커뮤니케이션의 요소라는 툴로 이건희의 커뮤니케이션을 짚어봤다.

지행33훈

인사를 통해
기술경영을 실천하다

2010년 국내에서 가장 전기를 많이 사용하는, 즉 전기요금을 가장 많이 낸 사람의 명단이 공개돼 화제가 된 적이 있다. 나란히 1,2위에 오른 사람은 이건희, 이재용 부자였다.

이 사실이 보도되자 온갖 설이 난무했다. 이들 부자의 집은 거대한 실험실이라는 얘기부터, 지하에 로봇이 있다는 터무니없는 소문까지. 하지만 지금도 어떤 제품이 전기요금을 잡아먹는지는 공개되지 않았다. 다만 이건희의 과거 발언을 보면, 그가 무언가를 계속 써보고 실험했을 것이란 점은 확실하다.

이건희는 회장이 된 이후에도 이런 실험을 계속했다. 언론에 공개된 2006년 지시사항을 보면 잘 나타난다. 그는 "밤새 일본 데논과 소니의 DVD 플레이어로 영화를 봤다. 데논 것은 문제가 없는데 소니 것은 열이 나고 오류가 난다. 이 차이를 분석해 보고서를 제출하라"고 했다.

이 지시는 매우 상징적이다. 그의 영감과 직관의 원천을 엿볼 수 있기 때문이다. '영화광이자 전자제품 마니아인 엔지니어 이건희.' 이건희가 갖고 있는 엔지니어적 성향이 기술에 대한 중시와 집착으로 이어진 것은 당연한 일이다.

역사도 그에게 기술의 중요성을 가르쳤다. 그는 "영국의 산업혁명에 의해 세상이 달라졌다. 그 와중에 진공관이 나와 문명이 달라졌고, 반도체가 나와 전혀 달라졌다. 여기에 컴퓨터가 나와 더 달라졌다. 앞으로도 한없이 달라질 것이다."

기술에 따라 문명이 바뀌고, 패권이 움직인다는 것, 이건희가 역사에서 배운 교훈이다. 기술을 중시하는 이건희의 성향은 최고경영자를 선택할 때도 반영됐다. 윤종용, 황창규, 진대제, 최지성, 권오현, 윤부근 등은 2000년대 삼성전자를 이끈 주요 경영자 명단인데, 최지성을 제외하면 모두 엔지니어 출신이다. 최지성도 각종 전자제품 행사장에서 기자들과 만나면 엔지니어 뺨칠 정도로 기술에 대한 지식을 자랑한다. 기업 오너들이 자신의 정책방향을 제시하고, 실행하는 가장 좋은 방법은 인사다. 마케팅, 기획, 엔지니어링 등 어떤 분야에서 잔뼈가 굵은 경영자를 택하느냐는 기업의 방향성을 알려주는 가장 좋은 지표다.

이건희는 인사를 통해 기술경영을 실천했다. CEO들은 엔지니어답게 미래기술 개발에 주력했다. 엔지니어 출신 임원들은 CEO 를 꿈꾸며 사력을 다해 기술우위를 확보하기 위해 노력했다.

이건희는 엔지니어들을 CEO 자리에 앉힌 이유에 대해 "경영 자가 기술을 모르면 경영지원 관리를 제대로 못 하고 남의 것을 베끼기만 한다"고 설명했다. 여기에도 이건희의 본질주의적 사고 관이 자리잡고 있다. 그는 수많은 분해 과정을 통해 전자제품이 미세한 부품과 정밀한 기술력의 결합이라는 것을 파악했다. 이를 제대로 이해해야 어느 것을 중점적으로 개발해야 할지를 알고, 마 케팅 포인트를 무엇으로 삼아야 할지 알 수 있다는 것이다. 제품 에 들어간 부품과 보이지 않는 기술력을 이해하는 경영자, 그것이 기술경영의 모델이다.

이런 세례를 받은 삼성 경영자들의 가장 중요한 미션은 기술력 확보였다. 그 첫 번째 방법은 누구나 생각할 수 있는 R&D다. R&D에 대한 삼성의 자세는 이건희의 말에 녹아 있다. "식량이 떨 어졌다고 내년에 농사지을 종자까지 먹어치워서는 안 된다. 연구 개발비는 보험료 개념이다." 그는 또 "적자가 날 때 오히려 R&D 비용을 늘려라"고 주문했다. 실제 2000년대 들어 삼성전자 R&D 비용이 줄어든 해는 한 번도 없었다. 외환위기 직후인 1998년 대 대적인 구조조정 중에도 이건희는 "기술개발이나 도입은 공격적 으로 추진해야 한다. 이런 기술개발이 안 되면 2~3년 내에 반드 시 난관에 봉착한다"고 자금투입을 독려했다.

R&D에 대한 이건희 철학은 단순히 기술개발만을 위한 연구에

그치지 않는다. 그는 "직원들의 잘못된 인식을 고쳐주고 바로 세우고 분석하는 것이 기술회사에서 R&D에 해당된다"고 했다. R&D는 인식개조를 포함한다는 얘기다. 기술과 그 기술을 체화하고 있는 사람에게까지 R&D 개념을 확장해야 제대로 된 R&D가 가능하다는 주장인 셈이다.

R&D 개념의 확장은 업종에도 적용된다. 이건희는 금융에도 R&D 개념을 도입하라고 주문했다. 이어 "금융에는 R&D라는 개념은 없지만 벤치마킹이라는 단어가 있다"고 했다.

벤치마킹. 이건희가 기술을 확보하는 가장 중요한 방법 중 하나로 제시한 것이자, 삼성전자의 성공비결인 추격자 전략을 성공으로 이끌었던 비책이다.

애플 쇼크에
벤치마킹 전략으로
맞서다

2009년 가을 삼성은 축제 분위기였다. 금융위기를 뚫고 사상 최대 실적을 올렸기 때문이다. 창립 40주년이 겹쳐 분위기는 더 좋았다. 삼성은 직원들에게 보너스를 주고, 금융위기 때 줄였던 비용지출도 원상회복했다. 또 활기찬 조직문화를 위해 다양한 이벤트도 벌였다.

그러나 10월 29일을 기점으로 분위기는 반전됐다. 애플의 아이폰이 한국 시장에 상륙한 것이다. 삼성은 처음에는 아이폰을 무시하려고 애썼다. 애플의 허술한 AS시스템, 아이튠즈를 사용해야 하는 불편함, 비싼 가격 때문에 한국 소비자들이 그리 좋아하지 않을 것이라고 봤다.

하지만 현실은 달랐다. 아이팟에 익숙해 있던 국내 소비자들은 아이폰을 사기 시작했다. 첫날 수만 대가 팔려나갔다. 삼성은 긴장하기 시작했다. 아이폰에 대적할 변변한 대항마가 없었다. 옴니아라는 이름의 이상한 스마트폰이 있었을 뿐이다. 물론 역부족이었다.

아이폰은 한국 스마트폰 시장을 장악해가기 시작했다. 3개월 만에 50만 대가 팔려나갔다. 반면 옴니아는 소프트웨어 결함으로 '안티삼성' 소비자만 양산했다.

이건희는 이 상황을 보고받았다. 아이폰의 판매가 정점을 향해 가던 2010년 3월 그가 서초동 사옥에 나타났다는 소문이 돌았다. 그가 방문한 곳은 휴대폰 개발자들이 모여 있던 곳으로 알려졌다. 지시사항은 언제나처럼 간명했다. "일단 따라가라." 그동안 삼성이 가장 잘해온 벤치마킹을 통해 일단 따라잡아야 한다고 이건희는 판단했다.

직원들은 이건희의 지시를 "아이폰을 베끼건 어떻게 하건 일단 비슷한 제품을 만들라"는 뜻으로 받아들였다. 비상이 걸렸다. 삼성은 스마트폰 개발에 속도를 내기 시작했다. 개발자들의 옆에는 분해된 아이폰이 널려 있었다는 얘기도 들렸다.

그리고 3개월 후 삼성은 스마트폰 갤럭시를 내놨다. 초기 품질은 아이폰과 비교할 수조차 없었다. 소프트웨어의 차이는 하루아침에 따라갈 수 없었기 때문이다. 그래도 아이폰에 맞설 수 있는 대항마를 마련한 성과를 얻었다. 시장을 더 이상 빼앗기지 않으려는 수비형 제품이 갤럭시였다.

삼성의 진짜 강점은 갤럭시2에서 나타났다. 삼성은 갤럭시와 동시에 갤럭시2 개발에 들어갔다. 애플이 시장을 싹쓸이하는 것은 갤럭시로 막고, 진짜 승부는 갤럭시2에서 보겠다는 동시개발 전략이었다.

이 동시개발 전략은 후발주자 삼성이 갖고 있는 고유한 전략이다. 제대로 된 제품도, 성공할 것이라는 확신도 없는 상태에서 다양한 제품을 동시에 개발함으로써 먼저 나온 제품으로 시장을 방어하고, 제대로 된 제품이 나오면 공격적 마케팅을 통해 시장점유율을 높이는 방식이었다. 시간의 갭을 메우는 전략이었다.

갤럭시가 출시되자 삼성의 베끼기 전략에 대한 비판이 쏟아졌고, 애플은 삼성을 상대로 특허 소송을 제기하기도 했다.

그러나 중요한 것은 결과다. 세계 스마트폰 시장에서 애플의 유일한 경쟁자로 살아남은 것은 모토로라도 노키아도 아니고 삼성이었다.

벤치마킹 전략, 즉 모방 전략은 위대한 기업가들이 공통적으로 택했던 방식이다. 잭 웰치는 "분명한 과제는 누가 더 좋은 아이디어를 가지고 있는지 알아내서 배우고 빨리 행동으로 옮기는 것이다"라고 했다. 헨리 포드는 시카고의 도살장과 통신판매회사 시어스의 우편분류 시스템을 모방해 대량 생산의 시대를 열었고, 스타벅스의 하워드 슐츠는 이탈리아 커피숍 모델을 가져와 새로운 커피문화를 만들었다.

이건희는 틈만 나면 벤치마킹을 강조하며, "벤치마킹은 매일, 매주, 매달, 매년 하는 것이며, 다른 업종에서도 벤치마킹해야 한다"라고 말한다. 추격자에게 가장 유리한 무기를 제공하고, 선두에 서 있는 사람들에게는 새로운 아이디어를 줄 수 있기 때문이다. 또 "1등 한다고 벤치마킹을 하지 않는 것이 가장 위험하다"며 경영자들에게 각성을 촉구하기도 했다.

삼성의 갤럭시를 통한 성공은 또 하나의 중요한 메시지를 담고 있다. 이건희는 어려울 때 자신이 가장 잘할 수 있는 방법을 선택했다는 점이다.

어려운 상황에서 사람들은 뭔가 새로운 해법을 찾는다. 그러나 이건희는 자신이 가장 잘할 수 있는 것을 솔루션으로 제시했다. 거창한 목표, 비전, 욕망이 아니라 현실적으로 가장 빨리 삼성이 잘할 수 있는 것을 선택했다. 즉, 벤치마킹이었다.

삼성의 벤치마킹에 대해 일본 〈다이아몬드〉는 파나소닉 간부의 말을 인용해 이렇게 평가했다. "성공한 상품을 순식간에 복사해 일본 기업 10배의 스피드로 제품을 개발한다." 여기에 삼성만의 부가가치가 들어가 있다. 다른 회사가 개발한 최적의 제품을 출발점으로 지역에 맞는 성능을 집어넣어 현지화된 모델을 만들어내는 것이다.

이를 〈다이아몬드〉는 "모방으로부터 시작하는 역류설계"라고 규정했다. 일본 대형 부품업체 간부는 "삼성의 설계 파트나 연구소에 가면 파나소닉, 소니 등 일본 업체의 제품이나 나사, 못, 꺾

쇠 하나까지 전부 분해되어 있고 기술자들은 각각의 제품이나 구성품의 특징, 결점, 이점 등을 모두 자사의 제품처럼 이해하고 있다"고 말한다.

벤치마킹은 대충 흉내 내는 것이 아니다. 상상하지 못할 정도의 철저한 분석 과정을 거친 후 이를 창의적으로 조합해내는 것이다. 모방, 벤치마킹은 빠른 추격자 전략이 성공하는 데 결정적 역할을 했다.

이건희가 벤치마킹만 한 것은 아니다. 그는 신기술을 확보할 수 있는 3가지 방식도 제시했다. "기술확보는 1순위가 합작이고, 2순위가 제휴이며, 인력 스카우트가 맨 마지막 순위다."

이는 그의 경험에서 나온 생각으로 보인다. 삼성이 합작한 회사 중 삼성코닝정밀유리는 수십 년간 양사에 윈-윈 모델을 제공했다. 삼성은 코닝으로부터 기술을 전수받았고, 코닝은 삼성을 통해 수요가 있는 곳에 생산기지를 확보했기 때문이다. 이것이 삼성코닝 영업이익률이 50%에 육박하는 이유다. 또한 삼성은 전자사업 자체를 일본의 산요와 합작으로 시작했다. 합작은 회사 차원에서 공식적으로 이뤄지고, 기술을 주고받을 수 있는 가장 유력한 수단이라고 이건희는 판단했다.

제휴는 합작에 비해 낮은 수준이지만 공식 루트를 통해 기술과 특허 등을 양도받을 수 있다. 삼성은 반도체 사업에서 수많은 특허 제휴를 성공시켰다. 이건희는 이 경험을 일반화해 제휴를 두 번째 기술 확보 전략으로 제시한 것이다.

인력 스카우트를 맨 마지막이라고 한 이유는 인력을 데려오는 과정에서 상대편 회사의 비방 등으로 평판에 문제가 생길 수 있다는 것을 알았기 때문이다. 또 일본인 고문을 비롯해 삼성이 영입한 인재들이 오랜 시간을 버티지 못하고 삼성을 나간 경험도 이런 발언에 영향을 미친 것으로 보인다.

질 경영으로
브랜드 파워를
키우다

기술을 확보했으면 상품을 만들 차례다. 삼성은 세계 최고의 제조기술력을 자랑한다. 제대로 만드는 것 하나만큼은 어떤 회사에도 뒤지지 않는다. 삼성이 복제 의약품(제네릭) 산업에 진출할 것이라는 얘기가 끊이지 않는 것도 이 때문이다. 의약품은 여러 가지 성분을 정밀하게 섞어 만드는 공정이 경쟁력의 핵심이다. 반도체라는 세상에서 가장 미세한 공정을 필요로 하는 제품을, 지구상에서 가장 잘 만드는 회사인 삼성이라면 약 만드는 것은 일도 아니라는 평가인 셈이다.

이런 제조업 경쟁력을 갖추는 데 가장 큰 공헌을 한 것은 이건희의 '질 경영'이다. 양이 아니라 질을 중시하면 양은 저절로 확보될 것이라는 얘기다. 이를 설명하기 위해 그는 자신의 경험을 이야기했다. "자기가 중요시하고 아끼는 테이프를 넣었는데 그 테이프를 갊아 먹으면 울화통이 터진다. 내가 몇 번 경험했다."

이는 DVD가 나오기 이전인 1993년의 얘기로, 당시에는 테이프를 돌리는 VTR이 집에서 영화를 볼 수 있는 가장 보편적인 방식이었다. 그런데 가끔 VTR에 들어간 테이프가 돌지 않고 갑자기 튀어나오거나 아예 필름이 엉켜버리는 일이 발생했다. 그때는 이를 "테이프가 씹혔다"고 했다.

이건희의 경험담은 이어진다. "재미있는 영화를 보다가 TV 휴즈라도 톡 떨어져나가면 그 회사 욕을 한다. 절대 안 잊어버린다."

이런 경험을 한 사람 100명 중 50명은 다시는 그 회사 제품을 사지 않는다고 이건희는 생각했다. 여기서 그치지 않는다. 그는 "그 50명이 그런 사실을 떠들고 다니면 고객 기반은 허물어지게 된다"고 했다. 좋지 않은 평판은 확산되는 속도가 엄청나게 빠르다는 것을 자신의 경험을 통해 알고 있었다. 이런 소비자 이건희의 지시는 당연히 품질 개선으로 이어졌고, 삼성은 VTR 시장 1위를 차지했다.

이건희는 스스로 까다로운 소비자이자, 혁신가였다. 이런 사례는 휴대폰에서도 나타난다. 1990년대 중반까지 'send' 버튼은 휴대폰의 윗부분에 달려 있었다. 이건희가 써보고는 불편함을 느껴 그것을 밑으로 내려 한손으로 할 수 있게 만들어보라고 지시했다. 그리고 send 버튼을 아랫부분에 다는 것은 지금 세계 표준이 됐다.

다시 품질 얘기다. 이건희는 소비자가 느끼는 불량에 대해 "이것이 바로 암이다"라고 규정했다. 불량은 퍼져나가는 암세포와 같다는 것이다. 암은 치료할 방법이 없다는 것을 말하고자 함이었다.

그는 불량이 경제적으로 어느 정도 타격을 주는지에 대해서도 설명했다. "3만 명이 만들고 6,000명이 수리하러 다니고 있는 게 삼성전자다. 이런 비효율적이고 낭비가 심한 집단은 우리 말고는 세상 어디에도 없다"고 했다. 1993년 당시 삼성전자 직원은 3만 명이었다. AS직원이 만드는 직원의 20%에 달했다. 남들은 AS 잘한다고 했다. 하지만 이건희는 도저히 수지타산이 맞지 않는다고 생각했다. 그의 얘기는 이어졌다. "불량에 따른 손해는 말할 것도 없고 2년, 3년, 4년 고쳐줘야 한다. 제품을 고칠 때마다 제품을 산 사람은 삼성, 삼성, 삼성 하고 욕을 한다."

기업인은 이윤을 남겨야 한다. 그러나 수리하는 인력을 수천 명 고용하는 데 드는 비용, 부품을 몇 년간 보유하는 데 드는 비용, 고객의 불만에 따른 보이지 않는 손실 등을 이건희는 계산했다. 안 만드는 것만도 못하다는 게 그의 결론이었다.

그리고 라인을 세우라고 지시했다. 실제 불량이 발생하면 원인을 찾아낼 때까지 라인을 세웠다. 여기서 나오는 손해는 "내 사재를 넣어서라도 해결하겠다"고 했다. 당장은 손해를 볼 수 있지만 1,2년 후를 생각하면 더 이익이라는 주장이었다. 이건희는 숫자에 밝은 사람이다. 많은 인터뷰에서 상상하지 못할 만큼 세세한 숫자를 들이댄다. 이건희는 당시 이대로 적당한 수준의 제품을 만들면서 낼 수 있는 이익과 완벽한 품질의 제품을 만들어서 낼 수 있는 몇 년간의 이익을 시뮬레이션 했을 것이라는 것은 너무도 분명하다.

이건희의 질 경영론은 2007년에 가면 AS센터 폐지론으로 발전한다. "21세기에는 서비스센터가 없어져야 한다. 지금의 서비스센터는 없어지고 다른 개념의 서비스가 있어야 21세기 경영이다"라고 주장했다. 불량이 없으면 서비스센터가 없어지고, 이 인력과 돈이면 고객들에게 더 좋은 경험을 제공해줄 수 있다고 판단한 것이다.

물론 이건희의 이런 철학은 아직도 현실화되지 않았다. 그러나 분명한 사실은 삼성 제품을 왜 사냐고 물으면 2가지 답이 나온다는 것이다. 첫째는 "고장이 안 날 것 같다"는 것이고, 둘째는 "고장이 나도 제대로 된 AS를 받을 수 있을 것 같다"는 것이다. 질 경영은 그의 바람대로 서비스센터를 없애지는 못했지만 삼성의 브랜드 파워를 키우는 역할을 했다.

이건희는 AS에 대해서도 지침을 내렸다. 2002년 5월 "이제는 소비자 속으로 들어가 소비자 한 사람 한 사람에게 신경을 써야 한다. 소비자 대부분 인터넷을 하기 때문이다"라고 했다. 한 사람의 소비자도 기업에 큰 타격을 줄 수 있다며 이 리스크에 대비하라고 13년 전 지시했다. 다른 기업들이 개인소비자를 중요한 리스크 요인으로 보기 시작한 것은 얼마 안 된 일이다.

AS에 대한 그의 또 다른 발언은 양심의 문제를 지적하고 있다. "문제가 있으면 당연히 고쳐주고 문제 없는 제품으로 교체해줘야 함에도 불구하고 별도로 구입하라고 하는 것은 강도 같은 행위다."

그는 고객만족에 대해 얘기하면서 "제품의 제조 판매에서 서비스를 판매하는 시대로 발전하고 있다"고 했다. 또 "서비스를 강화하면 좋은 인상을 갖게 되는 것은 물론 판매로 연결된다"고 했다. 한번 판매한 제품을 양심적으로 성의껏 고쳐주면 그 고객은 다시 삼성 제품을 사게 된다는 것이다. 서비스조차 판매활동의 일환으로 규정했다. AS에 감동받아 삼성 제품을 다시 샀다는 얘기는 흔히 들어볼 수 있다. 이건희의 1석5조 사고법이 AS에도 그대로 드러난 것이라고 볼 수 있다.

마음을 움직이는
커뮤니케이션

이건희는 일본에서 미디어를 전공했다. 그리고 중앙일보 이사로 일했고, 방송사인 TBC 경영에도 참여했다. 이병철도 초기에는 이건희에게 기업보다는 언론을 맡기려고 했다. 이후 기업인으로 방향을 틀었지만 미디어 경험은 그에게 큰 자산이 됐다. 이건희 성공의 중요한 요인으로 꼽을 수 있는 것이 커뮤니케이션이기 때문이다. 황제경영도 자신의 의사를 정확히 전달하고, 이를 조직에 확산시켜야 가능한 일이다. 그런 면에서 이건희는 탁월한 커뮤니케이터였다고 할 수 있다. 몇 가지 사례를 살펴보자.

1993년에 그는 미국 LA로 경영자들을 불렀다. 그리고 쇼핑을 하게 했다. 그는 호텔에 남았다. 관광과 쇼핑을 한 경영자들이 돌아오자 이건희는 그들을 데리고 식당으로 갔다. 거기에는 이건희가 직접 분해한 삼성 제품과 일본 제품이 놓여 있었다. 사장들은 의아해했다.

삼성 제품의 부품은 300개였고, 일본 제품의 부품은 200개였다. 부품이 많이 들어가면 고장도 잦다. AS에 대비해 부품을 보관해야 하기 때문에 물류비도 많이 든다. 이건희는 "이렇게 많은 부품을 사용하면서 어떻게 경쟁력을 갖출 수 있겠냐"고 했다. 말이 아니라 시각적 효과를 통해 현실을 보여주기 위한 것이었다. 그는 LA로 경영자들을 불러 모은 이유에 대해 "삼성의 실상을 보게 하자는 회의였다"고 설명했다. 경영진이 본 실상은 또 있었다. 미국 전자제품 판매점에서 먼지 속에 쌓여 있는 삼성 제품이었다. 당시 삼성 제품은 1 + 1 제품이었다. 소니 제품 하나를 사면 삼성 제품을 덤으로 줬다. 이건희는 그 실상을 경영자들이 직접 눈으로 보게 했다.

1995년 휴대폰 화형식도 유사한 이벤트였다. 삼성 휴대폰에 불량이 많을 때였다. 이건희는 시중에 팔리는 제품을 모두 수거하게 했다. 해가 질 무렵 직원들을 모두 운동장으로 불러 모았다. 그리고 수십 억 원어치 제품을 불태웠다. 자신이 만든 제품이 불속에서 재가 되는 것을 지켜보던 직원들은 눈물을 흘리기도 했다. 그들이 마음속으로 무슨 생각을 했는지는 알 수 없다. 하지만 분명한 것은 이후 삼성 휴대폰이 좋아지기 시작했다는 사실이다. 이건희가 의도한 대로 직원들의 인식변화라는 성과를 얻어냈다.

또 이 이벤트는 2가지 경영철학을 실천하는 성과도 올렸다. "사람의 마음을 움직이는 것이 모든 것에서 앞서는 경영혁신의 출발이다"라는 것과 "말이 아닌 실천을 행하는 것". 불태워버린 휴대폰은 미래를 위한 투자였다.

그의 커뮤니케이션 방식을 보여주는 또 하나의 행사는 선진 제품 비교전시회다. 삼성은 1년에 한 번씩 수원 사업장에서 선진 회사들의 제품을 전시하는 행사를 갖는다. 전 직원이 선진 제품들을 보고, 이를 삼성 것과 비교한 후 개선점을 발견하자는 취지로 기획했다. 1990년대 초부터 이건희의 지시로 시작된 전통이다. 시각적 커뮤니케이션의 효과를 극대화하고, 삼성에 부족한 게 무엇인지 한눈에 알 수 있게 하는 자리였다.

정리하면 LA에서 사장들에게 제품을 분해해 보여준 것은 결과적으로 삼성의 수준을 알게 해주었다. 그 다음은 휴대폰 화형식을 통해 삼성인의 각성을 끌어냈다. 그리고 선진 제품 비교전시회를 통해 삼성이 어디를 향해야 하는지 깨닫게 해주었다. 그곳이 명품의 경지란 것을 알려준 이건희 식 커뮤니케이션이었다.

미국의 유명한 여론조사 전문가이자 컨설턴트 프랭크 런치는 CEO에 대해 이렇게 정의했다. "CEO는 메시지 전달자이자, 기업이 판매하는 상품이나 서비스의 살아 숨쉬는 화신이다." 그런 면에서 이건희는 뛰어난 커뮤니케이터이기도 했다.

그는 중요한 시기마다 사안의 본질을 표현할 수 있는 적절한 단어를 찾아내, 효과적으로 전달했다. 그가 쓴 자극적 표현들은 메시지 전달력을 높이기 위한 것이었다.

프랭크 런치가 제시한 좋은 메시지가 갖춰야 할 10가지 조건을 기준으로 이건희의 커뮤니케이션을 분석해보자.

런치가 제시가 첫 번째 조건은 단순성이다. 쉬워야 사람들에게 잘 전달된다는 것이다. "양은 포기하고 질로 간다." 이건희가 품질 경영을 하며 내세운 말이다. 그는 회사가 지향하는 목표와 직원들이 가져야 할 자세를 단 한 문장으로 선명하게 제시했다.

다음은 간결성이다. 한마디로 제압해야 한다는 것이다. "마누라와 자식 빼고 다 바꾸라"는 이건희를 상징하는 문장이다.

런치는 신뢰성도 중요하다고 했다. 런치는 "당신의 말이 곧 당신이다. 뜻하는 바를 말하고 말한 대로 행동하라"고 했다. 이건희는 스스로 "약속은 죽어도 지킨다"고 했다. 그리고 자신을 믿고 따르면 일류기업을 만들 수 있다고 했다. 그리고 약속을 지켜냈다. 이건희의 말에 세상이 더 귀를 기울이는 것은 이런 성취가 있었기 때문이다.

효과적인 커뮤니케이션에서 참신성도 빼놓을 수 없다. 말도 싱싱해야 팔린다. 런치는 참신성에 대해 "낡은 개념에 새로운 정의를 부여할 때 효과적 언어가 탄생한다"고 규정했다. 이건희는 말을 되살려냈다. 업, 개념이란 일반적인 단어를 합쳐 삼성의 전략이 된 '업의 개념'이란 새로운 말을 만들어냈다. 복합화, 입체적 사고 등도 그가 낡은 개념에 새로운 정의를 부여한 사례다.

런치는 또 반복하라고 강조한다. 이건희는 질, 변화, 개혁, 초일류, 디자인, 소프트란 단어를 때마다 반복했다. 신경영 선언 때는 똑같은 얘기를 1,500회가량 반복해서 얘기하기도 했다. 한발 더 나아가 "내가 한 얘기를 최소한 50번은 들어야 제대로 된 뜻을 이해할 수 있다. 암기할 정도가 되어야 실천할 수 있다"고도 했다. 반복의 효과를 일찌감치 깨달은 것이다.

다음은 반응을 이끌어내는 것이다. 혼자 떠드는 것은 커뮤니케이션이 아니다. 질문을 던지고, 답을 이끌어내는 것. 답을 하는 순간 그 문제는 던진 사람의 문제가 아니라, 답한 개인의 문제가 되어버린다. 그렇기 때문에 커뮤니케이션에서 개인화된 형태가 최고의 형태라고 한다.

이건희의 경영방식에 대해 삼성에서는 '화두경영'이라고 한다. 이건희가 화두를 던지고, 경영자들은 이 화두에 답한다는 것이다. 예를 들면 천재경영을 화두로 던지면, 경영자는 천재를 모을 수 있는 방법을 찾고, 해외로 나가 사람을 데려온다. 창조경영을 화두로 던지면 창조적 기업문화를 만들기 위해 경영자들은 다양한 아이디어를 내놓는다.

또 한 가지, 그는 신문을 열심히 보는 것으로 유명하다. 신문에 난 1단 기사를 스크랩하지 않았다는 이유로 호된 질책을 받은 직원도 있다고 한다. 이건희 같은 사고방식을 가진 사람이 수십 년간 신문을 보면 어떤 단어가 사람들에게 가장 가깝게 다가갈 것인지 감각적으로 파악할 수 있지 않을까.

경영은
종합예술이다

이건희의 지행33훈에서는 예술이란 말이 두 번 나온다. 첫 번째는 경영자의 자질 부분에서 나온다. 그는 "경영은 인간과 기술을 통해 업을 성취하는 종합예술이다. 경영자는 종합예술가가 되어야 한다"고 말했다.

경영자는 회사가 갖고 있는 인재, 돈, 기술, 노하우 등 유무형의 자원을 가장 조화로운 상태로 조합하는 능력을 갖춰야 한다는 말이다. 이건희에게 예술이란 사물이나 자원, 인간 등이 최적의 상태를 갖추고 있는 것을 말한다는 것을 알 수 있다.

두 번째로 그는 구매에 예술을 갖다 붙였다. '구매의 예술화'가 그것이다.

일반인들은 구매란 단어에서 '인정사정없다'는 뉘앙스를 느낄 가능성이 높다. 기업에서 구매란 가장 낮은 가격에 가장 좋은 품질의 부품을 사는 것을 뜻하기 때문이다. 납품하는 협력업체 입장에서 보면 대기업 구매담당자는 갑 중의 갑이다. 대기업들은 경기가 나빠지면 가장 먼저 협력업체에 주는 구매대금을 깎으려 한다. 협력업체는 뼈를 깎는 고통을 참아가며 납품해야 한다. 그래야 기업을 유지할 수 있기 때문이다. 이것이 한국 사회에서 구매, 협력업체, 하청에 관한 일반적 정서다.

이건희는 이런 차가운 구매란 단어를 예술과 결합했다. 여기에는 이건희의 이상주의적 사고가 드러난다. 중소기업 경영자들을 대상으로 한 특강에서 그는 "대기업과 협력업체의 관계는 부부 사이와 흡사하다. 그래서 이 둘의 관계는 구매의 예술화까지 가야 한다"고 말했다.

이건희는 부품과 이를 공급하는 협력업체의 중요성을 누구보다 잘 알고 있었다. 삼성전자도 2000년대 중반까지는 매출의 상당 부분을 반도체와 LCD 등 부품 부문에 의존했기 때문이다. 반도체와 LCD를 애플 등 다른 메이커에 납품해야 했던 삼성전자도 본질적으로는 협력업체였다. 삼성이 애플 등과 그런 관계를 맺었던 것처럼 이건희에게 좋은 협력업체는 질 좋은 제품을 만드는 데 결정적 역할을 하는 중요한 파트너였다.

구매의 예술화를 통해 그가 전달하고 싶었던 메시지는 "단순히 하청을 주고, 부품을 납품하는 수준을 넘어서라"는 것이었다. 갑과 을이 아니라 제대로 된 파트너 관계가 형성됐을 때 원청업체, 하청업체가 함께 성장할 수 있다는 철학이 깔려 있다.

그는 또 "만약에 간부 이상의 월급을 늦게 줄 것인가, 아니면 구매 물품대금을 빨리 줄 것인가를 결단하라면 월급을 늦게 주겠다"고도 했다. 협력업체에 대한 배려가 필요하다는 것을 간부들에게 강조하기 위한 발언이었다.

그가 협력업체를 중시한 또 하나의 이유는 업의 본질과 관련이 있다. 그는 "전기전자 사업의 기본은 부품업"이라고 주장했다. 전기전자 사업의 성패는 결국 어떤 부품을 쓰느냐에 달려 있다는 얘기였다. 결국 구매의 예술화는 이건희 식 어법으로 도달하기 불가능한 목표를 제시한 것으로 해석할 수도 있다.

이건희는 또 구매에 필요한 몇 가지 원칙도 제시했다. 가장 중요한 것은 내부단속이었다. 그는 "부패하기 쉬운 구매업무는 정기적으로 이동시켜 물들기 전에 새로운 사람으로 바꿔야 한다"고 했다. 기업에서 가장 부패하기 쉬운 부서가 구매부서다. 돈을 버는 부서가 아니라 쓰는 부서이기 때문이다. 이건희는 주기적인 교체를 통해 비리의 사슬이 생기는 것을 원천적으로 봉쇄하는 것이 필요하다고 했다. 인간의 문제를 시스템을 통해 해결하고자 한 것이다.

두 번째는 1급 부품만 받으라는 것이다. 반도체 LCD에 이어 TV와 휴대폰 등 완제품 분야의 세계 시장 정복에 나선 그는 2005년 사장단 회의에서 이렇게 말했다. "좋은 제품을 만들려면 제일 좋은 부품을 받아야 한다. 한 회사라도 절대 1.5류, 2류 부품을 받아서는 안 된다.” ‘세계 최고의 부품업체 없이 세계 최고의 완제품 업체도 없다’는 게 이건희의 생각이었다.

이건희의 이런 생각은 삼성전자 내부에서 사업부 간 갈등을 일으키기도 했다. 예를 들어 TV 사업부는 LCD 사업부에서 판매하는 패널이 비싸면 사지 않고 다른 회사에서 물량을 받아온다. 해외업체가 좋은 가격에, 좋은 품질의 부품을 납품하면 그곳을 공급처로 택하는 경우가 실제로 있다. 같은 회사 내에 있지만 LCD 사업부 입장에서 보면 감정이 상할 수밖에 없는 것이다.

실제 2010년 컴퓨터 사업부에서 이런 일이 일어났다. 당시 삼성전자 LED TV 판매가 잘되어 패널이 품귀현상을 빚을 때였다. LCD 사업부는 자신들이 비싸게 팔 수 있는 TV 패널을 만드느라 컴퓨터 사업부에 모니터용 패널을 제대로 공급할 수 없었다. 컴퓨터 사업부는 당장 눈을 대만으로 돌렸다. 굳이 비싸게 주고 삼성전자 LCD를 살 필요가 없었기 때문이다. “아쉬운 소리 하고 비싼 값을 쳐주면서까지 LCD 사업부 좋은 일을 시킬 필요가 없다고 판단했다”는 것이다. 당시 컴퓨터 사업부장도 “아쉬울 거 없습니다. 도와주지 않는데 굳이 내부에서 구매할 필요를 전혀 못 느낍니다”라고 했다.

삼성은 완제품과 부품 2가지 사업부를 모두 갖고 있다. 또 이들은 여러 사업부로 나뉘어 있고, 사업부별로 치열하게 경쟁한다. 이런 경쟁체제는 삼성전자 내부에 형성되는 엄청난 규모의 시장에서 밀려나지 않기 위해 각 사업부가 끊임없이 혁신하는 시스템 역할을 하고 있는 셈이다.

이건희가 강조한 또 다른 원칙은 독점이다. 그는 "협력업체 중 여러 회사와 거래하는 업체는 빨리 정리해야 한다. 비용이 다소 들더라도 그룹만 전담하는 협력업체를 두어야 한다"고 했다. 기술과 정보유출을 경계하기 위해 한 말이다. 하지만 이 대목은 이후 삼성과 협력업체와의 관계에 대한 엄청난 논란을 양산하게 된다.

이건희는 또 협력업체에 투자하라고도 했다. 손해 보는 한이 있더라도 기술을 갖고 있는 협력업체를 키우라는 지시였다. 실제 삼성의 협력업체 가운데는 세계적인 수준의 기술을 갖고 있는 회사들도 꽤 있다. 성장 과정에서 그들은 삼성으로부터 자금과 기술을 지원받기도 했다.

마지막으로 쥐어짜지 말라고 했다. "협력업체 쥐어짜봐야 불량률만 올라가 내 제품이 수준이하가 되는 것 아니냐. 이런 것을 조이면 조일수록 자기 목 쥐어짜는 것과 비슷해진다. 본질이 무엇인지 정확히 알아야 한다."

이건희의 말대로 실제 협력업체와 원청기업의 관계는 부부관계와 비슷한 측면도 있다. 제대로 된 부부관계를 유지하기 위해서는 단속을 잘하고, 한 사람과만 함께하며, 이를 위해 돈과 마음을 쏟아야 한다는 측면에서 그렇다. 또 한쪽의 일방적인 희생만으로는 관계를 유지하는 것이 불가능하다는 점도 비슷하다.

실제 이건희는 2007년 1월 "우리와 한 몸이자 경쟁력의 바탕이 되어온 협력업체와 공동체 관계를 꾸준히 발전시켜야 한다"고 말하기도 했다.

이건희가 상생의 철학을 갖고 있는 것은 분명하다. 하지만 기업은 그의 말대로 사람으로 이뤄져 있기 때문에 경영철학이 항상 그대로 현실이 되는 것은 아니다.

상생협력의 방침은 이건희의 또 다른 경영철학인 효율과 부딪쳤다. 둘 중 어떤 것을 택할 것인지는 상황에 따라 달랐다. 여론은 삼성이 상생보다 효율을 쫓았다고 보고 있다. 성공한 협력업체도 있었지만, 삼성에서 갑자기 물량을 주지 않거나, 납품단가를 내려 위기에 몰린 회사도 있었다.

이런 극단적 사례는 아니지만 한 협력업체의 사례를 통해 필자도 삼성이 얼마나 철저히 효율을 추구했는지 경험할 기회가 있었다.

2010년 여름 삼성의 협력업체인 한 회사 사장과 인터뷰하기 위해 네비게이션에 회사 이름을 입력하고 운전을 시작했다. 서울 근교 한적한 곳으로 찾아들어가자, 네비게이션은 목적지에 도달했다고 알렸다. 그러나 간판이 보이지 않았다. 고속도로나 국도를 타고 가다 보면 많은 회사들이 간판을 내걸고 있는 것을 볼 수 있다. 그러나 이 회사는 꽤 규모가 있었지만 눈에 띄는 간판이 없었다. 몇 바퀴 돌다가 아주 작은 글씨로 한쪽에 새겨놓은 회사 이름을 보고 겨우 정문을 찾아냈다. 이 회사 사장에게 간판을 달지 않은 이유를 물었다. 그는 "간판을 크게 걸면 회사가 잘되는 줄 알고 삼성이 납품 단가를 깎으려 할까 봐 달지 않았다"고 답했다. 삼성의 보이지 않는 압박을 느낀 것이다.

2010년 이건희 회장도 한 회의에서 "그동안 앞만 보고 오다 보니 미처 뒤돌아보지 못했던 것을 인정한다"고 말했다. 동반성장이 사회의 화두로 떠오르자 그동안 협력업체를 제대로 돌보지 못한 것에 대한 사과의 의미였다.

5부

미래의 승부처를 장악하라

미래를 어떻게 준비했나

미래를 어떻게 준비했나

이건희는 항상 10년 후의 미래를 얘기했다. 1993년부터 그가 강조해온 디자인과 마케팅이 세계적 수준으로 올라선 것은 불과 몇 년밖에 안 된다. 미래의 문제를 당장 해결해야 하는 강박관념이 그에게 있었다고 해도 과언이 아닐 정도다.

5장은 그가 미래를 어떻게 준비했는지에 대해 전기자동차와 디자인 소프트웨어 강화 등을 중심으로 살펴본다. 지행33훈의 마케팅(마케팅, 고객만족, 디자인경영)과 글로벌(국제화, 현지화, 삼성화)에 해당한다. 이 장에서 다루는 문제들은 아직도 삼성의 과제라는 측면에서 미래의 승부처라는 제목을 달았다.

또 삼성 마케팅의 한 획을 그었던 미국 시장 개척 사례도 담는다. "마케팅은 철학과 문화를 파는 것"이라는 이건희의 말은 지금도 많은 것을 얘기해주고 있다. 이와 함께 "생산 판매하는 사람들은 역사를 알아야 한다. 우리는 역사를 우습게 보는 경향이 있는데 판매기획, 상품기획을 할 때 역사적인 것을 알아야 물건이 제대로 나온다"고 강조했다. 삼성은 2000년 들어 동남아 시장 등에서 현지 사정에 맞는 가전제품을 내놓고 일본 기업들을 몰아냈다.

예를 들어 일본은 100달러짜리 단순한 기능이 필요한 시장에서 300달러짜리 고급 상품을 고집하다 시장에서 밀려났다. 일본 내에서는 "현지 사정과 정서를 무시한 과도한 모노즈쿠리"라는 지적이 나오기도 했다.

고객만족 부문에서는 "이제는 소비자 속으로 들어가 소비자 한 사람 한 사람에게 신경을 써야 한다. 소비자 대부분이 인터넷을 하고 있다"고 말한 게 눈에 띈다. 이 발언을 한 것은 2002년이다. 그때 이미 그는 인터넷을 통한 구전의 힘을 인식하고 있었던 것이다.

국제화, 현지화, 삼성화는 뿌리기업론으로 요약할 수 있다. 어느 나라에 진출하건 그 나라의 뿌리기업이 되어야 한다는 얘기다. 다만 삼성의 아이덴티티를 분명히 해야 한다는 문화의 중요성을 언급하는 것도 잊지 않았다. 1990년대 처음 지행33훈을 정리할 때는 삼성헌법이라는 항목이 있었을 정도로 이건희는 삼성의 아이덴티티를 중시했다.

지행33훈

과거·현재·미래를
점하는
동시다발전략

토머스 쿤은 과학혁명의 구조에서 패러다임 전환을 '구부러진 길'이라고 표현했다. 과학혁명은 단번에 파괴적으로 일어나지 않고 구부러진 길을 갈 때 서서히 앞이 보이는 것처럼 뭔가를 보여주며 차례로 일어난다는 것이다. 커브를 돌고 나면 혁명을 일으킨 패러다임이 세상을 지배한다.

쿤의 패러다임은 기업경영에서도 중요한 요소로 자리잡았다. 주도적으로 패러다임 전환을 이끈 기업, 패러다임 전환에 대비해 미래를 준비한 기업은 생존과 번영을 이어간다. 반대의 경우는 몰락한다. 필름 카메라 시장의 지배자 코닥, 휴대폰 시대를 연 모토로라, 인터넷의 개척자 야후, 아날로그 TV 시장의 제왕 소니, 이들의 몰락은 미래에 대한 준비가 기업에게 무엇을 의미하는지 알려준다.

쿤의 구부러진 길은 미래를 준비하는 방법도 알려준다. 어제에는 오늘의 모습이 담겨 있고, 오늘은 내일의 어제이기 때문에 오늘을 통해 내일을 볼 수 있다는 것이다. 미래를 정확히 예측하는 것은 불가능하다. 하지만 오늘을 통해 미래를 어렴풋이 짐작은 할 수 있다. 이를 통찰력이라고 부른다.

1993년의 이건희에게는 과거, 현재, 미래 모두가 숙제였다. 과거는 앞서간 미국, 일본 기업들이 걸어온 길을 따라잡는 것이었고, 현재는 이를 기반으로 선진 기업들과의 치열한 경쟁에서 살아남는 것이었다. 그리고 미래는 이들을 앞서 갈 수 있는 무기를 준비하는 것이었다.

이건희는 질 경영을 통해 이들을 따라잡고, 디지털을 기반으로 한 스피드 경영으로 경쟁했으며, 신수종 사업을 통해 이들을 넘어서는 전략을 세웠다. 순차적 해결방식이 아니라 통합적 해결이었다.

그래서 이건희의 머릿속은 복잡했다. 그가 사고중독이 될 수밖에 없었던 이유는 이런 과제의 복잡성에서 기인했다. 입체적 사고, 1석5조론도 이건희가 맞닥뜨린 현실의 산물이다.

오랫동안 삼성그룹 구조조정본부장으로서 이건희를 보좌했던 이학수는 한 언론과의 인터뷰에서 이렇게 말한 적이 있다. "이병철 회장이 찾으면 참모들은 대략 이유를 짐작할 수 있었다. 하지만 이건희 회장이 찾으면 도저히 이유를 알 수 없는 상태에서 면담을 하게 된다."

이건희의 머릿속에 과거, 현재, 미래가 동시에 자리잡고 있었기 때문에 그가 어떤 숙제를 낼 것인지 예측하는 것은 불가능했다. 사람들이 이건희의 발상이 특이하다고 하는 것도 같은 맥락이다. 수많은 숙제를 한번에 해결하는 것은 일반적인 발상법으로는 도저히 불가능하기 때문이다.

삼성의 대표 전략은 추격자 전략이었지만 미래의 경쟁력이 될 무언가를 찾는 노력을 멈추지 않았다. 미래에 대한 투자를 삼성에서는 신수종 사업이라고 부른다.

이렇게 미래를 위한 투자에서 성공을 거둔 사례가 삼성SDI의 배터리 사업이다. 삼성SDI는 옛 삼성전관이다. 1990년대 삼성전관이 주력했던 사업은 TV브라운관을 만드는 것이었다. 브라운관은 과거의 사업이다. 미국, 일본, 유럽의 TV 메이커들이 시장을 앞서가고 있었다. 삼성전관의 첫째 임무는 이들을 추격하는 것이었다. 이와는 별도로 세계적으로 상품성이 입증되기 시작한 LCD 패널도 개발해야 했다. 이것은 선진 업체들과 동시에 연구개발을 시작한 현재의 경쟁이었다. 삼성전관은 여기서 한 가지를 더해야 했다. 이건희의 지시 때문이었다.

"배터리 사업에 비중을 두고 깊이 들어가라. 골프 카트, 전기 스쿠터, 휠체어 등 용도는 무궁무진하다."

1993년이면 전기차는 꿈도 꾸지 못하던 시절이다. 휴대폰에 들어가는 소형 배터리와 노트북에 들어가는 배터리가 전부였다. 삼성은 이 회장의 지시에 따라 전기 배터리 연구개발을 시작한다. 미래 기술을 담당하는 삼성종합기술원과 삼성전관이 중심이 되었다.

그리고 17년 후인 2010년 삼성SDI는 세계 배터리 시장 1위에 오른다. 또 미래 시장인 전기자동차용 배터리 시장을 놓고 글로벌 강자들과 치열한 경쟁을 펼치는 경쟁력도 갖췄다. 삼성그룹은 지난 2010년 전기자동차용 배터리 사업을 미래사업으로 선정했다.

삼성의 전략은 과거, 현재, 미래를 동시에 점하는 동시다발전략이라고 할 만하다. 이건희는 이런 방식으로 미래의 승부처들을 지목했다. 1990년대 중반부터 줄기차게 얘기했던 디자인과 소프트웨어 등이 그것이다. 그의 예측은 정확했다.

디자인이
경쟁력

우선 디자인 얘기부터 해보자. 《이건희 시대》의 저자 강준만 전남대 교수는 "한국 디자인 역사에서 1등 공신은 두말할 필요 없이 이건희다"라고 말했다. 그만큼 오래전부터 이건희는 디자인에 공을 들여왔다. 지금 삼성 제품의 디자인이 세계적 수준에 올라와 있는 것은 이건희의 철학 때문이라는 것도 분명한 사실이다.

2010년 일본 최대 규모의 국제 디자인 공모전 '2010 뉴디자이너 패션 그랜드 프릭스' 시상식이 열렸다. 이 자리에서 일본 유명 디자이너 호리하타 히로유키는 "디자인에서도 한국의 힘이 느껴진다. 일본도 이에 지면 안 되겠다는 생각이 든다"고 말했다. 공모

전 입상자 30명 중 외국인이 7명이고 그중 3명이 한국인이라는 사실에 경계심을 드러낸 것이다. 그는 "출품작 가운데 우수 작품을 추린 결과 한국 학생이 꽤 많아진 것을 보니 한국의 패션산업에 대한 열의를 알 수 있었다"라고도 했다. 눈에 띄는 또 하나의 사실은 입상한 한국인 3명 중 2명이 SADI(삼성디자인학교) 졸업생과 재학생이었다는 사실이다.

SADI가 처음 설립된 것은 1995년이었다. "디자인이 앞으로 산업의 경쟁력을 좌우할 것이다. 학벌에 좌우되지 않는 창의적 인재를 양성할 수 있는 교육기관을 설립하라"는 이건희의 지시에 따른 것이었다. SADI에는 이건희의 2가지 이상이 담겨 있었다.

첫째는 학벌 없는 사회에 대한 이상이었다. 그는 애초에 학벌에 대한 거부감이 많았다. 연세대를 졸업한 김우중 전 대우그룹 회장이 서울대 출신들을 절대적으로 우대한 것과는 전혀 다르다. 이건희는 어느 날 디자인 조직에서도 학벌이 중요한 역할을 한다는 것을 알고 무척 화를 냈다. 그는 "디자인 조직은 너무 배타적이다. 특정 대학 출신끼리 밀어주고 끌어주는 바람에 타 대학 출신들은 설 자리가 없다. 학벌이나 따지고 앉아 있으니 무슨 창의성의 나오겠냐"고 질타했다.

그래서일까. SADI는 졸업해도 학위가 나오지 않는다. 3년제이지만 정식 학력을 인정받지 못한다. 말 그대로 교육기관일 뿐이다. 그래도 인재가 몰린다. 우수한 강사진, 실무 중심의 수업 등이 SADI의 경쟁력이다. 그래서 SADI 출신들을 원하는 곳은 점점 늘어간다. 하지만 보내줄 학생이 없다. 일찌감치 다른 회사에 취직했거나 공부를 하러 가기 때문이다. SADI에 입학하는 학생들도 다양하다. 대학졸업자, 대기업 경력자, 의사 등.

SADI 설립이 진행되고 있던 어느 날 담당임원이 이건희에게 조심스럽게 물었다. "회장님, 학교를 세웠는데 여기서 배운 학생이 경쟁사로 가면 문제가 좀 있지 않겠습니까?" 이건희는 "우리나라를 위해 좋은 일이니 상관없다"고 답했다. 그래도 임원의 고민은 줄지 않았다. 삼성을 위한 인재가 아닌 나라를 위한 인재란 취지는 이해하지만 현실적으로 삼성에도 디자인 인력이 부족하다고 생각했다. 그래서 또 물었다. "회장님, 졸업생이 다른 나라 기업에 취업하면 손실이 아닐까요?" 이건희는 "인류를 위해 좋은 일이니 상관없다"고 했다. 임원은 더 이상 의문을 제기할 수가 없었다. '인류를 위한 회사가 되어야 한다'는 이건희의 이상이 SADI에 남아 있다.

실제 그는 1993년 이렇게 말한다. "물론 인류를 위한다는 것이 지금의 우리에게는 분수에 넘치는 말인지도 모른다. 하지만 앞으로 그렇게 되게 하자는 것이다. 무슨 일이 있더라도 인류에 해로운 짓은 하지 말자." 한 이상주의자의 현실적 발언이었다.

다시 디자인 얘기로 돌아가자. 이건희 식 개혁을 촉발시킨 것이 일본인 고문 후쿠다 타미오의 〈후쿠다 보고서〉라는 것은 이미 널리 알려진 사실이다. 이 보고서를 통해 이건희는 삼성의 문제점을 생생하게 전해 듣고, 개혁 작업을 시작한다. 그러나 이 보고

서의 저자 후쿠다 타미오가 디자인 고문이었다는 것은 별로 알려져 있지 않다. 1993년 이건희는 이미 회사에 디자인 고문을 별도로 두고 있었던 것이다. 후쿠다 보고서의 실제 제목도 〈경영과 디자인〉이었다. 디자인 고문이 개혁의 촉발제가 된 것은 이건희가 디자인 광이었다는 점에 비춰봤을 때 어쩌면 당연한 일이었다고 할 수 있다. 56페이지짜리 보고서는 삼성의 상품기획 단계에서부터 디자인을 어렵게 하는 요소들이 있다는 점을 지적했다. 상품기획을 한 후에 이에 맞게 디자인하는 것의 문제점을 지적한 것이다.

10여 년이 지난 후 삼성은 TV 시장 1위에 등극하는 과정에서 이 순서를 바꿔버렸다. 즉 먼저 제품을 디자인하고 상품개발팀이 여기에 맞게 필요한 부품을 집어넣는 순서로 제품을 만들어냈다.

2008년 말 삼성이 LED TV를 준비할 때 일이다. 디자인 부문에서 최지성 사장에게 설계도를 가져왔다. 두께 29.9밀리미터짜리 TV였다. 이 설계도를 받아든 엔지니어들은 난색을 표했다. 디자인을 다시 해달라고 했다. 각종 기능을 집어넣기에는 두께가 너무 얇다는 것이었다. 수차례 회의가 이어졌다. '적당한 두께로 하자'는 타협이 이뤄질 뻔도 했다.

그러나 최지성 사장이 나섰다. 삼성전자에서 디자인 부문 사장은 CEO가 직접 맡는다는 방침에 따라 최지성은 디자인 부문 사장을 겸임하고 있었다. 그는 "무조건 디자인 부문에서 기획한 대로 엔지니어들이 맞춰라. 더 이상 말은 필요없다"고 했다. 엔지니어들은 부품을 더 줄여 디자인에 적합한 제품을 만들어냈다. 이렇게 LED TV는 탄생했다. 삼성전자가 디자인 회사로 변신할 가능성을 보여준 장면이다.

이건희는 이미 2002년 "좋은 값을 받으려면 디자인부터 최고급으로 해서 여기에 간편하고 편리한 기능을 추가해야 한다"고 했다. 상품개발의 순서를 정해준 것이나 다름없었다.

이건희는 인간에 대한 고민과 연구 결과 디자인이 승부처가 될 것임을 직감했다. 실제 3D TV를 놓고 삼성과 LG가 화질 논쟁을 벌인 적이 있었다. 하이마트 등 두 회사 제품을 동시에 놓고 파는 곳에 가본 독자들은 알 것이다. 3D TV용 안경을 끼면 일반인들은 삼성과 LG 제품의 차이를 느끼지 못한다. 인간의 시각에 대한 지각은 0.5초 만에 사라지기 때문이다. 결국 사람들은 무엇을 택할 것인가. 제품의 디자인이다. 디자인은 전자제품에서 출입문과 같다. 구별할 수 없는 화질이라면 디자인을 보고 선택한다. 특히 TV는 현대사회에서 가구의 역할을 한다.

이건희는 전투에서 결정적 지점은 항상 바뀐다는 것을 깨닫고 있었다. 그리고 전투의 지점을 기술과 사람의 변화에서 찾은 결과물 가운데 하나가 디자인이었다.

제도와 관행을
파괴하다

전문가들에게는 일반인들에게 없는 직감이란 것이 있다. 경영자들도 마찬가지다. 마이크로소프트가 전성기를 누리고 있던 시절, 빌 게이츠는 한 기자로부터 "지금 이 순간 무엇이 가장 두려우십니까?"라는 질문을 받았다. 빌 게이츠는 "창고에서 누군가 무엇인가를 개발하고 있는 것"이라고 답했다. 이 대답은 예언과도 같았다. 그 시간 구글의 창업자 래리 페이지와 세르게이 브린은 여자친구의 집 차고를 빌려 구글을 창업했다. 그리고 10여 년 후 마이크로소프트의 가장 강력한 경쟁자로 부상했다.

이건희에게도 직감이 있었다. 그는 1980년대 초부터 소프트웨어 인력을 양성해야 한다고 주장했다. 하지만 당시 삼성의 간부들은 컴퓨터가 뭔지조차 제대로 몰랐고, 누구도 이건희의 말에 귀 기울이지 않았다. 이병철 전 회장이 지배하던 시절이었다. TV를 만들어 국내시장에서 대우, LG와 경쟁하는 것도 벅찬데 소프트웨어는 그야말로 사치라고 경영진은 생각했다. 그들은 들은 척만 했다. 보고 경험하지 않은 것은 현실감 있게 다가오지 않는다는 점에서 당시 삼성 경영진의 무관심은 충분히 이해할 만하다.

1993년 이건희는 개혁을 추진하는 과정에서 이에 대한 분노를 터뜨렸다. "10년 전에 소프트웨어 인력 2만 명을 뽑으라고 했더니 당신들은 검토조차 안 했다. 나는 속아왔다."

잠깐 1980년대 초로 돌아가보자. IT업계에서 무슨 일이 일어났기에 이건희는 소프트웨어 인력 육성을 주장한 것일까? 미국에서는 1980년 초 IBM이 만든 개인용 PC가 급속히 확산됐다. PC에 들어간 소프트웨어를 만드는 마이크로소프트는 세계 시장을 독점했다. 이어 1984년 애플이 매킨토시를 내놓고 IBM과 전쟁을 시작했다.

이건희가 본 것은 미래였다. 모든 사람들이 개인용 PC를 갖고 있고, 모든 작업이 컴퓨터로 이뤄지는 세상. 지금은 당연하지만 1980년대 당시로서는 상상도 하기 힘들었다. 타자기를 워드프로세서가 대체하고, 컴퓨터가 한국 사회에 본격적으로 보급되기 시작한 것은 1990년대다.

그러나 이건희는 직감했다. 여기서 큰 판이 벌어지리라는 것을. 그리고 하드웨어가 아니라 소프트웨어에서 그 승패가 갈릴 것도 깨달았다. 하지만 삼성 경영진들은 당장 앞에 떨어진 전투가 급했기 때문에 이를 준비할 여력이 없었다.

1993년 불호령이 떨어지자 삼성 경영진은 부랴부랴 소프트웨어 인력을 뽑기 시작했다. 그래서 1995년 공채 입사자 가운데는 삼성그룹 내에서 전산업무를 담당하는 삼성SDS 신입사원이 가장 많다. 이는 이건희의 지시를 이행하는 흉내를 낸 것이 분명하다는 점을 보여준다. 하지만 삼성은 이들을 뽑아 전문적인 소프트웨어 인력으로 키울 수 있는 수준이 아니었다. 대부분은 각 계열사별 전산직으로 발령이 났다. 이건희는 빌 게이츠를 키우고 싶어 사람들을 뽑으라고 지시했지만, 삼성 경영진은 이들 대부분을 전산실 직원으로 만들어버렸다.

삼성은 제조업을 중심으로 하는 회사였다. 하드웨어가 중요했다. 소프트웨어에 대한 중요성을 깨닫는 데까지는 더 많은 세월이 흘러야 했다. 이건희의 지시가 제대로 이행되지 않은 대표적 사례다. 그리고 10여 년 후 애플이 한국에 진출했다. 삼성은 애플 휴대폰과의 차이에서 소프트웨어의 벽을 절감했다. 이건희뿐 아니라 삼성 경영진 모두 그랬다.

2010년 복귀 후 이건희는 사장들을 만나면 몇 번씩 이런 말을 했다. "그때 하자고 할 때는 들은 척도 안 하더니…… 대여섯 번 얘기하면 겨우 알아들은 척만 하고, 하는 시늉만 하지 않았냐. 그때 해놨으면 지금 얼마나 편했겠냐." 소프트웨어 인력을 확보하지 못한 것에 대한 탄식이었다. 이건희가 회장으로 복귀한 후 삼성은 소프트웨어 인력을 대대적으로 뽑았다. 통신업계와 소프트웨어 업계에서는 "삼성이 사람을 다 빼가면 누가 일을 하느냐"는 볼멘소리가 나올 정도였다. 30년간 말해왔지만 이뤄지지 않은 이건희의 꿈 '소프트웨어 왕국 건설'을 삼성은 뒤늦게 시작했다.

이런 에피소드도 있다.

"컴퓨터 천재들, 특히 소프트웨어 인재를 뽑아오세요."

1991년 어느 날 삼성전자 컴퓨터 사업부에 비상이 걸렸다. 러시아를 방문 중이던 이 회장이 느닷없이 국제전화로 소프트웨어와 관련된 인재를 뽑으라고 지시한 것이다. 세계 1위인 반도체를 활용해 더 많은 부가가치를 낼 수 있는 제품을 만들려면 소프트웨어 인력이 필요하다는 지시였다.

삼성전자 인사팀은 부랴부랴 인재들을 찾아 나서기 시작했다. 그리고 찾아낸 것이 '전국대학컴퓨터서클연합(유니코사)'이라는 7개 대학 학생들로 구성된 조직이었다. 이들을 통해 전국의 소프트웨어 천재들을 모아 활동 공간을 마련해주기로 했다. '삼성전자 소프트웨어 멤버십'이라는 프로그램이었다.

여기에 참여할 학생을 뽑기 위한 면접이 1991년 5월 5일 실시됐다. 자유분방한 소프트웨어 전문가들의 행색은 말 그대로 각양각색이었다. 면접 날짜를 잊고 자다가 불려나온 학생, 운동복에 슬리퍼를 끌고 나온 학생도 있었다.

이렇게 멤버십 1기가 구성된 후 1년 가까운 시간이 흘렀다. 삼성은 또다시 곤란한 상황에 처했다. 이들 가운데 10명이 삼성 입사를 희망했지만 이들의 성적이 문제가 됐다. 컴퓨터 천재들이었지만 학점은 '선동열의 방어율' 수준이었고, 영어성적은 점수라고 부르기 민망할 정도였다. 이들은 애초부터 학점이나 영어에 관심이 없었다.

삼성은 파격을 택했다. 학업 성적과 상관없이 면접에 응할 기회를 준 것이다. 그러나 면접 결과에 인사팀은 또다시 절망했다. 컴퓨터 실력과 면접 결과는 정반대였기 때문이다.

인사팀은 이들을 잘 아는 직원들을 불러서 어떻게 했으면 좋겠냐고 물었다. 한 직원이 답했다. "소프트웨어 업계에서는 계보가 있다. 실력이 뛰어나면 증조할아버지라 부르고 다음은 할아버지, 아버지, 아들, 손자, 증손자 이렇게 부르는데 면접 성적만을 따진다면 증조할아버지가 떨어지고 증손자가 합격하는 셈"이라고 설명했다.

삼성전자 인사팀은 다시 회의를 소집했고, 면접 성적이 아닌 컴퓨터 실력대로 뽑자는 쪽으로 결론이 났다. 인사팀은 면접관들을 일일이 찾아다니며 상황을 설명했다. 그리고 면접 결과를 조작(?)했다. 보수적이기로 유명한 삼성전자가 면접 결과를 뒤집은 첫 번째 사례였다. 소프트웨어 인재에 대한 삼성의 집착이 제도와 관행의 파괴로 이어진 셈이다. 이를 삼성에서는 용팔이 사건이라고 부른다.

철학과 문화를
팔아라

2000년대 초까지만 해도 TV 등 삼성전자 완제품은 해외에서 3류 취급을 받았다. 미국인들 상당수가 삼성을 일본 브랜드로 알고 있었던 시절이다.

당시 미국에서 전자제품을 팔려면 '베스트바이best buy'등에 물건을 전시해야 했다. 베스트바이는 한국의 하이마트와 비슷한 전자제품 양판점이다. 베스트바이는 당연히 브랜드 파워와 품질 등이 좋은 회사의 제품만 진열하려고 했다. 많이 팔수록 자신들의 이익이 늘어나기 때문이다. 그들은 소매시장에서 막강한 영향력을 행사하고 있었다. 그래서 삼성전자가 이 매장에 전시하는 것도 쉽지 않았다.

2000년 초 미국 베스트바이 본사 회의실. 오동진 삼성전자 미국법인장(현 대한육상경기연맹 회장)이 딕 슐츠 베스트바이 회장과 마주앉았다. 어렵게 마련한 면담 자리였다.

슐츠 회장은 귀찮은 듯 "제품을 납품하려면 굳이 나를 만날 필요가 없을 텐데요"라고 말했다. 오 사장은 "바쁘겠지만 프레젠테이션을 잠깐만 봐주십시오"라고 사정했다.

오 사장은 이렇게 가까스로 준비해간 '삼성의 미래'라는 프레젠테이션 자료를 보여줄 수 있었다. 요지는 "삼성이 내놓은 제품들은 앞으로 히트를 칠 것이고 2010년 삼성의 모든 제품이 세계 시장에서 1등할 것"이라는 내용이었다. 슐츠 회장 입장에선 황당무계한 얘기였다. 보잘것없는 한국의 전자회사가 세계에서 모든 제품 1위를 하겠다니…….

하지만 슐츠 회장은 오 사장의 열정이 범상치 않음을 느낀 듯했다. 그는 "삼성은 반도체 회사이고 우리는 반도체를 취급하지 않는데 어떻게 할 겁니까?"라고 물었다. 오 사장은 "회장님과 함께해보고 싶습니다. 저희는 반드시 1등을 할 수 있습니다"라고 대답했다. TV 등 다른 제품을 매장에 전시할 수 있게 해달라고 했다.

슐츠 회장은 젊은 기업인의 패기에 감동한 듯했다. 이날의 면담은 베스트바이가 삼성에 문을 열어주는 계기가 됐다. 제대로 된 제품은 거의 없었지만 '삼성의 미래, 삼성의 꿈'만으로 미국 시장 공략의 길을 튼 것이다. 삼성전자는 비공개 사사에 "오 사장은 초일류기업이라는 삼성의 철학을 팔아, 베스트바이를 뚫어냈다"고 이날의 사건을 기록했다.

베스트바이 다음 타깃은 미국 2위 소매업체인 시어스Sears였다. 당시 담당자는 척 베이컨이란 사람이었다. 그는 바쁘다는 핑계로 삼성 사람을 만나줄 생각조차 하지 않았다.

미국 지사에 근무하던 삼성전자 이 모 과장은 머리를 싸맸다. 결론은 "만나달라고 사정하는 게 아니라 만나줄 수밖에 없는 상황을 만들자"는 것이었다.

베이컨의 동선을 파악한 후 이 과장 일행은 50킬로그램이 넘는 32인치 TV를 들고 시카고 시어스 본사로 출동했다. 그리고 차에서 내려 TV를 들고 정문으로 진격했다. 경비원이 시어스의 담당자를 불렀다. 이 과장은 담당자에게 말했다. "이번 제품은 정말 품질 면에서 자신 있습니다. 한번 봐주십시오."

TV를 끙끙거리며 들고 오는 것이 안쓰러웠는지 담당자는 일단 갖고 올라오라고 했다. 이 과장은 자세히 설명했다. 시어스 담당자도 "지금까지와는 좀 다르네요. 가격은 어떻습니까?"라고 관심을 보였다. 이 과장의 눈빛이 빛나기 시작했다. 곧바로 "다른 제품보다 훨씬 저렴합니다. 품질, AS 모두 결코 뒤지지 않는다고 자부합니다"라고 대답했다.

잠시 고민하던 담당자의 입에서 "그럼 한번 전시나 해봅시다"라는 말이 나왔다. 굳게 닫혀 열리지 않을 것 같던 시어스의 문도 이렇게 열렸다.

미국 유통채널을 뚫은 힘은 삼성의 꿈과 열정이었다. 오 사장은

10년 후 1위를 할 수 있을 것이라는 확신을 갖고 슐츠 회장을 설득했고, 이 과장은 품질에 대한 자신감을 가지고 시어스 담당자의 마음을 움직였다. 이들의 세일즈 포인트는 '초일류기업이 되겠다는 삼성의 지향과 불가능은 없다는 삼성 문화' 그 자체였다.

이 에피소드를 길게 쓴 이유는 이건희의 마케팅론을 설명하기 위해서다. 그의 마케팅론을 한 문장으로 요약하면 "철학과 문화를 팔아라"다. 말은 쉽지만 실천하기에는 막막한 지침이다. 삼성 직원들이 해외 판매 현장에서 보여준 모습이 완벽한 답이라고 할 수는 없다. 하지만 철학과 문화를 팔기 위해 무엇이 필요한지를 어렴풋하게 보여주고 있다.

회사의 미래에 대한 확신, 오늘보다 더 나은 내일에 대한 희망, 그리고 꿈을 현실로 바꾸겠다는 강인한 의지다. 실제 삼성전자는 딕 슐츠에게 한 약속을 지켜냈다. 이건희는 이런 자신의 마케팅 철학이 말단 직원들에게 퍼져 이르러 세계 시장을 정복하는 모습을 지켜봤다.

이건희는 이 밖에 마케팅에 대해 자신의 다양한 생각을 내놨다. 이 가운데 핵심적인 몇 가지를 간추려보자. 우선 이건희는 마케팅에서 역사의 중요성을 강조했다. 그는 "생산 판매하는 사람들이 역사를 알아야 한다. 우리는 역사를 우습게 보는 경향이 있다. 판매기획, 상품기획을 할 때 이런 역사적인 것을 알아야 물건이 제대로 나온다"라고 말한다. 역사를 이해해야 오늘 파는 물건이 왜 소비자들에게 필요한 것인지를 알려줄 수 있다고 생각했다. 거기서 마케팅 포인트를 찾아낼 수 있다는 의미이기도 하다. 그에게 마케팅은 역사와 철학, 문화의 문제였다.

이건희는 이상주의자이지만 실용적 사고를 하는 사람이다. 그는 광고비를 아낄 수 있는 방법도 제시한다.

"우리는 사회에 기여한다. 어느 지역이든 우리를 필요로 하는 곳이 있으면 한다. 그렇게 되면 세계를 생각하는 삼성인, 인류를 생각하는 삼성인이 되고, 세계에서 환영받는 삼성이 될 것 아닌가. 이렇게 되면 삼성 제품에는 광고비가 필요없게 된다. 왜냐하면 광고를 보지 않고도 우리 제품을 살 것이기 때문이다."

그는 "이것이 초일류기업의 모습이다"라고 강조했다.

철학과 문화를 파는 마케팅라고 정의내릴 수 있었던 것은 마케팅의 본질이 마음을 움직이는 것임을 파악했기 때문이다. 마음을 움직인다는 것은 단순히 제품의 기능과 성능만으로는 설명할 수 없는 무언가가 작동한다는 것을 뜻했고, 이건희는 이를 철학과 문화라고 표현했다.

뿌리기업론,
현지인들의 마음을 얻어라

삼성그룹 미래전략실에서 작은 논란이 있었다. 이건희가 사회에 환원하겠다고 약속한 돈 1조 원을 어떻게 쓸 것인지를 둘러싼 논란이었다. 이건희는 지난 2007년 회장직에서 물러나면서 1조 원을 좋은 일에 쓰겠다고 약속하고, 서둘러 안을 마련하라고 지시했다.

미래전략실 직원들은 아이디어를 짜내기 시작했다. 진지하게 검토된 아이디어 중 하나가 UN에 기부하자는 것이었다. 삼성전자는 전체 매출의 90%를 해외에서 올린다. 한국 시장은 삼성전자 전체로 보면 아주 작은 시장일 뿐이다. 글로벌 기업 삼성의 이미지를 감안하면 UN에 기부하는 것이 가장 바람직하다는 의견이 나온 것이다. 이에 대한 반응은 다양했다. 일부 사람들은 진취적인 아이디어라고 평했다. 인류를 위한 회사라는 지향과 삼성의 이미지에 적합하다는 의견도 있었다.

하지만 반론도 강했다. "문제는 한국이다"라는 지적이 나왔다. 삼성 이미지가 좋지 않은 곳은 해외가 아니라 한국이기 때문에 이 돈을 국내에서 써야 한다는 주장이었다. 결국 결론을 내지 못했다. 논의를 원점에서 재검토하기로 했을 뿐이다.

이 논란은 이건희가 돈을 어디에 몇 푼 기부할 것이냐의 문제가 아니었다. 돈을 어디에 쓸 것인지와 무관하게 UN이란 아이디어가 나왔다는 게 중요하다. 이는 삼성이, 그리고 이건희가 무엇을 지향하고 있는지를 보여주었다.

이건희의 글로벌 진출 전략을 한마디로 요약하면 '뿌리기업론'이다. 그는 "세계에 글로벌 삼성의 뿌리를 내려야 한다"고 했다. 뿌리를 내리기 위해서는 현지인들의 마음을 얻어야 한다. 이를 위해서는 제품을 잘 만드는 것도 중요하지만, 국제사회에서 자신의 임무를 다해야 한다는 것이 이건희의 주장이다. 이런 면에서 이건희의 돈이 UN을 통해 난민구제, 학교설립 등 의미 있는 곳에 쓰인다면 제대로 된 용처를 찾았다고 평가할 만도 하다.

글로벌 삼성이 지향하는 지점이자, 뿌리기업론은 그의 발언 곳곳에서 발견된다. 그는 "세계 곳곳에 제2, 제3의 삼성을 만들어가야 한다"고 했다. 한국에만 삼성이 있는 것이 아니라 미국에도 유럽에도 아시아 각국에도 삼성이 있어야 진정한 글로벌 기업이라

할 수 있다고 했다. 그래서 삼성은 본사라는 개념을 쓴다. 미국 본사, 유럽 본사, 일본 본사란 표현에는 이 같은 이건희의 지향이 담겨 있다. 미국 본사는 미국의 삼성이고, 유럽 본사는 유럽의 삼성인 셈이다. 한국에서 삼성그룹이 계열사들을 대표하는 것처럼 각국 본사는 각국에 진출한 삼성 계열사를 대표하는 것이다. 이를 통해 진출 국가에 뿌리를 내리자는 얘기였다.

이를 위해 이건희는 "현지에 맞는 경영 모델을 개발해 정착시키고 현지 사회와 공존공영해야 한다"는 지침까지 내렸다. 삼성의 경영을 현지에서도 모범사례로 만들어 이를 확산시키라는 것이다.

이를 통해 삼성의 현지 매출이 늘어나는 것은 물론, 그 나라의 전체 경영 수준도 높아지는 효과를 누리게 될 것이라고 했다. "사람들이 삼성 덕에 잘살게 됐다고 말하게 하는 것"이 그와 삼성의 목표다. 즉 어느 나라건 삼성이 진출한 나라의 국민들이 삼성을 자국 기업이라고 느끼게 해야 한다는 것이 이건희의 뿌리기업론이다.

이를 위해 우선 "해외 종업원들이 삼성을 자국 회사라고 생각하게 해야 한다"고 했다. 그래야 회사에 대한 로열티가 생기고, 생산성도 높아진다는 것이다. 뿌리기업의 근거지는 사업장인 셈이다.

이건희는 뿌리기업이 되면 위기 상황에서 삼성은 보호받을 것이란 것도 잘 알고 있었다. 위기가 발생하면 자국 기업을 먼저 보호하고자 하는 게 사람들의 일반적 심리이기 때문이다.

뿌리기업 전략은 자연스럽게 현지 인력 우대론과 삼성 가치 확산론으로 이어진다. 이건희는 "현지화가 잘 안되는 것은 나보다 현지인의 월급이 많으면 안 된다는 사고와 말이 잘 안 통해서 좋은 사람을 데려오지 못하기 때문이다"라고 지적했다. 한국에서 사장보다 월급 많이 받는 사람을 스카우트한 것처럼 외국에서도 현지의 우수 인재를 많이 데려오라는 것이었다.

그는 "디자인센터, R&D센터, 공장 등은 외국으로 나가야 하며 책임자도 그 나라 사람을 앉혀야 한다"고 강조했다. 때로는 그 지역에 맞는 전문 경영인을 양성하는 것도 삼성이 해야 할 일이라는 얘기였다.

실제 최근 삼성그룹 임원 승진자 명단을 보면 외국인들이 심심치 않게 등장한다. 생산기술 관련 임원, 마케팅 관련 임원 들은 현지에서 채용됐지만 본사 임원이 되곤 한다. 현지 전문 경영인 양성이라는 이건희의 지침을 이행한 결과다.

미국 삼성전자가 대표적 사례다. 미국법인 인사정책은 지사장만 한국인을 앉히고, 마케팅 기획 등을 담당하는 임원은 미국인을 채용한다. 지사장 자리에 본사 인력을 파견하는 것은 그룹 전체의 이익이라는 시각을 갖고 업무를 바라봐야 하기 때문이다. 다른 전문 영역은 모두 외국인들에게 그 자리를 내줘야 현지화가 가능하다는 발상이 가져온 결과다. 이렇게 미국법인으로 데려온 인재들은 삼성이 미국에서 TV와 스마트폰 판매 1위를 달성하는 데 크게 기여했다.

현지 경영인 육성을 통해 이건희가 얻고자 하는 것은 건전한 경쟁이다. 해외 공장이나 지사 한 군데가 현지 인력을 고용해 성공을 거두면 한국뿐 아니라 다른 나라에서도 소식을 접하고 치열한 경쟁을 할 수 있기 때문이다. 특히 생산기술 부문에 대해서는 "해외 생산기술 부문 인력에게는 대담하게 월급을 많이 줘서 현지가 우리나라보다 더 빨리 나갈 수 있도록 만들어야 한다"고 했다.

현지 인력 우대론과 함께 뿌리기업 전략의 다른 한축을 이루는 이건희의 글로벌 삼성에 대한 철학은 삼성화다. 그냥 현지화하는 것이 아니라 삼성의 가치를 가지고 현지화하자는 것이다. 다른 말로 하면 삼성의 발전모델을 해외에 이식하는 것이다. 현지화를 통해 뿌리를 내리되, 그 뿌리의 자양분은 삼성의 가치가 공급하는 것이다.

이건희는 "현지 간부, 공장장, 지사장 등 모두를 어떻게 하면 우리 사람으로 만드느냐 하는 것이 관건"이라고 강조했다. 현지인들에게 삼성의 가치를 깨닫게 하기 위해 삼성은 아침마다 내보내는 그룹방송도 영어로 만들어 해외로 송출하고 있다.

또 이건희의 지시로 해외 종업원들이 자부심을 갖고 일할 수 있도록 한국 방문 기회를 마련해주고, 현지 인력을 위한 한국어 강의 과정도 개설했다. 이건희는 또 해외에 진출할 때 "제조나 지점이 나간다는 생각보다 한국 삼성의 문화를 가지고 나간다고 생각해야 한다"는 말도 했다.

뿌리기업론을 통해 이건희는 해외 진출 시 무엇을 경계할지도 분명히 제시했다. "인건비, 노임이 싸다는 이유만으로 해외로 옮겨 다니는 것은 아예 생각하지도 말아야 한다. 중국에 공장을 지었다가 인건비가 오르면 베트남으로 옮기고, 베트남이 비싸지면 다시 태국, 미얀마로 옮겨 다니는 짓은 하지 말라는 것이다. 최적의 생산기지는 단순한 생산기지가 아니라 삼성이 뿌리내릴 수 있는 곳이냐 아니냐를 기준으로 판단해야 한다는 지침이었다.

아울러 이건희는 해외에 진출한 한국인들의 자만심에도 일침을 가했다. 이건희는 "해외 진출국에 대해 자만심과 우월심이 있는 것 같다. 현지 소비자를 그렇게 상대하다가는 큰 코 다칠 것이다"라고 경고했다.

이 같은 현지화에 대한 집착은 뼈아픈 M&A의 실패에서 나온 것이기도 하다. 삼성은 1995년 수억 달러를 들여 미국의 컴퓨터 업체 AST를 인수했다. 삼성전자 연간 이익의 몇 배를 투자했다. 그러나 AST 직원들은 삼성이라는 브랜드 밑에 있고 싶어 하지 않았다. 결국 인력은 빠져나갔고 회사는 문을 닫았다. 이때 삼성에게는 M&A 트라우마가 생겼다. 이건희의 말도 큰 영향을 미쳤다. "실패는 나쁜 것이 아니지만 같은 실패를 반복하는 것은 죄악이다." 그간 삼성이 공격적으로 M&A에 나설 수 없었던 이유이기도 하다. AST 건은 이건희에게도 큰 영향을 미친 것으로 보인다. 그래서 그는 현지화에 더욱 집착했다.

6부

기업문화, 그리고 남겨진 숙제들

나는 다르다

나는 다르다

마지막 장은 삼성의 기업문화를 다룬다. 지행33훈도 같은 이름의 항목이다. 창의와 도전, 정도경영, 그룹공동체, 사회공헌 등이 세부 항목이다. 한 경영학자는 "휴렛 패커드가 오늘의 모습을 갖춘 것은 창업자인 빌 휴렛과 데이비드 패커드가 기업을 세울 때부터 이런 모습을 만들어놓은 것인지도 모른다"고 했다. 기업문화에 절대적인 영향을 끼치는 것은 최고경영자, 또는 오너일 수밖에 없다는 얘기인 셈이다. 6장도 삼성의 기업문화에 대한 이야기를 이건희의 성향으로부터 풀어갔다.

또 삼성전자의 반도체 사업부와 TV 사업부의 사례를 통해 삼성의 기업문화를 살펴봤다. 기업문화가 비즈니스에 어떤 영향을 미쳤는지 알아보기 위함이다. 그의 말 중에 "실패와 창조는 물과 물고기 같아서 실패를 두려워하면 창조는 살 수 없다"는 말이 눈에 띈다.

정도경영에서는 "조직의 생리가 위의 2~3%는 열심히 일하고, 부정도 없지만 밑의 2~3%는 아무리 감독해도 부정하고 일 안 한다. 밑에 2~3%가 끼면 결국 망하게 된다"고 강조한 대목을 주목할 필요가 있다. 그가 줄기차게 강조한 대목이다. 상위 몇%와 하위 몇% 중 어느 쪽으로 무게 중심이 쏠리느냐에 따라 조직의 성패가 갈린다는 것이다.

그러나 삼성은 이건희의 생각과 다르게 때로는 과도한 해석으로 인해 많은 부작용도 낳고 있다. 하드웨어 중심의 성과, 단기 성과주의, 뿌리깊은 추격자 전략의 잔해들 등이 그것이다. 이 문제와 함께 사회공헌을 위해 매년 수천 억 원을 사회에 내놓아도 안티 삼성이 줄어들지 않는 원인에 대해서도 간략히 살펴봤다. 이는 6장에 남겨진 숙제라는 부제를 붙여놓은 이유가 되기도 한다.

지행33훈

다름을 존중하고, 창조하고 도전하라

이건희는 1987년 회장 취임 후 전국경제인연합회(전경련) 회의 등 공식적인 재벌총수 모임에는 거의 참석하지 않았다. 1991년 월간지 〈신동아〉와 인터뷰에서 그 이유에 대해 "과거 전경련이 주최하는 모임 등에 가봤지만 담배조차 제대로 피울 수 있는 분위기가 아니었다"고 설명했다. 격식에 얽매인 자유롭지 못한 분위기가 싫었다는 것이다. 그 척도 중 하나가 이건희에게는 담배였다.

실제 담배는 이건희에게 무언가 특별한 의미였음이 분명해 보인다. 직원들에게 고객을 대하는 태도를 얘기할 때도 "내 앞에서는 담배를 피워도, 고객 앞에서는 담배를 피우지 말라"고 말했다.

담배는 이건희에게 자유의 다른 말이었는지도 모른다. 1993년 신경영 선언 당시 프랑크푸르트 호텔에 임직원들을 모아놓고 수백 시간 연설을 할 때도 담배를 손에서 놓지 않을 정도로 애연가였다.

그는 인터뷰 말미에 이런 말을 했다. "(그런 회의에) 잘 적응하는 사람도 있지만 나는 다르다."

"나는 다르다." 이 말은 이건희에게 중요한 또 하나의 철학을 표현해주는 문장이다. 그는 스스로 다른 사람들과 다르다고 생각했다. 또 사람들도 모두 다르다는 것을 잘 알고 있었다. 그는 서로 다른 사람들이 자유롭게 생각하고 자신의 생각을 말하고, 개성대로 일하는 그런 회사를 꿈꿨다. 다름이 갖고 있는 힘을 이해하고, 스스로 다르게 생각하고자 했던 그는 이 다름을 억누르는 획일성을 경계했다.

이건희는 "획일화는 절대 안 된다. 군사문화, 독재문화는 절대 오래 못 간다"고 말했다. 한국 사회에 잔존하는 군사문화, 독재문화가 가져온 폐해가 획일화이며, 이것이 미래의 경쟁력인 창의성을 말살한다는 것이 그의 오래된 생각이었다.

이건희가 획일성을 혐오한 것은 그의 삶을 돌아보면 당연한지도 모른다. 우선 그의 삶 자체가 다른 이들과는 확연히 달랐다. 그는 항상 혼자였다. 책과 영화와 각종 다큐멘터리를 봤다. 그리고 생각을 정리했다. 여행을 다니면서 많은 것을 경험하고, 각 분야의 전문가들로부터 다양한 얘기를 들으면서 생각을 갈고 닦았다. 이런 과정에서 때로는 문득 깨닫기도 하고, 때로는 깊은 생각에 잠긴 후 중요한 결단을 내리기도 했다. 스스로 체득한 창의적 사고의 과정이었다. 이런 경험의 과정에서 획일성과 격식이 자리 잡을 틈은 없었다.

"다름을 존중하고 획일성을 배척해야 한다"는 이건희의 철학은 기업문화론으로 이어진다. 그는 다름이 갖고 있는 장점을 "자유롭게 분출할 수 있는 문화가 곧 경쟁력"이라고 정의했다.

그래서 그는 "제발 출근부에 도장 찍지 마라. 집에 있으나 회사에 있으나 생각한 일을 해라. 구태여 회사에 나올 필요도 없다. 디자인 같은 것은 책상에 앉아 있다고 생각나는 게 아니라 갑자기 생각나는 것"이라고 강조했다.

1993년에 한 얘기다. 이때 이미 창조적 기업문화를 얘기하고 있었다. 한국의 모든 사무실에서 출근 시간을 체크하고, 부장, 차장, 과장, 계장, 대리가 직급 순으로 앉아 근무하던 시절이었다. 이건희는 그때 유연근무제, 재택근무제를 말했다. 특히 고도의 창의성이 요구되는 디자인의 예를 들어 창조적 문화가 곧 창조적 아이디어로 이어진다는 것을 강조했다. 그리고 "자율에 맡겨보면 경쟁력이 생긴다. 그건 내가 잘 안다"고 했다. 자신의 경험을 재차 강조함으로써 자유로운 문화를 만들라고 목소리를 높였다.

하지만 당시 삼성은 물론, 한국 사회에는 그의 말을 제대로 이해할 수 있는 사람이 거의 없었다. 당장 먹고사는 문제, 즉 품질이 가장 중요한 상황에서 직원들이 창의성을 분출할 수 있게 하는 기업문화는 사치에 가까웠다. 이건희가 말한 유연근무제, 재택근무제를 삼성전자가 도입한 것은 그로부터 15년이 흐른 뒤였다.

그의 기업문화론은 이렇게 다름에서 출발했다. 다름을 인정하고 각기 다른 개성을 분출하게 만들어야 한다고 주장했다. 그것이 창조적 기업을 가능하게 한다는 얘기였다. 그 다음은 도전이었다. 창조성이 현실에서 구현되기 위해서는 도전이라는 관문을 거쳐야 한다. 그는 "과거 삼성은 돌다리도 두드려보고 건너지 않았지만, 나는 나무다리라도 일단 건너보라고 한다"는 말로 도전정신을 강조했다.

다름, 창조, 도전이라는 이건희 기업문화의 키워드는 2006년 신년사에서 이상적인 기업에 대한 지향으로 정리되어 나온다. 그는 "도전과 창조의 정신으로 가득한 일터, 삼성 가족 모두의 꿈과 희망이 실현되는 터전, 이것이 바로 우리가 꿈꾸는 모습이자 반드시 이루어야 할 미래다"라고 했다.

우리는 여기서 "기업문화는 기업가의 페르소나 그 자체다"라는 말을 떠올린다. 이건희가 꿈꿨던 기업문화는 이건희의 독특한 개인적 캐릭터 및 그가 걸어온 기업인으로서의 남과 다른 삶과 정확히 오버랩되기 때문이다.

이건희는 창조와 도전의 과정에서 치러야 할 비용이 있다는 것도 잘 알고 있었다. 실패였다. 그는 "실패를 받아들이는 풍토가 조성되어야 한다. 실패와 창조는 물과 물고기 같아서 실패를 두려워하면 창조는 살 수 없다"고 말하며, 창조의 전제조건으로 실패란 키워드를 제시했다.

이건희는 "실패한 사람은 자르면 안 된다. 그 사람의 실패에 들어간 돈이 얼마인데 실패했다고 내보내냐"고 말한다. 큰 실패에는 그만큼 큰 교훈이 들어 있으며 이를 경험으로 만들어 다시는 그런 실패를 하지 않는 것이 곧 투자라고 했다.

이건희에게 기업문화의 키워드는 '창조, 도전, 실패'였다.

시장을 선점한 자가
이익을 독식한다

그렇다면 실제 삼성의 문화는 어떤 것일까? 이건희가 가장 공들여 키운 삼성전자의 사례 몇 가지를 소개한다.

윤부근 삼성전자 사장은 "우리는 상품개발회의를 매일 밤 11시에 하고 매주 토요일에 나와 원가대책회의를 할 수밖에 없다"고 말한다. 또 "야근, 특근은 그 자체가 목적이 아니라 불가피한 선택"이라고도 했다.

신제품 출시가 1주일 늦어지면 실적은 6개월 또는 1년간 차질을 빚기 때문에 이렇게 할 수밖에 없다는 얘기다. 시시각각 변하는 고객의 니즈와 원자재가격 변동에 대응하기 위해 그들은 낮밤, 주말과 평일을 가릴 처지가 아니라고 했다. 실제 윤 사장은 명절

202

때도 연락하면 어김없이 출근해 책상을 지키고 있었다. 이런 문화에 대해 "삼성의 경쟁력은 월, 화, 수, 목, 금, 금, 금"이라고 얘기하는 사람도 있다.

윤 사장의 설명은 이어졌다. "상품개발 납기 준수는 사업경쟁력의 기본이다. 개발 부서와 마케팅 부서가 납기를 늦추는 데 합의를 했다 하더라도 고객은 우리를 기다리지 않고 다른 회사 제품을 구입한다." 시장에서 가장 빨리, 가장 혁신적인 제품을 내놓지 않으면 생존이 어려울 수 있다는 절박함의 표현이다. 이런 절박함이 경영진의 정신을 지배하고 있는 것이 삼성의 경쟁력 중 하나라는 것은 분명한 사실이다.

이런 윤 사장의 말은 어디서 많이 듣던 것 같다. 앞에서 이건희는 전자 산업을 타이밍 산업이라고 규정했다. 승자독식의 IT업계에서는 "시장을 선점한 자는 매출과 시장점유율을 독차지하지 못해도 이익은 대부분 독식"한다는 이건희의 명제에 그들은 집착하고 있다. 삼성전자라는 조직은 이건희가 말한 업의 개념을 통해 도출한 경쟁력의 핵심을 시스템과 문화로 만들어놓은 집단이라 할 수 있다.

다음은 최근 스마트폰으로 삼성전자에서 가장 많은 이익을 올리고 있는 무선 사업부 얘기다. 갤럭시 시리즈로 세계 스마트폰 시장에서 애플의 유일한 경쟁자가 된 무선 사업부의 슬로건에도 이런 문화가 스며 있다. 그들은 자신들의 성장DNA를 '신속한 의사결정, 스피디한 실행력, 목표지향적 근면성'으로 규정하고 있다. 오래가지는 않았지만 영원한 제국일 것 같았던 애플을 제치고 스마트폰 시장점유율 세계 1위가 된 이유가 이 3가지 슬로건에 압축되어 있는 셈이다.

의사결정과 실행에 대해 삼성전자의 자금 담당 임원 한 사람은 과거의 굴욕적인 경험을 들려줬다. 그는 "어느 날 사업부에서 대규모 해외 투자 계획을 우리 부서로 들고 왔다. 공식적으로 합의를 의뢰한 날이 오늘이라면 그 다음날부터 합의가 늦다고 난리 법석을 쳤다"고 말했다. 사업부가 해외에 공장을 짓겠다고 돈 달라고 한 다음날 왜 돈 안 내놓느냐고 자금팀을 추궁했다는 것이다. 다른 회사에서는 상상도 할 수 없는 일이다. 일반적으로는 자금 담당 부서에 합의를 요청하면 사업부서는 할 일을 다 한 것이다. 자금 부서의 검토가 끝날 때까지 기다리면 그뿐이다.

하지만 삼성은 다르다. '당장 돈을 내놔야 사업을 진행할 수 있다. 그렇지 않고 늦어져 문제가 생기면 당신들이 책임질 것이냐'고 사업부에서 자금 팀을 상대로 소동을 부리는 일이 다반사였다.

삼성은 이런 일이 벌어지자 새로운 솔루션을 찾았다. 업무방식을 바꾼 것이다. 대부분의 회사에서 돈을 나눠주는 자금 부서는 갑이다. 하지만 삼성 자금 팀은 을의 자세로 태도를 바꿨다.

즉 최종 사업 계획서를 접수한 후 자금 집행 여부를 검토하기 시작하면 어떤 사업도 제대로 할 수 없다는 것을 인정했다. 그래서 자금 부서가 먼저 나서 현업에서 검토하고 있는 투자 안건들을 미리 미리 파악하기 시작했다. 이 과정에서 상호협의해가며 투자안을 마련하는 방식으로 업무스타일을 바꾼 것. 과거 업무 방식이 직렬식이었다면 새로운 방식은 병렬식이라고 부를 수 있다. 이후 삼성전자는 최종안 합의 요청이 들어오면 그날 당장 처리할 수 있는 시스템을 갖추게 됐다. 그들에게 속도의 문제를 해결하는 것은 생존으로 가는 유일한 통로를 찾는 것과 같았다.

삼성을 오늘날 세계적 강자로 키워낸 캐시카우 역할을 해온 반도체 사업부에도 자신들의 정체성을 규정한 캐치프레이즈가 있다. 반도체라는 레드오션에서 유일한 생존전략은 여타 경쟁자들과 격차를 벌리기 위해 끊임없는 혁신밖에 없다고 판단했다. 이들은 5가지를 내걸었다.

"성공에 안주 말고(정신무장), 익숙했던 것들과 결별하고(창조적 파괴), 끊임없이 변화를 즐기고(혁신, 도전), 시련과 고통을 이기고(건강, 부서화합), 꿈과 희망을 공유하자(비전 공유)."

세계 1위를 하는 기업들을 들여다보면 다 그만한 이유가 있다는 것을 알 수 있다. 1990년 이후 반도체 D램 시장 세계 1위를 한 번도 내놓은 적이 없는 삼성전자 반도체 사업부의 캐치프레이즈에는 이상적 조직문화에 대한 염원이 깔려 있었다.

TV 사업부에는 또 다른 일화가 있다. 삼성전자는 2006년 처음으로 세계 TV 시장 1위에 오른다. 소니를 넘어선 이 과정에서도 삼성전자의 기업문화가 빛을 발했다.

2005년 TV 상품기획팀 팀원들은 답답했다. 소니 턱밑까지 치고 올라갔지만, 뭔가 한 방이 더 있으면 소니를 넘어설 것 같은데 답을 찾기 쉽지 않았다. 문제는 디자인이었다. 다르게 만들고 싶었지만 답이 잘 안 나왔다. 답답한 마음을 해소할 길 없던 그들은 어느 날 와인 바를 찾았다. 와인과 음악에 몸과 마음을 내맡긴 이들이 서서히 그 향기에 젖어들어갈 즈음, 조명에 비친 와인잔을 쳐다보던 한 직원이 갑자기 "그래 이거야"라며 소리를 질렀다. 팀원들은 게슴츠레한 눈으로 그 직원을 쳐다보며 "뭔데?"라고 물었다. 그 직원은 와인잔을 연상시키는 디자인이 어떻겠냐고 말했다. 와인잔. 다른 직원들의 눈빛도 빛나기 시작했다. 뭔가 잡히는 순간이었다. 그리고 이들은 새로운 디자인 개발을 시작했다. 와인잔을 연상시키는, 소니를 제치고 세계 시장 1위에 오르는 1등 공신이 된 보르도 모델의 디자인이 탄생한 순간이었다. "좋은 디자인은 책상머리가 아니라 다른 곳에서 갑자기 생각나는 것"이라는 이건희의 말이 연상되는 대목이다.

하지만 삼성전자는 단순히 TV의 모양과 색깔만 바꾸는 데 그치지 않았다. TV의 테두리를 구성하는 프레임의 재질까지 통째로 바꿨다. 이 프레임 제작에 필요한 기술을 국내에서 찾지 못하자 그들은 거액을 들여 독일 자동차 기업으로부터 금형 기술까지 도입했다. "제대로 된 제품을 만들면 시장은 만들어진다, 1등이 하는 방식으로는 1등을 추월할 수 없다"는 생각이 이들의 머릿속을 지배하고 있었다.

다음은 실행이었다. 삼성전자 TV 사업부는 출시일에 맞춰 완벽한 제품을 준비해야 했다. 시간과의 싸움이었다. 당시 TV 사업부에 걸려 있던 플래카드는 이런 절박함을 보여준다.

"집에는 꼭 가야만 하는가."

미래 경쟁력을
갉아먹은 단기 실적

이처럼 이건희가 추구한 삼성의 기업문화는 위기에 빛을 발하며 오늘의 삼성전자를 세계적 기업으로 만들었다. 《타이거 매니지먼트》의 저자 마틴 햄메어트 고려대 교수는 "삼성을 비롯한 한국 기업의 오너들은 불가능할 것 같은 목표를 제시한다. 기업 조직은 상상하기 힘든 추진력과 속도로 이 목표를 달성하는 능력을 갖고 있다"고 표현했다.

먹잇감이 나타날 때를 기다렸다가 타이밍이라고 판단하면 모든 에너지를 쏟아 먹이를 낚아채는 호랑이의 사냥법과 한국 기업의 경영이 닮은 꼴이라고 했다. 속도, 검증된 사업에 대한 과감한 재원 투입, 가부장적 리더십, 일사불란한 실행 등을 특징으로 하는 문화는 삼성에도 깊숙이 스며 있다.

하지만 이런 문화는 이건희가 꿈꿨던 이상적인 기업의 모습과는 차이가 있다. 모든 것이 그가 말한 대로 이뤄질 수는 없었다. 삼성의 기업문화에 어떤 문제가 있는지 살펴볼 차례다.

많은 경우 전략은 조직문화에 결정적 영향을 미친다. 삼성의 문화도 그들의 성공전략, 즉 빠른 추격자 전략에 맞게 형성되고 있었다. 창의성, 과감한 도전을 강조했지만 그보다 우선순위에 있었던 가치가 문화 전반을 지배한 셈이다.

그 결과 속도, 실행, 일관성 등을 중심으로 조직이 흘러왔다. 성과가 가장 중요한 가치로 평가받고, 도전과 실패의 가치는 상대적으로 낮게 평가될 수밖에 없었다.

인사만 봐도 알 수 있다. 이건희는 "사람을 1,2년으로 평가할 수 없다"고 말했다. 단기 실적으로 평가하면 장기적인 투자를 할 수 없게 되기 때문이다. 또 신상필벌보다 신상필상이 자신의 철학이라고도 했다. 그러나 삼성 인사의 실상은 그렇지 않다. 매년 연말이면 삼성은 수백 명의 임원 승진자 명단을 발표한다. 언론은 이를 대대적으로 보도하고, 삼성 임원이 어떤 대우를 받는지도 상세히 다룬다. 샐러리맨의 꿈이라는 임원, 그것도 삼성 임원이 되는 것에 대한 관심을 반영한 것이다.

하지만 반대편에서는 승진한 사람보다 더 많은 수의 임원이 퇴직한다. 매년 기업 경영에서 핵심적 역할을 하는 임원을 수백 명씩 물갈이하고 있는 것이다.

CEO인 사장도 마찬가지다. 매년 삼성 계열사 중 3분의 1 정도의 회사 사장이 교체된다. 좋게 평가하면 삼성은 인사에서도 속도의 문제를 해결한다고 할 수 있다. 한 발 빠르게 인사하면 조직은 항상 긴장하게 된다. 물론 여기서 가장 중요한 기준은 그해의 실적이다.

이런 인사 시스템은 삼성에 단기 실적주의라는 문화를 심어놓았다. 실적이 나쁘면 임원과 경영자들은 집에 가야 한다. 이런 상황에서 자신의 자리를 걸고 신사업 등 모험을 할 수 있는 경영자는 거의 없다. 실수를 해도 그 자리를 그대로 유지할 수 있는 사람은 오너 일가밖에 없기 때문이다.

삼성의 단기 실적 중시 문화에 대한 우려가 나오고 있는 것은 이를 메워줄 과감한 결정을 했던 이건희가 더 이상 삼성에 없기 때문이다. 단기 실적주의는 이건희도 쉽게 극복하지 못한 문제다. 그가 1990년대 초부터 목소리를 높였던 '소프트파워' 확충에 삼성이 실패한 것도 이런 문화와 직접적 관련이 있다.

1995년 일이다. 삼성은 그룹 차원에서 콘텐츠 사업을 육성하기 위해 삼성영상사업단을 만들었다. 하드웨어 중심 기업에서 벗어나 미래를 준비하기 위한 포석이었다. 영화 예술 분야의 인재들도 다수 끌어들였다.

그러나 2년 후 외환위기가 터졌다. 이건희가 사재를 털어 인수했던 한국반도체 부천공장까지 팔아버려야 했던 시절이었다. 영상사업단이라고 예외가 될 수 없었다. 삼성은 결국 콘텐츠 사업의 근거지가 될 수 있는 영상사업단을 1999년 해체하기로 결정했다. 다양한 꿈을 갖고 영상사업단으로 모여들었던 인재들은 뿔뿔히 흩어져버렸다. 이후 그들은 다시 영화계 곳곳으로 퍼져, 한국 영화 발전에 큰 역할을 했다.

반면 삼성은 영상사업단 해체 후 제대로 된 콘텐츠를 확보하지 못했다. 1999년 영상사업단 해체 후 10여 년이 지난 2010년부터 삼성은 다시 콘텐츠 사업 강화를 위해 강력한 드라이브를 걸기 시작했다.

영상사업단 해체는 삼성의 기업문화와 직결된 결정이었다. 영화 등 콘텐츠 사업에 성공하려면 장기적인 투자가 필요하다. 충무로 영화판에서 일하는 사람들은 자신이 좋아하는 일을 하며, 대박을 터뜨리기 위해 10년이고, 20년이고 기다린다. 그러다 한 건이 터지면 성공이다. 대박이 터지기 전까지 그들은 배고픔을 견디며 영화판을 맴돈다.

하지만 삼성의 문화는 이들을 기다려줄 수 없었다. 단기간에 이익을 내야 했기 때문이다. 당시 삼성영상사업단 인사를 담당했던 한 임원은 "매 분기 실적을 체크하는 삼성 문화와 영화판, 예술판에 있던 사람들의 문화는 충돌을 일으킬 수밖에 없었다"고 회고했다.

삼성영상사업단 해체가 결정된 후 영상사업단이 제작한 영화 〈쉬리〉가 대박을 터뜨렸다. 콘텐츠 사업에 열정을 갖고 있던 직원들은 허탈해할 수밖에 없었다.

장기 투자가 필요한 콘텐츠 사업을 얘기할 때 또 하나의 아쉬움으로 남는 것은 소프트웨어 인력에 대한 관리다. 앞서 말한 대로 삼성은 1990년대 중반 소프트웨어 인력을 대량으로 뽑아 전산실 직원으로 전락시킨 전적이 있다. 또 2000년대 중반에도 반도체, LCD 등이 호황을 누리자 눈에 보이는 실적을 내지 못한 소프트웨어 인력을 대거 방출한 일도 있었다. 삼성은 전형적인 하드웨어 회사였기 때문이다. 하드웨어는 만들어 팔면 당장 실적이 나지만, 소프트웨어는 다르다는 것을 단기 실적주의 문화는 받아들일 수 없었던 셈이다.

　　콘텐츠 등 소프트파워 얘기가 나온 김에 한 가지만 더 얘기하고 가자. 콘텐츠는 주로 소프트웨어, 영화, 음악, 게임 등을 칭한다. 삼성의 소프트파워를 말할 때마다 등장하는 또 하나의 아쉬운 스토리가 있다.

　　삼성은 1984년부터 일본 세가가 만든 게임기를 들여다 국내에서 '겜 보이'라는 이름으로 판매해 세가와 남다른 인연을 맺고 있었다. 2000년대 중반 세가는 닌텐도와 인터넷 게임에 밀려 경영난에 빠졌다. 세가 경영진은 삼성에 인수의사를 타진해왔다. 설립자이자 회장이 재일교포였는데, 그는 세가를 인수할 회사로 일본 업체보다 오랫동안 거래했던 삼성을 택했다.

　　하지만 삼성은 세가를 인수하지 않았다. 인수 후 실적이 제대로 나지 않으면 어쩌나 하는 두려움과 인수합병 트라우마에서 기인한 것이다.

삼성 한 임원은 "삼성영상사업단을 해체한 것, 세가를 인수하지 않은 것, 그리고 소프트웨어 인력을 제대로 관리하지 않은 것은 소프트파워를 말할 때 가장 아쉬운 3가지 사건이라고 할 수 있다"고 말했다.

단기 실적을 중시하는 문화는 이렇게 삼성의 미래 경쟁력을 갉아먹어 왔다.

창조적 문화를
만들라

"삼성을 성공으로 이끌었던 빠른 추격자 전략이 성장의 발목을 잡고 있다."

2010년 12월 중순. 그룹 내 언론 역할을 하는 〈미디어 삼성〉에 '1등 기업의 함정'이라는 기사가 올라왔다. 그룹 커뮤니케이션팀이 직원들의 목소리를 담아 자체적으로 기업문화의 문제점을 지적한 기사였다. 이 기사는 "과거 성공의 법칙이 미래에는 덫이 될 수 있다"고 지적했다. 삼성은 얼마전 이 기사를 동영상으로 제작, 전 직원들이 다시 볼 수 있도록 사내방송에 내보내기도 했다.

이 기사에서 추격자 전략의 실패로 든 사례는 스마트폰이었다. 한 직원은 "앞으로 본격적으로 출시할 안드로이드 플랫폼 기반

제품은 이보다 훨씬 빨리 내놓아 경쟁력을 먼저 갖출 수도 있었다. 안드로이드 플랫폼 회사가 우리 쪽에 먼저 제안을 해왔었다"고 증언했다.

이 직원이 얘기하는 2010년 초 상황을 잠시 설명하고 가자. 당시 스마트폰다운 스마트폰은 아이폰밖에 없었다. 구글의 안드로이드폰은 아직 나오지 않았을 때다. 당시 삼성전자는 윈도우를 기반으로 한 스마트폰 개발에 주력하고 있었다.

이때 구글이 안드로이드 운영체제를 넣은 스마트폰을 함께 개발하자고 삼성에 제안을 해온 것이다. 구글은 스마트폰은 만들지 않지만 스마트폰 운영체제 경쟁에서는 애플과 마이크로소프트에 밀리면 안 된다는 생각에 파트너를 찾아 나섰다. 당시 애플, 삼성과 함께 세계 모바일 시장에서 3강 구도를 형성하고 있던 노키아는 자체 운영체제를 갖고 있었다. 구글이 삼성을 안드로이드폰 파트너로 택한 것은 자연스러운 결정이었다.

하지만 삼성은 이 제안을 수용하지 않았다. 삼성이 거부하자 구글은 대만으로 눈을 돌렸다. 첫 번째 안드로이드폰을 만든 기록은 대만 HTC가 갖게 됐다.

삼성은 왜 구글폰을 거부했을까? 이 직원은 "우리는 뒤늦게 안드로이드 플랫폼을 기반으로 하는 제품 개발에 뛰어들었다. 왜 우리는 꼭 성공모델이 있어야 도전하는 것인지, 과연 우리가 진정한 1등이라고 할 수 있을까"라고 불만을 표시했다.

삼성이 구글폰에 관심을 갖지 않은 것은 '최초'에 대한 두려움 때문이었다고 이 직원은 주장하고 있다. 시장이 형성된 곳에 자금과 인력을 집중 투입해 1등을 탈환하는 추격자 체질에서 벗어나지 못하고 있다는 지적이다.

또 다른 개발자도 "우리는 뭔가 창조적 제품을 만들 필요가 없었고 만들어서도 안 됐다. 성공 사례들을 벤치마킹해 성장해왔기 때문에 위험을 무릅쓸 필요가 없었다"고 분통을 터뜨렸다. 도전과 창조가 아닌 모방과 추격이 삼성 기업문화에서 핵심적 위치를 차지한 것에 대한 안타까움이 배어 있었다.

또 다른 연구원의 말을 들어보자. 그는 "개발하다 보면 가끔 정말 획기적인 아이디어가 떠오른다. 하지만 이런 아이디어를 내면 '뜬구름 잡지 말고 다른 거 생각해봐! 바로 시장에 낼 수 있는 걸로'라는 반응이 나온다"고 털어놓았다. 삼성의 한 임원도 이를 인정했다. "잘 만들면 획기적 상품이 될 수 있는데 우리는 새로운 것에 대한 두려움을 갖고 있다."

삼성 직원들 사이에게 화제가 됐던 이 기획기사는 '성공의 덫, 창조의 조건, 한국식 문화' 등 3부로 구성돼 있으며 삼성 기업문화의 문제점을 과감히 지적했다는 평가를 받았다.

미래전략실에서 이런 방송 프로그램까지 만들어 직원들에게 틀어준 것은 아직도 삼성의 문화가 모험과 도전을 꺼리는 추격자 문화 수준에 머물러 있다는 것을 반증한다.

진정한 글로벌 1위 기업은 뭔가 다르다. 과거 화려했던 시절 소니는 트랜지스터로 시작해 워크맨 등 다양하고 획기적인 제품을 만들어 세계인들의 머릿속에 자신의 존재를 각인시켰다. 스티브 잡스가 소니의 팬이 된 것은 자연스러운 일이었다. 이어 잡스의 애플은 아이폰으로 인류의 삶을 바꿔놓았다.

하지만 삼성 제품 중 세계 최초는 없다. 오죽했으면 현재 삼성 성장의 걸림돌이 스티브 잡스란 우스갯소리가 나왔을까. 삼성이 따라가야 할 혁신적인 제품을 내놓을 수 있는 잡스가 없기 때문에 삼성이 목표를 잃고 헤매고 있다는 얘기다. 삼성의 추격자 전략을 비꼰 말이지만 고개를 끄덕이는 사람들이 많다. 실제 최근 5년간 삼성전자의 성장을 이끌었던 스마트폰 시장의 성장세가 주춤해지자 삼성의 차기 전략이 무엇인지에 대한 궁금증은 더 커져가고 있다.

이런 혁신적 제품의 부재는 삼성이 탁월한 성과에도 불구하고 IT 마니아들의 존경을 받지 못하는 이유와 연결된다. 그들은 항상 새로운 것을 추구한다. 새로운 제품이나 소프트웨어가 나오면 열광한다. 아이폰뿐만이 아니다. 세월을 더 거슬러 올라가 소니가 '바이오VAIO'란 이름으로 노트북을 처음 내놨을 때도 그랬다. 소니는 당시 컴퓨터를 통해 영상과 음악을 편집하는 것에 관심을 가진 마니아들을 타깃으로 이 제품을 만들었다. 사용자들은 컴퓨터를 켜면 다양한 채널이 뜨고, 노트북으로 이 채널에 있는 동영상과 음악을 편집할 수 있었다. 당시 미디어 마니아들이 꿈꾸는 노트북이었다.

바이오를 만들기 위해 소니는 열정 있는 직원들을 불러 모았다.

사업부에 상관없이 업무가 끝난 후 모여 열정과 재능으로 바이오를 만들었다. 이때까지 소니의 문화는 혁신 그 자체였다. 이렇게 바이오는 탄생했고, 마니아들의 관심을 끌었다. 마니아들을 처다보던 얼리어답터들이 뒤이어 구매 행렬에 합류했다. 그다음은 대중들의 몫이었다. 이렇게 바이오는 세계적으로 엄청난 성공을 거뒀다.

하지만 아직까지 삼성은 이런 제품을 내놓지 못하고 있다. 마니아들을 열광하게 만들 제품을 내놓지 못하는 이유는 그들의 기업 문화와 직접적 연관이 있다. 이건희가 원했던 창조적 문화와의 간극은 아직도 크다고 할 수 있다.

뒷다리론,
그리고 관행과의 결별

"감사에 걸렸대." 삼성에서 임원이나 직원이 갑자기 사표를 내면 가장 많이 나오는 얘기다. 공금유용, 불륜, 정실인사 등 감사팀이 찾아내는 문제점은 말로 다 하기 힘들 정도다. 이런 삼성의 문화를 말할 때 빼놓을 수 없는 것이 감사팀의 막강한 권한이다. 감사팀은 삼성 내 검찰 같은 존재다. 아니 검찰보다 더 세다. 검찰은 문제를 찾아내고 최종 판결은 법원이 하지만, 삼성 감사팀은 문제를 찾아낼 뿐 아니라 감사결과를 인사에 반영하는 권한까지 갖고 있기 때문이다.

이 권한은 삼성을 부정과 비리로부터 비교적 자유로운 조직으로 만들었다. 또 이 문화를 해외에 이식하는 성과를 내기도 했다.

하지만 감사팀의 권한이 커지면서 과도한 감사권력에 대한 경계의 목소리가 나오고 있는 것도 사실이다.

삼성에서 감사팀의 권력이 커진 이면에는 이건희의 '뒷다리론'이 자리 잡고 있다. 마치 불량을 암이라고 한 것과 비슷하게 조직에서 문제가 되는 사람을 그는 '뒷다리 잡는 사람'이라고 칭하며 솎아내야 할 대상으로 분류했다는 면에서 그렇다. 1987년 회장이 된 이후부터 그는 20년간 틈만 나면 '뒷다리론'을 제기했다. 제품 불량을 암이라고 부르며 기업을 망하게 한다는 논리를 편 것과 마찬가지로 뒷다리 잡는 인간형은 조직을 갉아먹는다는 의미였다.

그렇다면 어떤 사람을 뒷다리 잡는 사람으로 분류했을까. 우선 그가 분류한 6가지 인간형을 살펴보고 가자. 해바라기형, 소신파, 스파이더맨, 권위주의형, 화학비료형, 퇴비형이다.

해바라기형은 언제나 듣기 좋은 말만 하는 사람이다. 이건희는 "이런 사람들은 문제는 숨기고, 본질에 대해서는 모르거나 알더라도 말하지 않는다"고 했다. 해바라기형의 반대편에는 소신파가 있다. "일에 자부심이 있고 기질과 책임감이 있다. 당당하며 고집이 세서 타협이 어렵지만 어려울 때 힘이 되는 쪽은 역시 소신파다"라고 했다. 바람직한 인재상이라는 말이다.

그의 언어적 감각이 드러나는 것은 스파이더맨이다. 학연, 지연, 혈연을 부지런히 찾아 연줄을 만드는 사람들을 말한다. 이건희는 "이런 유형은 파벌을 조성하고 인화를 해칠 우려가 있다"며 경계하라고 지시했다. 권위주의형도 경계대상이었다. 그는 "삼성 내에는 관료화된 사람도 적지 않다. 이 사람 밑에는 비슷한 권위주의, 형식주의자들이 많이 모인다"고 지적했다. 이런 사람이 많으면 "큰 인물이 자랄 수 없고 자율과 창의가 꽃필 수 없다"는 게 이건희의 생각이었다.

그는 "화학비료형 인간도 경계해야 한다"고 했다. 화학비료형이란 생색이나 내고, 자기과시에 몰두하는 사람들이다. 조직의 음지에서 묵묵히 일하는 퇴비형 인재와 비교한 것이다.

그는 "해바라기형, 관료형, 화학비료형의 공통점은 능숙한 말솜씨로 대개 1인칭이 아니라 3인칭 화법을 즐겨 쓴다. 내가 하겠다가 아니라 사원이라면 이렇게 해야 한다는 식이다"라며 경계하라고 지시했다.

이건희는 여기서 한발 더 나아간다. 조직에서 필히 걸러내야 할 사람을 적시한 것. 그는 1988년 한 인터뷰에서 "내가 가장 싫어하는 타입은 부정적 사고를 하고 배신한 적이 있거나 또는 남과 같이 죽자는 식의 물귀신이나 뒷다리 잡는 사람이다"라고 했다. 1993년에도 "어느 조직에나 거저먹으려 하고, 도둑놈이 5%는 있다. 반면 일하지 말라고 해도 일하거나 금덩어리 현금을 줘도 안 가져가는 사람도 5%가 있다"고 했다. 조직이 잘되냐 안 되냐는 어느 쪽 5%가 힘을 발휘하느냐에 달렸다는 게 이건희의 생각이었다. 90%는 이런 조직분위기에 따라 움직인다는 말이었다. 그리고 "나는 이런 사람들을 집어낼 것이며, 좋은 방향으로 밀어주는 역할을 할 것이다"라고 말했다.

2002년 7월에는 공식적으로 이들을 제거해야 할 대상으로 지목한다. "도덕적으로 문제 있는 뒷다리 인력제거는 썩은 이를 뽑는 것과 같다. 혼자만 썩는 게 아니라 옆의 열심히 일하는 사람도 전염되고 사기도 떨어지고 하는 것이다." 이런 이건희의 발언과 함께 감사팀의 권한은 계속 강화된다. 삼성의 역사를 관리의 삼성, 전략의 삼성, 창의의 삼성으로 구분하면 감사팀은 관리의 삼성의 기초가 된 측면도 부인할 수 없다.

2006년 6월 사장단회의에서는 "회사 경영의 핵심은 첫째 부정이 없어야 하고, 둘째 일 열심히 하는 정신이 박혀 있어야 하고, 셋째 좋은 사람 데려와 좋게 키우겠다는 의지가 필요하다"고 했다.

2006년은 삼성이 실적뿐 아니라 시가총액에서도 소니를 멀찌감치 따돌리고 세계 전자시장에서 독식의 채비를 갖추기 시작한 때다. 이건희는 조직이 이완되는 것을 막기 위해 다시 관리의 필요성을 언급하며 조직을 다잡기 위해 이 말을 했다. 부정이 발생하는 것을 막아야 한다는 것이었다. 이듬해 4월에도 "조직의 생리가 위의 2~3%는 열심히 일하고, 부정도 없고 하지만 밑의 2~3%는 아무리 감독해도 부정하고 일 안한다. 밑에 2~3%가 끼면 결국 망하게 된다"고 이건희는 말했다.

사장단 회의에서 이건희가 한 말은 하명과 다름없었다. '부정을 없애라'라는 첫 번째 지시를 이행하기 위해 감사팀이 어떻게 움직였는지는 충분히 상상 가능한 일이다. 세 가지를 지시했지만 당장 성과를 낼 수 있는 것은 첫 번째 지시사항이었다. 일 열심히 하는 정신을 갖추는 것, 좋은 사람 데려다 키우겠다는 의지를 갖는 것을 증명하는 것은 장기적인 과제에 속하고, 때로는 증명하지 못할 수도 있기 때문이다. 삼성 내에서 "감사에 걸려 계열사 한 팀이 통째로 날아갔다"는 말이 나온 것도 이런 발언의 영향이 컸다.

이런 감사팀이 만들어 놓은 분위기는 해외에도 영향을 미쳤다. 중국삼성 얘기다. 중국은 명절만 되면 차가 아예 움직이지 못할 정도로 길이 막힌다. 선물을 전달하려는 차량들 때문이다. 중국은 명절 때 선물을 주고받는 문화가 광범위하게 자리 잡고 있다. 하지만 중국삼성은 선물 받는 것을 금지했다. 현지 문화에 적응하는 것도 필요하지만, 부정의 소지를 없애는 것이 더 중요하다고 판단했다. 경제적으로 중국은 급속한 발전을 이뤄냈지만 관행과 문화는 여전히 한국에 비해 뒤처져 있다. 과거 한국처럼 뇌물 수준의 선물을 건넴으로써 특혜가 발생할 가능성이 높다는 게 삼성 경영진의 판단이었다. 이런 방침을 정한 초기에는 그대로 중국 삼성 직원들에게 선물을 보내는 현지 기업과 기업인들이 있었다. 삼성은 이를 돌려보내고, 주재원들이 선물을 받지 않도록 교육했다. 이런 교육이 행동방식으로 굳어진 데는 감사팀의 존재가 큰 역할을 했다는 게 삼성 사람들의 얘기다. 방침을 어기고 선물을 받으면 어떤 일이 벌어질지 너무나 분명했기 때문이다.

그 결과 최근에는 삼성에 선물을 보내는 현지인들은 사라졌다.

삼성의 방침을 중국인들도 받아들인 것이다. 중국삼성에서 근무하고 최근 본사로 복귀한 한 직원의 말이다. "5년간 현지 업체들로부터 한 번도 선물을 받아본 적이 없다. 중국 사람들도 삼성의 방침을 이해하기 시작했다"고 했다. 삼성의 강력한 감사시스템이 중국의 관행마저 바꿔가고 있는지도 모른다.

이건희의 뒷다리론은 삼성 내부를 비교적 깨끗한 조직으로 만들고, 관리의 삼성의 토대가 됐다. 하지만 시간이 흐르며 비대해진 감사권력은 직원들의 로열티라는 장기적으로 가장 중요한 자본을 갉아먹고 있는지도 모른다.

시스템 안에서
위기를 관리하라

삼성 문화를 말할 때 빼놓을 수 없는 것이 위기관리 능력이다. 여기서는 주로 한국사회에서 새로운 화두가 되고 있는 오너리스크와 관련된 문제를 중심으로 삼성 문화를 살펴보고 지나가자.

2012년 초 이건희는 형인 이맹희로부터 재산 상속과 관련된 소송을 당했다. 양측의 감정싸움이 격화되며 비방전으로 이어졌다. 재판이 한창이던 4월 24일 이건희는 출근길에 기자들과 마주치자 참았던 말을 쏟아냈다. 이맹희에 대해 "우리집안에서 퇴출당한 양반"이라며 "아버지를 고발해 형무소에 넣었기 때문에 누구도 (이맹희를) 장손이라고 생각하는 사람이 없다"고 말했다. 전

날 이맹희 씨가 법무법인을 통해 "이건희가 어린애 같은 말을 한다"고 한 것을 계기로 쌓였던 분노가 폭발한 것이다.

한국사회에서 많이 볼 수 있는 재벌 형제간 싸움이었다. 하지만 그 당사자가 삼성이고, 이건희였기 때문에 이를 곱게 보는 시선은 많지 않았다. 비판적 여론이 확산됐다. 며칠 후 이건희가 공항에 나타났다. 유럽으로 출국하기에 앞서 그는 기자들과 만나 "사적인 문제로 개인감정을 드러낸 것에 대해 국민들께 죄송하게 생각한다"며 "앞으로 소송 문제는 전문가에게 맡기고 나는 삼성을 키우는 데에만 전념하겠다"고 말했다. 자신의 발언에 대한 공개사과였다.

당시 삼성과 CJ 간 감정의 골은 깊었다. 이런 상황에서 여론 악화를 이유로 이건희가 공개 사과를 하고, 한국을 떠날 수 있게 만든 것은 삼성이 갖고 있는 '시스템의 힘'이었다. 이건희 발언에 대한 여론이 악화되자 삼성 고위임원들은 오너를 설득했다. "공개사과 하시고 해외에 잠깐 다녀오시는 것이 좋겠습니다"라는 요지였다. 한국 대기업처럼 오너가 사업에 대한 결정권과 인사권을 모두 갖고 있는 조직에서 오너에게 공개사과를 요구하는 것은 쉽지 않은 일이다. 뛰어난 커뮤니케이션 전문가들도 오너가 당사자가 돼 사건이 벌어지는 오너리스크에 대해서는 이렇다 할 해법을 내놓지 못하는 이유도 이런 막강한 힘 때문이다. 그들의 심사를 거스르는 것은 곧 해고를 의미하기 때문이다. 그래서 오너리스크는 통제할 수 없는 상황이 되는 경우가 태반이다. 대한항공 땅콩

회항 사건은 극적인 사례에 속한다. 이는 오너가 시스템 안에 있지 않고 그 위에 군림하기 때문에 일어나는 일이다.

하지만 삼성은 달랐다. 이건희는 경영진의 권고를 받아들였다. 사과하고 해외로 나갔다. 물론 앞선 이건희의 이맹희 비난 발언은 시스템 밖으로 나간 것이 분명하다. 하지만 이건희는 다시 시스템 안으로 들어와 시스템이 원하는 대로 행동했다. "시스템을 제대로 갖춰놓으면 많은 실무적인 일은 시스템이 하고, 간부들은 더 큰 사고를 하고 미래를 준비할 수 있다"고 한 발언에서 스스로도 예외가 아니라는 것을 입증한 사건이었다.

이인용 삼성전자 커뮤니케이션팀 사장은 "삼성의 오너들은 어떤 문제가 발생하면 책임자들을 불러 일을 어떻게 처리해야 할지 먼저 묻는다"고 말했다. 시스템의 최정상에 서 있지만 시스템을 활용할 줄 알고, 자신도 시스템 안에 들어와 있다는 것을 보여주는 것이다. 또 스스로의 감정에 이끌려 문제를 악화시키는 일이 없도록 훈련한 결과다. 그래서인지 이건희의 아들인 이재용이 개인적인 발언이나 행동 등으로 문제를 일으켰다는 얘기는 거의 들어본 적이 없다. 오히려 이재용은 과도한 의전이라고 판단하면 "앞으로 수행인원을 줄여달라"고 먼저 요구하는 경우도 있었다고 한다.

오너가 문제해결의 당사자가 된 적도 있었다. 2012년 한복사건이 터졌을 때 일이다. 한복을 입고 신라호텔 뷔페에 들어가던 한복 전문가를 직원이 제지한 사건이었다. 아마 이 직원은 매뉴얼

대로 했을 것이 분명하다. 한복은 자칫 뷔페에서 음식을 먹을 때 쏟거나 불편할 수 있으니 주의하라고 당부하는 정도였다고 신라호텔 측은 설명했다. 하지만 자신의 직업에 대한 프라이드를 침해했다고 느낀 한복 전문가는 트위터에 자신이 당한 일을 올렸다. 사건의 경위가 어땠는지는 상관없다. 사람들은 신라호텔이 한복을 홀대했다고 분노하기 시작했다. 사건은 일파만파로 퍼져갔다. 네티즌들은 "기모노는 되고, 한복은 안 되냐"며 공격했다.

신라호텔은 재빠르게 사과문을 냈다. 그룹에는 비상대책팀이 꾸려졌다. 이들은 SNS에 올라오는 각종 반응을 살폈다. 하지만 네티즌들의 분노는 수그러들지 않았다. 이때 신라호텔 책임자인 이건희의 딸인 이부진 사장이 나섰다. 그는 문제를 일으킨 당사자는 아니었다. 누구도 오너인 그에게 사태해결에 나서라고 하지 않았다. 하지만 그는 참모들을 불러 자신이 직접 사건의 피해자를 찾아가 사과하겠다고 먼저 통보한 후 실행에 옮겼다. 한복 전문가인 피해자는 이부진 사장과 만난 후 트위터에 "나는 개인적으로 모두 용서했다"고 올렸다. 커져가던 한복사건은 이렇게 잠재워졌다. 이부진은 아마도 위기관리 최고책임자가 본인이라는 것을 잘 알고 있었던 듯하다. 시스템 안에서 자신이 해야 할 일을 분명히 알고 있었다고 전문가들은 평가한다.

마지막으로 위기관리에 대한 삼성의 변화를 보여주는 사례를 소개한다. 삼성이 아직도 풀지 못하고 있는 중요한 문제가 하나 있다. 백혈병 사건이다. 오너 문제는 아니지만 삼성에는 심각한 문제다. 삼성의 반도체 생산라인 직원들이 잇따라 백혈병에 걸린 사건으로, 몇 년째 해결의 실마리를 찾지 못했다. 과거 이 문제는 법무팀과 인사팀이 주로 담당했다. 법무팀은 소송에 대비해 문제를 다뤘고, 인사팀은 사건을 최소화하는 것에 주력했다. 이들의 정서는 "법적으로 회사의 책임이 없는데 더 이상 어떤 보상이나 해결책이 필요한 것이냐'란 것이었다. 사람의 죽음을 실무적으로 접근한 이들은 반삼성 정서만 키웠다는 비판에 부딪쳤다. 삼성은 담당부서를 커뮤니케이션팀으로 바꿨다. 백혈병에 걸린 직원들과 가족, 그리고 국민정서의 문제는 법적 책임의 문제를 훨씬 뛰어넘는다는 것을 뒤늦게 깨달은 것이다. 피해자들과의 협상도 커뮤니케이션팀이 담당한다.

삼성의 이런 변화가 성과를 내고, 이건희가 꿈꿨던 '국민들로부터 사랑과 존경을 받는 국민기업'이 되는 것은 멀고 험한 길이다. 하지만 가지 않으면 안 되는 길이라는 것을 깨달은 것 자체가 이건희가 남겨놓은 유산인지도 모른다.

7부

지행33훈

지행용훈평(知行用訓評)

알고, 행하고, 사람을 쓰고, 가르치고, 평가하라

지행33훈

- 1훈 위기의식　　우리는 지금 어디에 서 있는지, 어디로 가는지 파악하라.
- 2훈 미래통찰　　5년, 10년 후를 내다봐야 한다.
- 3훈 변화선도　　체질, 구조, 사고방식을 모두 다 바꿔야 한다.
- 4훈 업의 개념　　업의 개념 파악 여부에 따라 사업의 성패가 좌우된다.
- 5훈 기회선점　　버릴 건 버리고 시작할 건 빨리 시작해야 한다.
- 6훈 1등전략　　모든 제품과 서비스는 세계 1등을 목표로 한다.
- 7훈 정보화　　21세기에 맞는 경영구조와 시스템을 구축해야 한다.
- 8훈 복합화　　단지 복합화로 효율을 증대해야 한다.
- 9훈 핵심 인력　　미래를 위해 가장 먼저 할 일은 인재 확보다.
- 10훈 능력주의　　잘 뽑는 것만큼 잘 배치하고 잘 챙기는 게 중요하다.
- 11훈 성과보상　　성과를 내는 직원은 사장보다 더 많이 보상하라.
- 12훈 여성인력　　우수한 여성인력을 선행 확보하고 적극적으로 활용해야 한다.
- 13훈 전문가 활용　　전문가를 제대로 잘 활용하여 경영의 질을 효율적으로 올려야 한다.
- 14훈 복리후생　　다양한 복지제도를 마련하라.
- 15훈 조직문화　　노사 간 갈등은 회사의 존폐에 직결됨을 인식해야 한다.
- 16훈 인재육성　　간부교육을 강화하고 경영자 양성교육을 체계적으로 실시해야 한다.
- 17훈 지역전문가　　10년 앞을 내다보고 전략적으로 양성해야 한다.

- 18훈 기술 중시　적자 불황에도 연구개발 투자는 줄이지 않는다.
- 19훈 기술 확보　기술 확보는 합작-제휴-스카우트 순으로 해야 한다.
- 20훈 명품 개발　고객과 시장이 요구하는 최고의 기술을 개발하고 상품화해야 한다.
- 21훈 최고품질　최고의 품질로 승부해야 한다.
- 22훈 환경안전　작업 현장은 안전이 최우선이다.
- 23훈 구매예술화　구매업체와의 신뢰가 제품의 품질과 경쟁력을 좌우한다.
- 24훈 마케팅　철학과 문화를 파는 마케팅을 해야 한다.
- 25훈 고객만족　친절, 서비스는 마음에서 우러나와야 하며, 불만은 신속하고 정성껏 처리해야 한다.
- 26훈 디자인경영　21세기는 결국 디자인, 소프트와의 싸움이다.
- 27훈 국제화　세계에 글로벌 삼성의 뿌리를 내려야 한다.
- 28훈 현지화　현지에 맞는 경영모델을 개발, 정착하고 현지 사회와 공존 공영해야 한다.
- 29훈 삼성화　현지 인력을 삼성화하고 해외에서 싱글삼성을 구현해야 한다.
- 30훈 창의와 도전　끊임없는 도전과 창조의 정신이 가득한 일터를 만들어야 한다.
- 31훈 정도경영　법과 원칙을 준수하고 도덕적으로 존경받아야 한다.
- 32훈 그룹공동체　삼성인의 일체감과 결속력을 강화해야 한다.
- 33훈 사회공헌　국가 경제 발전에 기여하고 적극적으로 사회공헌을 해야 한다.

지행33훈은 이건희 경영철학을 9개 분야로 나눠 정리하고 있다. 9개 분야는 다시 2~3개, 많을 때는 7개의 소주제로 구분했다. 구체적 주제가 33개라고 해서 지행33훈이라고 부른다.

9개 분야는 경영자, 사업전략, 경영인프라, 인사조직, 연구개발, 제조생산, 마케팅, 글로벌, 기업문화 등이다. 이를 정리한 것이 아래 표다.

1	경영자 (1)위기의식 (2)미래통찰 (3)변화선도
2	사업전략 (4)업의 개념 (5)기회선점 (6)1등전략
3	경영인프라 (7)정보화 (8)복합화
4	인사조직 (9)핵심 인력 (10)능력주의 (11)성과보상 (12)여성인력 (13)전문가 활용 (14)복리후생 (15)조직문화 (16)인재육성 (17)지역전문가
5	연구개발 (18)기술 중시 (19)기술 확보 (20)명품개발
6	제조생산 (21)최고 품질 (22)환경안전 (23)구매예술화
7	마케팅 (24)마케팅 (25)고객만족 (26)디자인 경영
8	글로벌 (27)국제화 (28)현지화 (29)삼성화
9	기업문화 (30)창의와 도전 (31)정도경영 (32)그룹공동체 (33)사회공헌

지행33훈은 각 주제별로 4가지 구성요소를 갖추고 있다. 주제를 표현하는 상징적인 하나의 문장과, 삼성이 이건희의 발언에서 뽑아낸 키워드, 이건희의 구체적 발언(지행용훈평), 핵심 내용 등이 그것이다.

상징적 문장은 주제 전체를 아우르는 이건희의 대표적 발언이다. 키워드는 이건희가 한 말 중 해당 주제를 설명하는 데 필요한 주요 단어들을 모아놓은 것이다. 발언은 이건희 경영철학을 가장 잘 보여주는 발언들을 주제에 맞게 날짜순으로 나열한 것이다. 핵심 내용은 삼성이 제시하는 행동 지침 또는 경영자들이 가져야 할 마인드라고 할 수 있다. 이 중에서 가장 중요한 것은 이건희의 생생한 발언이다.

이 가운데 중요한 내용을 추려서 정리했다. 물론 책의 본문에 핵심 내용과 발언 키워드 등이 대부분 들어가 있다. 지행33훈을 별도로 요약 게재하는 것은 원문을 필요로 하는 독자들이 있기 때문이다. 가장 중요한 이건희의 발언, 즉 지행용훈평을 중심으로 정리한다.

1_ 경영자

1부는 지행33훈의 첫 번째 분야인 경영자를 다루고 있다. 이건희는 경영자가 가져야 할 3가지 덕목을 제시했다. 첫 번째 위기의식, 두 번째 미래통찰, 세 번째 변화선도 등이다.

(1) 위기의식

"우리는 지금 어디에 서 있는지, 어디로 가는지 파악하라."
= 위기의식이란 주제를 표현한 이건희의 대표적 발언이다. 자신의 위치, 목표, 방향을 끊임없이 점검하라는 주문이다.
  삼성은 위기의식이란 주제의 키워드로 '현 위치 파악, 불감증 타파, 자기혁신, 끊임없는 긴장감, 현실안주 탈피, 선진 제품 비교전시, 벤치마킹' 등을 제시했다.

"제일 중요한 것은 위기감이 회사 전체에 어느 정도 퍼져 있느냐, 그 위기감이 구체적으로 어디까지 와 있느냐, 얼마나 심각하게 와 있느냐 하는 것이다."
= 2001년 6월, 사장단 회의에서 한 말이다. 1997년 외환위기를 완전히 극복하고 삼성이 반도체에서 큰 돈을 벌어들이기 시작하자 이건희는 조직에 긴장감을 불어넣기 위해 이 말을 했다.

"댐은 비행기 폭격을 당해도 끄덕하지 않지만 바늘구멍이라도 있으면 점점 커지다가 결국 무너진다. 조그만 것이라도 경쟁사에 지기 시작하면 이게 점점 확대된다. 한번 지면 걷잡을 수 없게 된다."

= 같은 해 8월에는 다시 조직에 긴장감을 가지라고 주문했다. 당시 일부 품목에서 LG가 따라오자 이를 경계하라는 지침이었다. 적에게 작은 약점도 보이지 말라는 의미였다.

"방심에서 오는 병은 잘 안 고쳐진다. 왜냐하면 제일 앞서왔고, 고치려고 할 때 지도해줄 사람이 없기 때문이다. 벤치마킹이 안 되는 업무 성격을 가진 곳은 방심하게 돼 있다."
= 이 발언은 삼성이 반도체에서 대규모 이익을 내기 시작한 2003년 10월에 나왔다. 이건희는 D램 반도체 부문에서 일본 업체들을 모두 제친 후 확고한 1위를 차지하고, 국내 시장에서는 TV, 휴대폰 등이 좋은 실적을 내자 회사 분위기가 흐트러질 수 있다고 판단했다. 정상의 순간 작은 방심이 조직을 나락으로 떨어뜨릴 수 있다는 경고다.

"우리가 일본 업체를 앞선 것이 아니라 특정 품목에서 앞섰던 것뿐인데 과장되어 있다. 일본을 절대 무시해선 안 된다. 일본의 저력은 아무도 모른다."
= 일본 회사들을 넘어선 것으로 평가받기 시작한 2005년 6월에 한 발언이다. 앞서 얘기한 대로 이건희는 평생 일본을 넘어서기 위해 애썼다. 일본에 대한 경계심은 본능에 가까웠다고 할 수 있다.

"인도, 중국이 뒤에서 치고 올라오고 있고 일본은 앞서 가고 있다. 그렇다면 우리 자신을 먼저 분석해야 할 것 아닌가. 우리가 치고 올라가니 노키아 등 경쟁사가 신경 쓰고 위기의식 갖고 지켜보고 있는데, 우리는 어떤가. 우리 자세는 어떤가?"
= 2007년 4월, 이건희는 삼성이 넛크래킹 상태에 빠질 수 있다고 경고했다. 이 발언에 등장하는 노키아를 애플로 바꿔놓고 생각해보면 요즘 상

황에도 적용할 만하다. 위에서는 애플이 삼성을 견제하고, 중국의 스마트폰 업체 샤오미 등은 밑에서 삼성을 압박하고 있다. 그러나 삼성은 쉽게 대책을 내놓지 못하고 있다. 위기의식을 불러 일으켜 새로운 전쟁을 치러야 할 이건희는 현재 병상에 누워 있다.

———

삼성은 이런 발언을 기초로 경영지침이라고 할 수 있는 '핵심 내용'을 제시했다.

우선 '현 위치를 파악' 하라고 했다. '이익이 좀 난다고 해서 우쭐대거나 착각하는 것은 금물' 이며, '무의식이란 타성에서 깨어나 현 위치를 객관적으로 인식하라' 고 주문했다. '건전한 위기의식' 의 중요성도 강조한다. '위기를 예측하기 위해 항상 긴장감, 경각심을 가져야 한다' 는 얘기다.

또 '위기의식은 조직의 전 계층, 전 임직원이 공유해야 효과를 볼 수 있다' 고 강조했다. 특히 제일 잘 나가는 계열사인 삼성전자를 겨냥해, '헝그리 정신을 강화하고 댐의 구멍을 경계하라' 고 주문했다.

위기의식에 따른 행동방침으로는 벤치마킹을 꼽고 있다. 벤치마킹은 '매일 매주 매달 매년 해야 하고, 동종업계 외에 그룹 내 다른 업종도 벤치마킹하라' 는 것이다. 구체적으로 이건희는 성장하지 못하는 금융계열사에 삼성전자를 벤치마킹하라고 요구했다. 아울러 '1등이라고 자만하고 벤치마킹 안 하는 것이 제일 위험하다' 는 것도 핵심 내용에 포함돼 있다.

———

(2) 미래통찰

"5년, 10년 후를 내다봐야 한다."

= 미래통찰에 대한 이건희의 대표적 발언이다. 삼성은 미래통찰이란 소주제의 키워드로 이건희 경영철학을 요약한 '지행용훈평, 매크로와 마이크로, 준비경영' 등을 제시했다. 또 준비경영의 내용이라고 할 수 있는 '후계자 양성, 신성장동력 선행투자' 등도 키워드에 포함돼 있다.

"경영자로서 제일 어려운 것은 무엇을 해야 하고 무엇을 하지 말아야 하는가를 아는 것이다. 그전에 더 어려운 것은 경영자, 즉 최고책임자인 본인은 바로 가고 있는가를 아는 것이다."

= 2000년 4월의 발언이다. "주제파악을 해야 전략이 나오고 전략이 나와야 전술이 나온다"는 신경영 때 발언과 맥을 같이 한다.

"신경영 때 10년을 내다보고 해서 덕본 게 많은데 신경영을 했던 방정식을 꺼내놓고 2010년, 2015년에 갖다 붙여 그때는 어떻게 가져갈 것이냐 하는 식으로 해보자."

= 2002년 3월 신경영 10년을 앞두고 그는 과거를 성공적이라고 평가한 후 이렇게 말했다. 미래를 준비하기 위해 성공한 자신의 경험을 복제하라고 주문했다.

"삼성에서 일하는 동안 후계자도 제대로 안 키우고 나 아니면 안 된다고 생각하는 사람 중에 성공하는 사람을 못 봤다. 후계자를 제대로 키워놔야 내가 성공할 수 있다. 후계자가 없으니 그 자리에 있을 수밖에 없고 그러다 보면 도태될 수밖에 없는 것이다."

= 인재경영론이 화두로 떠오른 2007년 4월에 한 발언이다. 이건희가 한 말 중 가장 명쾌하게 조직의 문제점을 지적한 발언이다. '나를 넘어설 것 같은 후배'를 경계하는 것은 본능에 가깝다. 하지만 이런 관성을 타파하지 않으면 개인의 미래도, 조직의 미래도 없다는 통찰력을 보여주는 발언이었다. 이건희는 실제 이런 경영자들을 가차없이 교체해버렸다. 자신의 경험을 사업의 원칙으로 만든 셈이다.

———

삼성은 미래통찰을 위한 핵심 내용으로 '5년 후, 10년 후를 내다보라'고 주문했다. '변화의 흐름을 누가 먼저 알아내느냐가 승패를 좌우하고, 인재에 투자해야 5년 후 10년 후 성과가 나고 선순환한다'는 게 주요 내용이다. 또 경영자들이 안목을 폭넓게 키우기 위해 '평소 위기관리 기법을 익히고, 당장의 이익보다 인력활용, 조직분위기, 투자에 관심을 가지라'고 권고했다. 이를 위해서는 시간이 필요하다. 그래서 '헬기, 전용기를 활용해 시간을 확보하고, 그 시간에 해외 유명인사를 만나고, 인프라를 견학하라'고 강조했다. 보고 느끼고 경험해야 미래를 볼 수 있다는 것이다.

———

(3) 변화선도

"체질, 구조, 사고방식을 모두 다 바꿔야 한다."
= 변화선도란 주제를 대표하는 발언이다. 이 항목의 키워드는 '마하경영, 메기론, 월급쟁이 근성탈피, 나로부터의 변화, 한방향, 주인의식' 등이다. 한방향은 이건희가 1993년부터 한 말이다. 삼성 모든 직원이

같은 곳을 향해 가야 한다는 얘기였다. 경영학과 마케팅에서 나오는 조직은 같은 목소리를 내야 한다는 '원 보이스'와 비슷한 뉘앙스다.

"우리 매상(매출), 이익이 제트기에서 지금 마하로 갓 넘어온 느낌이다. 여기서 재료, 기자재, 소재 등을 빨리 바꾸지 않으면 후발주자에게 계속 쫓길 것이다."
= 변화를 강조하는 이건희의 발언은 수도 없이 많다. 모든 발언의 공통적 주제는 질적인 변화다. 2002년 4월, 삼성이 반도체에서 큰 이익을 내기 시작하자 또 다 바꾸라고 촉구한다.

"내가 할 수 있는 것은 메기 역할이다. 그러나 메기 역할을 할 필요가 없는 경영자들이 먼저 변하고 뛰어보는 것이 좋지 않겠는가? 그러면 아랫사람들은 저절로 같이 뛰게 될 것이다."
= 2002년 10월, 이건희는 자신을 변화의 매개자로 포지셔닝한다. 유명한 메기경영론이다. 메기 없이 스스로 열심히 연못을 헤엄쳐 다니며 자신의 능력을 단련하는 물고기 같은 경영자, 이것이 이건희가 바라는 이상적 경영자상이다.

"노키아를 넘기 위해서는 디자인, 기술, 조직 등 모든 것을 근본적으로 바꾸지 않으면 안 된다는 사실을 명심하여 먼저 스스로를 재정비하고 나서 도전해야 한다."
= 질적 변화에 대한 발언은 이어졌다. 삼성이 세계 휴대폰 시장에 본격적으로 도전하기 시작한 2003년 11월이었다. 당시 그의 타깃은 노키아였다. 모토로라를 휴대폰 제왕의 자리에서 끌어내린 위대한 기업 노키아를 넘어서기 위해 또 다른 변화를 주문했다.

"경영자는 월급쟁이 근성을 버리고 내가 오너다 하는 생각으로 회사를 봐야 방향이 보일 것이다"

= 변화의 주체이자, 선도자로서 경영자의 태도변화도 요구했다. 2006년 6월 얘기다. 월급쟁이 경영자들이 '내 회사다' 라는 생각을 갖는 것, 이것이 기업가정신의 출발이라고 강조한 말이다. 월급쟁이 경영자와 오너 간 인식의 격차를 좁히면 더 큰 성취를 이룰 수 있다는 얘기다.

———

삼성은 '변화선도' 의 핵심 과제로 '삼성 경영철학의 본질을 이해하고 진심으로 실천하는 것' 을 제시했다. 이건희가 이뤄낸 '성공이 단지 삼성전자의 성공에만 적용되는 것이 아니라 모든 계열사에 응용할 수 있다는 것' 도 강조했다. 또 '변화를 100이라고 했을 때 90까지 올라가는 것보다 마지막 10만큼을 올리기가 더 힘들고 중요하다는 것' 도 핵심 내용에 포함돼 있다.

변화의 선도자인 CEO의 덕목으로 '책임감, 도덕성이 가장 중요하고 그 다음이 집중력, 주의력' 이라고 강조했다. 'CEO들은 그룹 공통현안에 더 많은 관심과 시간을 할애하라' 라는 주문도 들어가 있다. '멀리 크게 넓게 보고 사장답게 사고하고 행동하라' 는 것이다.

———

2_ 사업전략

지행33훈 2부는 사업전략으로 (4) 업의 개념 (5) 기회선점 (6) 1등전략을 다루고 있다.

전략의 삼성이라고 부르는 핵심 노하우가 담겨 있는 장이다.

(4) 업의 개념

"업의 개념 파악 여부에 따라 사업의 성패가 좌우된다."

= '전략의 삼성' 이라는 토대를 닦은 표현인 '업의 개념' 항목의 핵심 문장이다. 본질을 알면 성공하고, 모르면 실패한다는 것이다. 삼성은 키워드로 '업의 본질과 특성, 핵심 역량, 입체적 사고, 개인의 업의 개념' 등을 제시했다. 업의 개념에 대한 이건희의 생각은 본문에 상세히 소개했다. 지행33훈에는 각 계열사의 사업에 대한 이건희의 생각을 정리해 놓았다.

"수주업은 자기가 먹던 감이라도 내어줘야 한다. 우리가 초기에 실패한 것도 여기에 원인이 있다."

= 1999년 1월 이건희는 수주업의 본질에 대해 이렇게 표현했다. 삼성중공업, 삼성물산 등이 초기에 수주에 실패한 과정에 대한 반성이 담겨 있다. 먹던 감을 내줘도 시원치 않은 상황에서 삼성의 논리를 강조하다 수주를 제대로 하지 못했다는 지적이었다.

"금융업은 소비자에게 신용과 위엄과 친밀감이 있어야 한다. 경영은 기본을 지키는 것이 중요한데, 특히 금융회사는 남의 돈을 받는 만큼 사고가 안 나야 한다."

= 2004년 7월과 2006년 5월 연이어 금융업의 본질에 대해 언급한다. 신용, 위엄, 친밀감을 금융업의 기준으로 제시했고, 사고가 나면 쌓았던 모든 신뢰가 무너질 수 있는 만큼 사고예방이 성패를 가를 수 있다고 했다. 하지만 이건희의 이런 말에도 삼성생명 등 금융회사들은 변화하지 않았다. 이건희가 삼성전자는 변화시킬 수 있었지만 금융회사는 어찌하지 못했다. 삼성생명을 중심으로 광범위하게 퍼져 있는 관료적 문화, 금융일류화추진위원회라는 옥상옥(屋上屋)에 가까운 조직 등이 삼성의 금융사업을 갉아 먹었다.

"업의 개념을 알고 제대로 열심히 하고 그룹의 방침, 데이터, 자료 등을 참고삼아 자기 생각, 철학을 접목하면 이익은 나게 되어 있다."

= 2001년 7월 발언이다. 삼성이 성공한 법칙을 하나의 문장으로 정리한 것이라고 할 수 있다. 이익이 나지 않는다는 것은 이 가운데 하나를 빠뜨린 것이라고 해석할 수 있다.

———

삼성은 핵심 내용으로 '업의 개념을 확고히 하는 것이 중요하다'고 강조했다. 특히 '역사가 짧은 회사일수록 업의 개념 파악이 중요하고, 사업계획을 짤 때도 업의 개념과 특성을 고려해야 한다'고 주문했다. 또 '세계적 회사들이 업의 특성에 따라 변화하는 것을 따라잡아야 한다'는 내용도 들어 있다.

———

(5) 기회선점

"버릴 건 버리고 시작할 건 빨리 시작해야 한다."

= 기회선점 항목을 대표하는 문장이다. 키워드는 '변화흐름 파악, 선견
  지명, 대소완급, 수종사업 발굴, 사업구조고도화, 선행투자, 실패의 자
  산화, 기회손실' 등을 제시했다.

  삼성은 삼성종합화학과 삼성토탈 등 화학계열사와 삼성테크윈을 한화
  에 매각했다. 기업의 현재가치를 반영하지 못할 정도로 싼 가격에 팔
  았다는 지적도 있다. 하지만 이건희 경영철학으로 보면 충분히 이해할
  수 있다. 화학계열사들의 이익은 몇 년째 완만한 하강곡선을 그리고
  있다. 앞으로 글로벌 경쟁력을 갖출 가능성은 더더욱 없다. 매각은 시
  기의 문제였는지도 모른다. 이 가운데 삼성종합화학은 이건희가 회장
  이 되고 2년이 지난 1989년에 스스로 만든 첫 번째 사업이라고 할 수
  있다. 하지만 삼성은 이건희가 병상에 있을 때 이 사업을 팔아버렸다.
  '기회선점에는 선제적 포기란 개념이 포함돼 있다'는 이건희의 철학
  에 입각해서.

"회사가 어려울 때 구조조정을 하기 위해 인력감축을 하는 방법도 있지만, 전
망 좋은 사업을 증설해 인력보강을 하면 결과적으로 (사람을) 줄이는 효과가
있다."

= 1999년 1월 얘기다. 외환위기 이후 계속된 구조조정이 막바지에 이를
  때 한 말이다. 구조조정도 기회선점의 기회로 활용하라는 주문이었다.
  어려운 시기가 왔다고 사람을 마구 자를 것이 아니라 새로운 사업에 투
  입해보자는 얘기였다.

  하지만 요즘 삼성은 반대로 가고 있다. 2009년 이후 스마트폰 호황에

조직을 크게 늘려놓고 사업이 어려워지자 구조조정을 하고 있다. 조직이 유연한 것이 아니라 전략적이지 못한, 삼성답지 못한 오만에 빠져 있었던 셈이다.

"골치 아픈 적자사업은 없애고 미래 수종사업을 발굴해야 한다. 환경사업, 생물사업 등 미래사업을 연구해야 한다. 지금 이익이 좀 나도 없앨 것은 빨리 없애버려야 한다. 그리고 적자 나더라도 시작할 건 빨리 시작해야 한다."
= 2001년 6월, 7월 연이어 발언했다. 이건희는 기회선점을 위한 속도의 중요성을 강조했다. 이 말을 한 지 13년도 더 지났지만 삼성의 미래사업은 여전히 오리무중이다.

"기회를 놓치고 나서 '우리가 이제부터 잘해서 만회하겠습니다' 라고 말하는 것은 소용없다. 아무리 잘해서 만회가 되더라도 그건 당연한 것이지 만회가 아니라 기회손실이다."
= 2002년 9월, 사장단회의에서 한 말이다. 기회선점을 위해 모험적으로 투자해야 한다는 말이다. 꼭 해야 할 일이라면 빨리 뛰어들어 기회를 선점하든가 최소한 기회손실을 방지해야 한다는 것이다.

"투자에 실패했다고 쫓아내버리면 그 밑의 사람들은 투자를 하지 말아야겠다는 생각만 하게 된다."
= 기회선점 과정에서 실패를 하더라도 이를 자산으로 만들어야 한다고 강조했다. 그래야 도전하는 분위기를 만들 수 있다는 얘기였다. 이 발언은 2003년 10월에 나왔다. 하지만 실패를 권장하는 문화는 아직도 정착되지 않고 있다.

기회선점은 미래사업에 대한 투자다. 삼성은 핵심 내용으로 '지금은 손해 봐도 10년 후 큰 이익 낼 사업을 추진하고', '디지털 기술, 다양한 소재 등 첨단사업을 발굴' 할 것을 제시했다. 기회선점을 위해 '사업구조 구도화가 중요하다' 는 것도 강조했다. '한계 적자사업은 철수하고 역량을 수종사업에 집중해야 한다. 수종사업에 대한 인력보강이 결과적으로 구조조정 효과를 가져온다' 는 것이다.

(6) 1등전략

"모든 제품과 서비스는 세계 1등을 목표로 한다."

= 삼성의 1등주의를 대표하는 이건희의 이 발언은 삼성이라는 브랜드를 신뢰의 대명사로 만들었다. 1등주의는 삼성의 오랜 DNA가 됐다. 1등전략의 키워드는 '온리 넘버원, 질적 가치 제고, 경쟁사 동향분석, 기술 품질 브랜드 최고' 등이다. 경쟁사 동향분석이란 말이 눈에 띈다. 1등이 경쟁사를 분석하고, 항상 그들보다 한발 앞서 움직이려고 한다. 시장에서 1등은 항상 자신이 마치 2등인 것처럼 2등보다 더 치열하게 움직인다는 말이다.

"1등 제품은 양적 시장점유율뿐 아니라 그 질적 가치, 수익력, 그리고 브랜드 이미지 등이 모두 세계 최고 수준에 올라서야 한다."

= 이건희는 2001년 1월, 1등의 조건을 제시했다. 하지만 이건희의 꿈은 아직도 이뤄지지 않은 듯하다. 많은 독자들이 이 말을 들으면 애플을 떠올릴 것이기 때문이다.

"경영이 갈수록 어려워지는 만큼 안목도 달라져야 하는데, 그러기 위해서는 사업하는 그 나라의 역사, 전통, 사회 등을 크게 보면서 공부를 해가는 것이 중요하다."

= 1등을 하기 위해서는 인문학이 중요하다는 것도 잊지 않았다. 2001년 4월에 한 말이다. 이 발언은 삼성의 지역전문가 제도의 기초가 됐다. 미래 유망주들을 해외에 파견해 1년간 역사와 전통, 사회, 문화 등을 경험하게 하고, 이들이 이후 해외에 나가 시장을 개척하는 선순환을 만들어 냈다. 국내에서 이런 지역전문가 제도를 운영하고 있는 기업은 없다.

"앞을 내다보고 벤치마킹하는 것은 기업하는 사람에게는 상식처럼 되어야 한다. 당연히 경영에 제일 쉽게 접근하는 방법의 하나다."

= 2001년 6월에 한 발언이다. 세계시장에 대한 도전이 구체화되던 시기였기 때문에 이런 발언이 연이어 나왔다. 벤치마킹은 이건희의 트레이드마크였다.

"삼성이 이대로 커간다면 전 세계 경쟁기업이 다 덤벼들 것이다. 이에 대해 우리는 앞으로 무슨 힘으로, 어떤 전략으로 막아야 하는가. 또 우리는 이를 뿌리치고 어떻게 전진해 나가야 하는가."

= 이건희는 성장을 또 다른 위협으로 느꼈다. 이 말을 한 2002년 4월에는 삼성의 기세를 몸으로 감지했다. 반도체에 이어 디스플레이 부문에서 세계 1위를 하고 TV, 휴대폰도 세계시장에서 성공할 가능성이 보이자 그 다음을 준비하라고 한 것이다. 1등은 항상 과거, 현재, 미래의 과제를 동시에 풀어야 한다고 강조한 말이다.

"업을 계속하기 위해서는 반드시 앞서 가야 한다. 앞서 나가지 않으면 결국 끌려가게 된다. 반면 먼저 하면 부가가치를 살릴 수 있다."

= 2004년 1월의 발언은 더 강력했다. 1등 아니면 생존이 불가능하다고 했다. 이 말은 이후 노키아, 모토로라, 소니 등의 쇠락으로 증명됐다. 이건희에게 지속가능성의 전제조건은 앞서간다는 것, 즉 1등이었다. 모든 산업이 마찬가지였다.

———

삼성은 핵심 내용으로 '제품과 서비스에서 세계 1등을 목표로 하고, 세계 1등을 하는 품목을 확대하라'고 주문했다. '1등은 시장점유율, 질적 가치, 수익력, 브랜드 가치로 평가해야 한다'는 내용도 포함시켰다. 이를 위해 '이익 제일 많이 나는 회사, 세계 일류 동종업계 회사를 벤치마킹하는 것이 필요'하다고 강조했다. 또 '경쟁사의 움직임을 항상 파악할 것과 규제 없는 강소국의 기업환경도 연구하라'는 지침도 내렸다.

'사업별 1등 추진전략을 세우라'는 요구와 함께, '지금 생각하는 것보다 50%는 더 빨리, 더 과감하게' 움직이라는 주문도 했다. '모험을 꺼리는 것은 1등의 타성으로 나타나는 적신호'라는 지적도 잊지 않았다.

———

3 _ 경영 인프라

지행33훈 3부는 경영 인프라 부문으로 (7) 정보화와 (8) 복합화를 다룬다.

(7) 정보화

"21세기에 맞는 경영구조와 시스템을 구축해야 한다."

= 정보화 항목을 한 문장으로 요약한 것이다. 인재와 자원 등 모든 경영
의 자산을 디지털 환경에 맞게 다시 설계하라는 주문이었다. 삼성은 키
워드로 '디지털 경영과 디지털 인프라, 사이버 경영 시스템 선진화, 그
룹 정보망 구축' 등을 제시했다. 또 'IT경영관리, 글로벌 네트워크, 모
바일에 대한 투자'도 강조했다.

"디지털 시대의 역사적 사명과 국민적 기대에 부응하기 위해서는 삼성부터 디
지털 혁명의 바람을 일으키고 불씨를 지펴나가야 한다."

= 2000년 1월, 신년사에서 한 말이다. 디지털 시대는 아날로그 시대와 다
른 경영환경이 펼쳐질 것으로 보고, 이건희는 이를 혁명으로 만들어가
자고 했다. 실제 삼성은 아날로그 시대에는 감히 따라잡을 수 없었던
일본 기업들을 제치고 디지털 전쟁의 1라운드를 승리로 장식했다.

"제2의 신경영을 한다는 비장한 각오로 사업구조, 경영관점과 시스템, 조직문
화 등 경영 전 부문의 디지털화를 힘 있게 추진해 나가야 한다."

= 같은 날 한 발언이다. 디지털이 바꿔놓을 미래가 단순히 사업의 영역에
그치지 않을 것임을 예견하고 모든 부분을 디지털 시대에 맞게 바꾸라

고 요구했다.

"새로운 개념의 고객과 제품에 대응하려면 전 사업의 디지털화를 빠른 시일 내에 이루어야 한다. 21세기에는 시스템 간의 경쟁이 더욱 치열해질 것이다. 사이버 네트워크 모바일 시대를 열어가는 최첨단 디지털 인프라 구축에 최선을 다해야 한다."

= 이건희는 디지털화가 고객도 바꿔놓을 것이라고 했다. 이미 1990년대 중반 고객 한 사람 한 사람이 경영에 영향을 미칠 것이라고 예견했고, 디지털화는 이를 가속화할 것이라는 선언이었다. 고객의 변화는 기업의 관행과 시스템에도 영향을 미친다고 본 그는 미래 경쟁을 시스템 간의 경쟁이라고 정의했다. 2000년 1월, 이미 모바일 시대를 준비하라고 주문한 대목도 눈에 띈다.

"미주에서 유럽으로, 유럽에서 아시아로 이어지는 24시간 연구개발시스템을 구축하고 전 세계를 하나로 잇는 경영관리 체제를 마련해야 한다."

= 매출의 90% 이상을 해외에서 올리는 삼성전자 입장에서 보면 세계는 하나로 연결돼 있다. 2003년 1월에 한 이 발언은 R&D뿐 아니라 모든 부문을 아우르는 경영지침이 됐다. 삼성은 현재 세계의 모든 자원을 코드화해 관리하고 있다.

"기업은 물론 개인이나 국가, 누구든 이 디지털 물결에서 뒤처지면 오그라지고 힘없이 사라지는 시대가 된 것이다."

= 2006년 1월, 그는 디지털 시대의 변화가 선택이 아님을 재차 강조했다. 삼성의 디지털화가 그가 기대하는 수준으로 빠르게 진행되지 않고 있다는 질타였다.

삼성은 핵심 내용으로 '디지털 정보화 강화'를 제시했다. 이를 위한 구체적 지침으로는 '21세기 디지털 환경에 맞는 경영구조와 시스템 구축', '경영 전 부문에 걸친 디지털화 추진', '첨단 정보시스템에 대한 대비 강화' 등을 내놨다. 두 번째 핵심 내용은 'IT 경영관리 시스템 구축'이다. '시스템 관리를 위한 컴퓨터 시스템 개발에 적극 투자'하고 '지역 간, 부서 간 컴퓨터 시스템 연결로 시너지 효과를 낼 것'을 당부했다. 또 '표준화 시스템을 통한 24시간 경영관리 체제 구축'도 필요하다고 강조했다.

(8) 복합화

"단지 복합화로 효율을 증대해야 한다."

= 복합화의 핵심 문장이다. 하나로 모으는 것이 경쟁력이라는 '이건희 법칙'은 본문에서 충분히 설명했다. 복합화는 시너지란 단어만으로 설명하기에는 뭔가 부족해 보인다. 삼성이 제시한 키워드들은 이 말의 의미를 명확히 이해하는 데 도움이 된다. '시너지 효과, 1석5조, 효율 추구, 기회 손실 방지, 한울타리 정신, 인프라, 컨버전스' 등이다. 구체적인 실행에 필요한 키워드로는 '(공장 및 사옥) 부지 사전확보, 복합화상품, 복합단지, 빌딩복합화, 지하공간 활용' 등을 제시했다.

"해외 진출 시 모두 협력해서 같이 진출해야 한다. 같이 진출하면 사람도 비슷한 수준으로 뽑을 수 있고, 인프라도 같이 쓸 수 있다."

= 2001년 5월의 발언이다. 인프라 공동 활용, 인재 확보에서 규모의 경제

등을 강조했다.

"수원 안에서 연구, 생산, 개발 등이 모두 이루어지기 때문에 일본을 이길 수 있었다. 이것을 한 빌딩에 둔다면 더욱 경쟁력이 생길 것이다."
"일본 반도체 회사가 어려운 이유 중 하나는 공장과 본사가 떨어져 있을 때의 문제점을 고려하지 않았다는 것이다."
= 이건희는 자신의 복합화 철학을 반도체 전쟁을 통해 검증했다. 그리고 이를 확신한 듯 두 번 연속 이를 강조했다. 앞의 말은 2001년 8월에 한 것이고, 뒤의 발언은 2003년 10월에 나왔다. 그는 성공한 경험을 일반화함으로써 사업의 핵심 개념으로 만드는 데도 능숙했다.

"일반적으로 부지는 생각보다 항상 부족하다. 늘릴 수 있는 공장 부지는 더 키워놓을 필요가 있다."
= 공장 부지 확보와 관련된 이건희의 지침이다. 1988년 회장으로 취임한 후 회사가 성장하는 것만을 본 그는 당연히 그렇게 생각했을 것이다. 이 말을 한 것은 2004년. 이후에도 삼성전자는 공장을 계속 늘려갔다. 경기도 화성에 새로운 반도체라인을 계속 깔고 있고, 중국의 시안과 베트남에도 대규모 공장을 지었다.

"지하는 한번 파면 못 파니 넉넉하게 파놓고, 남으면 다른 용도로 쓰면 된다. 어떤 건물을 지어도 4~5년이 안 되어 모자랐다. 넉넉하게 지어야 한다."
= 건물 신축에도 그는 복합화라는 개념을 집어넣어야 한다고 주장했다. 2006년에 한 말이다. 그의 복합화 개념을 실현한 건물이 서초동 삼성전자 사옥이다.

삼성은 복합화에 대해 '반도체 성공요인은 R&D와 생산이 동일 단지 내에 위치했기 때문'이라고 평가했다. 이를 해외진출에도 적용, '해외진출 시 각 계열사가 인근 지역을 선택해 교류를 강화하고', '해외투자 시 현지정부와 협력해 부지를 최대한 확보하라'고 주문하고 있다. 또 '단지에서 빌딩복합화로 발전하면 경쟁력은 더욱 강화된다'는 것도 핵심 내용으로 제시했다. 이건희의 말을 그대로 따라 '부지는 처음부터 넓게 잡아야 한다', '건물은 몇 년이 지나도 모자라지 않게 넉넉히 건설하라'는 것도 핵심 내용에 집어넣었다.

4_ 인사조직

지행33훈 4부는 인사조직으로 (9) 핵심 인력 (10) 능력주의 (11) 성과보상 (12) 여성인력 (13) 전문가 활용 (14) 복리후생 (15) 조직문화 (16) 인재육성 (17) 지역전문가를 다룬다.

(9) 핵심 인력

"미래를 위해 가장 먼저 할 일은 인재 확보다."

= 삼성은 지행33훈에서 가장 많은 부분을 차지하는 인사조직 부분에서 핵심 인력을 첫 번째로 놓고 이 말을 핵심 발언으로 제시했다. 하지만 본문에서 다룬 것처럼 인재경영은 이해의 영역이 아니라 실행의 영역이 더욱 중요하다. 삼성은 핵심 인력 항목의 키워드로 'S급 천재급 인재, 삼고초려, 국적불문, 두뇌전쟁, 글로벌 인재 확보, 조기발굴, 인턴식 채용 확대' 등을 제시했다.

"기업 하는 데 있어 적자를 내는 것이 제일 바보 같은 짓이고, 그 다음이 사람을 빼앗기는 것이다. 장기적으로 보면 사람 빼앗기는 것이 더 바보 같은 짓인지도 모르겠다."

= 이건희는 좋고 싫음이 분명한 사람이다. 적자와 인재유출은 그가 용납하지 못하는 항목에 들어가 있다. 이 말을 한 것은 1997년 11월이다.

"다가오는 21세기는 사람의 머리로 싸우는 두뇌전쟁의 시대이며, 뛰어난 인재가 국가 경쟁력을 좌우하게 될 것이다."

= 키워드에서 나온 두뇌전쟁은 이 발언에서 나왔다. 21세기의 첫 번째 달
  인 2000년 1월, 그는 미래의 경쟁구도를 이렇게 제시했다. 이후 틈날 때
  마다 그는 인재의 중요성을 강조했다.

"창의력과 지식이 더 소중해지는 21세기에는 인재야말로 기업의 가장 중요한
  자산이 될 것이며, 이런 인재들이 경쟁력 향상의 주역으로 나설 때 삼성의 미
  래는 더욱 밝아질 것이다."
= 이듬해인 2001년 1월에 한 발언이다. 이후 10여 년간 삼성의 인재들은
  삼성전자를 글로벌 플레이어로 성장시켰다.

"S급 1명 가지고 있는 것이 A급 10명 가지고 있는 것보다 낫다. A급 1명이 B
  급 10명보다 낫다. 이는 경영의 아주 기본이다."
"S급 인력이라고 하는 것이 꼭 기술자에만 해당하는 것이 아니라고 경영자에도
  필요하고 인사, 재무, 총무에도 다 필요하다."
= 2001년 6월, 2002년 4월에 한 발언이다. 탁월한 인재, 천재에 대한 이건
  희의 집착을 보여주는 발언이다.

"데려오는 것이 아니라 모셔 와야 한다. 삼고초려로 모셔 와서 그 사람을 우리
  회사에 맞추게 하는 것이 아니라 우리가 그 사람한테 맞추어야 한다."
= 2002년 6월, 이건희는 외부에서 인재를 영입할 때 필요한 자세로 '삼고
  초려'를 제시했다. 영입한 이후에는 삼성 자체가 변화해 천재들에게
  적응해야 한다고 강조했다. 삼성 순혈주의에 대한 거부감을 나타낸 말
  이기도 하다.

"국적불문하고 40대 초반의 국제화된 해외경영자를 뽑아야 한다. 마케팅·관리·경영 분야에도 이들 경영자가 들어가야 한다."

= 삼성은 기술 중심의 회사다. 해외인재를 스카우트하면 대부분 엔지니어였다. 하지만 글로벌삼성을 만들기 위해서는 다양한 분야의 경영자들을 영입해야 한다고 강조했다. 2002년 8월에 이 말을 했다.

"미국, 인도, 러시아 등의 기술자를 확대하고 현지인 또는 외국인을 해외연구소의 책임자로 활용하는 것을 검토해야 한다."

= 2004년 7월에 이건희는 미국, 인도, 러시아를 기술자 공급의 주요 기지로 활용하라는 지침을 내렸다. 미국으로부터는 기업의 생태계를 바꿀 수 있는 파괴적 기술을 갖춘 엔지니어를, 인도에서는 소프트웨어 전문가를, 러시아에서는 기초 기술을 갖춘 인재를 영입하라는 주문이었을 것이다. 이 세 분야 모두 한국에서 인재를 찾기 힘든 부문이다.

"21세기 경영은 사람경영이다. 얼마나 좋은 사람을 얼마나 데리고 있느냐 하는 전쟁이다."

= 21세기 경영에 대한 이 같은 이건희 식 정의는 2006년 6월에 내려졌다.

————

삼성은 핵심 내용을 9개로 나눠 제시하고 있다. 그 중요성을 감안해 원문을 그대로 싣는다.

1. 21세기는 두뇌전쟁의 시대다
   − 21세기 경영은 사람경영, 인재가 가장 소중한 자산
   − 5년, 10년을 대비해 우선 할 일은 인재를 모시는 것
   − 창조적 능력을 마음껏 발휘할 수 있는 두뇌천국 실현

2. 핵심 인력을 확보해야 한다

   − 뛰어난 인재를 확보, 육성하는 데 더 많은 관심 촉구

   − 인사팀에 특수 인력, 핵심 인력을 찾는 전문가 확보

   − 인력 영입 과정에서 위법하지 않도록 철저히 교육

3. S급 인력이란

   − 사장 월급을 줘도 아깝지 않은 인재

   − 해외 일류기업에서 특급 처우를 받고 있는 인재

   − 전문 능력은 물론 인간미, 지략, 인망을 갖춘 인재

4. 사장이 삼고초려해서 뽑아야 한다

   − 사장이 직접 나서 S급 인력을 찾고 스카웃

   − 사장 평가항목에 S급 인력 확보 양성 관리를 반영

   − 핵심 인력에 대해서는 집안까지 파악할 정도로 관심

5. 인건비 아끼지 말고 뽑아야 한다

   − S급 인력 확보를 위해 급여 조건 등 최고 대우

   − A급 몇 명보다 S급 1명이 훨씬 더 효율적

   − 더 주고 더 좋은 인력 뽑는 것이 삼성 성공 노하우

6. 국적불문하고 과감히 뽑아야 한다

   − 중국, 인도, 베트남의 두뇌인력을 적극 활용

   − 중국, 인도의 S급을 잘 양성해 연구개발 전략화

   − 우수인재 국가에 연구소를 설립하고 인재 확보

7. 기술자 외에 경영관리도 뽑아야 한다

   − R&D 외에 인사, 재무 등 경영 전반의 인재 확보

   − 변호사, IR, 재무 등 경영 전반의 인재 확보

   − 경영과 기술을 잘 아는 S급 경영자 영입

8. 학생 때부터 미리 뽑아야 한다

  − 공부도 잘하고 놀기도 잘하는 학생을 사전 확보

  − 천재급 이공계 학생은 장학금 지급하여 조기 양성

  − 교육훈련을 먼저 시키고 채용하는 인턴식 채용 확대

9. 인재를 뺏기지 말아야 한다

  − 인력 잘 뽑는 것보다 안 나가게 하는 것이 더 중요

  − 장기적으로 보면 사람 뺏기는 것이 가장 바보 같은 짓

  − 삼성 인력을 데려가면 문제된다는 인식을 심어야

---

(10) 능력주의

"잘 뽑는 것만큼 잘 배치하고 잘 챙기는 게 중요하다."

= 능력에 따른 보상과 배치를 강조한 이건희의 발언이다. 능력주의의 키워드로는 '적재적소, 발탁인사, 3불연(不緣) 전통, 신상필상, 하위5% 조정, 연공서열 배제, 평상시 구조조정' 등을 제시하고 있다. 또 이건희가 1993년 얘기한 "벌을 주는 것보다 잘한 사람에게 더 잘해주는 것이 나의 철학이다"라는 '신상필상'의 원칙과 S급 인력의 반대말인 'F급 인력' 등도 능력주의 원칙에 포함된 키워드다. 이들 키워드 상당수는 삼성의 인사원칙이기도 하다.

"사람들을 10%, 20% 잘라내는 게 구조조정이라 생각하는데 평소에 1%에서 3%만 하면 된다. 또 상위 1~3% 더 확보하는 것이 제대로 된 구조조정이다."

= 외환위기를 거치면서 삼성은 대대적인 구조조정을 했다. 회복기에 접어든 2001년 7월에 이건희는 과거를 돌아다보고 새로운 원칙을 제시했

다. 평소 최적화된 상태로 조직을 유지하면 한번에 대규모로 구조조정을 할 일은 없을 것이라는 데 생각이 미쳤다. 여기서 나온 것이 상시 구조조정 원칙이다. 또 상위 인력을 더 확보하면 저절로 하위 인력이 구조조정되는 효과가 있다는 것도 강조했다.

"도덕적으로 문제 있는 뒷다리 인력 제거는 썩은 이 뽑는 것과 같다. 혼자만 썩는 게 아니라 열심히 일하고 있는 옆의 사람에게도 전염되고 전체 사기도 떨어뜨리는 것이다."
= 2002년 7월, 부도덕함은 전염성이 있다고 강조했다. 이건희 특유의 표현인 뒷다리는 조직을 앞으로 나아가지 못하게 방해하는 사람을 말하는 것이다. 이건희는 어떤 조직에나 5% 정도의 뒷다리 잡는 인력이 있다고 했다. 삼성 감사팀의 핵심 업무는 이들을 찾아내 솎아내는 데 있다.

"인간적으로 대우를 잘해주면 인건비를 더 올려도 이익이 더 난다. 2~3년은 이익이 안 좋을지 몰라도 더 잘되게 되어 있다."
= 인간적 대우와 실적의 관계에 대한 이 언급은 2007년 4월에 나왔다. 사람에 대한 장기적·인간적 투자가 필요하다는 말이다.

"사람 뽑는 것도 중요하지만 적재적소에 배치하고 지속적으로 챙기는 게 중요하다. 잘 관리해서 정착을 시켜야 한다. 이런 거 신경 잘 안 쓰고 뽑는 것만 신경 쓰고 있는 듯하다."
= 삼성이 스카우트 한 인재들도 많지만 중간에 그만두고 나간 인재들도 많다. 해외에서 영입한 사람들은 특히 그렇다. 이에 대한 문제점을 지적한 것이다. 인간적 대우를 강조한 같은 날 회의에서 발언한 내용이다.

삼성은 능력주의 정착을 위해 핵심 내용으로 '하위 5%는 계속 교체해야 할 것'을 주문했다. 'C급 인력을 정리함으로써 A급 인력이 능력을 발휘할 수 있게 하고, 이를 위한 구조조정은 평소 1~3%씩 하라'는 지침이다. 또 '도덕적으로 문제 있는 인력은 매년 지속적으로 정리'하는 것도 핵심 내용에 들어가 있다. 아울러 '영입한 인재들을 적재적소에 배치함으로써 전문능력을 발휘하도록 하고, 이들이 정착할 수 있는 조직문화를 갖출 것'도 강조했다. 영입한 이들로 인해 기존 삼성 출신들이 소외감을 갖지 않도록 '기존 인력의 능력을 향상시킬 수 있는 분위기를 갖추는 것이 인재 확보만큼 중요하다'는 것도 핵심 내용에 포함시켰다.

(11) 성과보상

"성과를 내는 직원은 사장보다 더 많이 보상하라."

= 성과보상 항목을 대표하는 이건희의 발언이다. 실제 삼성에는 이런 사례가 꽤 있다. 삼성은 성과보상을 위한 키워드로 '차등보상, 상후하박, 경쟁사와의 격차 유지, 당근과 회초리, 업계 최고, 다양한 인센티브 제도, 조직활성화' 등을 제시했다.

"일류에게 일류에 맞는 연봉을 주지 않으면 일류가 안 된다. S급, A급은 C, D급과 몇 배 차이가 나야 한다."

= 2001년 6월, 이 발언을 한 이후 삼성 내에서 직원들 간 임금격차는 더욱 벌어졌다. 많이 받으면 많이 받은 만큼 일한다는 게 이건희의 생각이었

다. 하지만 최근 행동경제학 연구들은 어떤 수준에 이르면 임금보다 자아실현, 가치, 도전을 권유하는 분위기가 업무성과에 더 큰 영향을 미친다는 것을 보여주고 있다. 물론 조직이 일정한 수준에 다다를 때까지는 임금격차가 업무에 영향을 미치지만 말이다.

"어떤 인재는 사장하고 비슷한 월급을 받아도 이상하지 않을 정도가 되어야 일류회사가 되는 것이다."
= 극단적인 표현을 선호하는 이건희는 2001년 7월에 일류회사의 또 하나의 조건을 제시했다. 직원 중 일부가 사장과 비슷한 수준의 연봉을 받는 게 자연스러운 회사가 그것이다.

"동기끼리도 급여가 3배 차가 나고 후배가 5배 많아도 되는 그런 분위기, 눈에서 불이 반짝반짝 나는 분위기가 유지되어야 살아 있는 브랜드가 나온다. 동종업계 다른 회사보다 대우가 20~50% 앞서야 하는데 오히려 낮은 경우도 있다. 급여를 높이는 대신 C, D급은 없애야 한다."
= 2002년 7월, 그가 제시한 임금 가이드라인이다. 내부적으로는 격차를 벌려 조직의 생동감을 유지하고, 외부적으로는 경쟁사보다 더 줘 인재가 흘러들게 만들어야 한다는 게 핵심 지침이었다.

"조직에 잠을 깨게 하고 눈을 번쩍 뜨게 할 수 있는 인재가 있다면, 그런 인력에게 상을 주어야 한다. 그래야 그 조직에 활기가 생길 것이다."
"우리가 이기려면 머리를 써야 한다. 바람을 일으킬 수 있는 사람을 많이 투입하고 급여도 올리고 인센티브 시스템을 도입해 분위기를 확 바꾸는 것이다."
= 2005년 4월, 2006년 5월에 한 발언이다. 2000년대 중반 이건희는 다시

금 인센티브 시스템을 강조했다. 이미 실시하고 있었지만 이것으로는 부족하다는 얘기였다. 1년에 수십 억 원, 수백 억 원 받는 직장인 갑부를 만들어낸 것이 삼성이다.

———

삼성은 핵심 내용으로 '성과에 따른 차등보상'을 제시했다. '인건비 50% 올리고, S급과 A급 인력으로 무장하면 이익은 더 증가하게 된다'는 내용도 포함돼 있다. 또 '동종업계 회사보다 20~50%는 더 줘야 격차를 유지할 수 있다'고 덧붙였다. '스카우트할 기술자는 철저히 관리하라'는 주문도 잊지 않았다. 인센티브 시스템도 일률적으로 도입하는 것이 아니라 각 회사의 사정에 맞아야 효과를 발휘할 수 있다고 강조했다.

———

(12) 여성인력

"우수한 여성인력을 선행 확보하고 적극적으로 활용해야 한다."

= 이건희는 오래 전부터 여성의 힘을 간파하고 여성인력을 확보하라고 독려했다. 하지만 하드웨어 중심의 삼성에서 여성이 자리 잡을 공간은 그리 넓지 않았다. 여성인력 문제는 삼성의 숙제이기도 하다. 삼성은 키워드로 '성차별 배제, 여성의 장점, 편견해소, 사내 어린이집, 조직정착을 위한 관심과 배려' 등을 제시했다.

"몇년 전부터 여성인력을 뽑으라 했는데 아마도 분위기를 안 만들어주니 나가는 것이고, 아이 낳는다고 나가고, 정착이 잘 안됐을 것이다. 이것은 국가적

낭비다. 여성인력은 정말 남자와 1대1로 똑같이 대우해주고 근무도 시켜야
한다."
= 2002년 4월에 한 발언이다. 이건희는 삼성이 여성인력을 제대로 활용
하지 못하고 있다는 것을 알았다. 그리고 첫 번째 지침을 내렸다. 남자
와 똑같은 조건에서 일하고 평가받게 하라는 것이었다.

"기술, 제조, 영업 등 경영전반에 걸쳐 여성인력을 활용해야 한다. 욕심 같아
서는 6대4 정도를 가져가도 좋지만 7대3 정도는 갖고 가야 한다. 현재 각 사
는 여성인력에 대해 어떻게 하고 있고, 과거 10년간은 어떻게 해왔고, 앞으로
는 어떻게 바꾸고 할 것인가. 또 외국은 어떻게 하고 국내 우리 업계는 무엇
을 하고 있는지 보고 벤치마킹해보자."
= 삼성제품을 소비할 때 의사결정권자이자, 남성과 다른 감각과 끈기를
가진 여성의 장점을 파악한 이건희가 여성인력 활용을 재차 강조한 것
은 2002년 9월이다.

"사내 어린이집도 확대해야 한다. 10년 후를 내다보고 검토해야 한다. 5년만
빨리해도 이미지가 좋아지고 임직원들 사기는 올라갈 것이다."
= 그리고 두 달 후 어린이집을 늘리라고 지시했다. 이런 조치가 삼성의
이미지 개선에도 기여할 것이라고 강조한 것은, 한 가지 일을 통해 여
러 가지 효과를 얻을 수 있다면 즉각 실행해야 한다는 그의 1석5조론과
관련이 깊다.

―――――

삼성은 핵심 내용으로 '일시적 관심이 아니라 여성이 정착할 수 있
도록 꾸준히 노력'하고, '성차별을 제거할 것'을 제시했다. '우수

여성인력을 조기에 확보하기 위해 고등학교부터 여성인력을 확보해 체계적으로 양성하라'는 지침을 내렸다. 특히 '이과 우수 여학생은 장학금을 주고 졸업 후 삼성이 채용하라'고 권고했다. '근무여건 개선을 위해 어린이집, 육아휴직, 재택근무 확대 등도 필요하다'고 했다.

———

(13) 전문가 활용

"전문가를 제대로 잘 활용하여 경영의 질을 효율적으로 올려야 한다."
= 이건희는 기술이 없으면 사람을 데려와야 한다고 생각했다. 기술을 개발하는 데 들어가는 시간과 돈이 전문가를 스카우트해 문제를 해결하는 데 들어가는 비용보다 더 많이 든다는 것을 일찌감치 깨달았기 때문이다. 삼성은 전문가 활용의 키워드로 '전문기술 확보, 노하우, 시간절약, 경영의 질 향상, 젊은 고문, 컨설팅 활용, 자본주의의 본질' 등을 제시했다.

"저부가 업무는 다 용역을 주고 우리는 단출하게 두뇌만 가져가는 전략을 세워야 한다."
= 1999년 3월 발언이다. 이상주의자 이건희는 1993년부터 이런 말을 해왔다. 삼성의 미래는 두뇌집단, 지식집단, 창조집단이어야 한다는 말이었다. 미국에서는 이런 회사들이 2000년대 중반부터 생겨나기 시작했다.

"전문가를 스카우트하면 일시에 돈이 많이 들어가는 것 같지만 실제로 보면 개발시간 단축이라든가 전체 비용이 오히려 적게 든다."

= 전문가를 데려오는 이유가 명분이 아니라 철저한 계산에 따른 결과라는 것을 보여주는 1999년 5월에 한 발언이다. 그의 실용주의적 사고가 엿보인다.

"이제는 고문도 퇴역한 사람이 아닌 젊은 고문을 뽑아 라인의 간부로 활용해야 하며, 획기적인 대우를 해줘야 한다."
= 수십 년간 일본에서 퇴임한 고문을 데려다 쓰던 이건희가 이 말을 한 것은 2001년 8월이다. 퇴임한 일본의 고문들이 가져다줄 수 있는 부가가치가 과거보다 못하다는 것을 직감했다. 창조성이 중요해지자 그는 경직되지 않은 사고를 할 수 있는 외부 인재를 찾기 시작했다.

"한국에 와서 일하는 것에 대해 불안하게 생각하는 일본 사람들이 많다. 사람을 데려오기 위해 처까지 만나 '살기 좋은 나라다' 라고 설득시킨 정성엔 큰 점수를 줘야 한다."
= 2003년 12월에 한 말이다. 남자가 직장을 옮길 때 여자의 마음을 움직이는 것이 중요함을 안 이건희의 디테일에 대한 집착을 보여준다.

"우리도, 같이 일하는 전문가들도 현장에서 내 책임이다 하고 책임감을 느낄 정도가 되어야 한다."
= 삼성은 외부에서 온 인재들이 쉽게 녹아들기 힘든 집단이다. 독특한 문화가 있기 때문이다. 2004년 6월, 이 발언을 통해 전문가들의 책임성을 강조하면서 내부적으로 이들을 받아들여 융화해야 한다는 메시지를 전했다.

삼성은 핵심 내용으로 '전문가를 제대로 활용해야 한다'고 제안했다. '다양한 전문가를 인격적으로 대해 효율적으로 활용하라'는 것이다. 이를 위해 '연로한 고문은 제대로 대접해 내보내주고, 그 자리를 S급, A급의 실력 있는 젊은 고문으로 채워야 한다'고 강조했다. 또 '단순 업무는 용역을 활용해야 한다'는 지침도 마련했다. 이와 함께 '저부가 업무는 용역을 활용하고, 우수 기능인력을 직접 채용하거나 자회사를 활용하라'고 했다.

(14) 복리후생

"다양한 복지제도를 마련하라."
= 삼성에서 복리후생 정책의 목표가 회사에 대한 로열티를 강화하는 것이라는 점을 강조한 대표적 발언으로 2004년 8월에 한 말이다. 직원에 대한 복지정책은 비용이 아닌 투자로 바라봐야 한다는 얘기였다. 삼성은 키워드로 '삶의 질 향상, 종업원 만족, 가족 만족, 최고의 의식주, 쾌적한 근무환경' 등을 제시했다.

"어렵고 힘들 때일수록 위에서 신경을 써주어야 종업원들이 위에서도 항상 우리를 생각해주고 있구나 하고 생각할 것이며, 이것은 무엇보다 중요한 일이다."
= 외환위기 이후 벌어질 대규모 구조조정을 직감한 듯 1997년 7월에 이말을 했다. 회사가 직원들의 울타리이자 방어막 역할을 해줌으로써 로열티를 높여가는 것이 필요하다는 것이다.

"복지시설이 부족해 시설을 보충한다고 하니, 짓고 있는 것은 넉넉하게 자리를
잡아주어야 한다. 크게 해도 5년이 지나면 부족할 수 있으니 크게 지어야 한다."
= 삼성의 실적이 급속히 개선되자 이건희는 여유를 찾았다. 2004년 6월
의 일이다. 성장에 대한 확신도 엿보인다.

"포항제철이 그 당시에 획기적으로 부대시설을 많이 했다. 극장도 짓고 문화
시설도 해서 이직률을 줄였다는 얘기를 들었다. 요새 젊은 사람들은 집 하나
싸게 지어준다고 까마득한 시골로 가려 하지 않을 것이다."
= 지방 공장을 크게 늘리던 2006년 3월에 한 말이다. 포스코를 벤치마
킹해 문화시설을 갖춰 직원들이 이직하지 않게 만들어야 한다고 강조
했다.

"식당 설계 시에는 배기 환기를 보통보다 3~5배 강하게 해서 냄새가 나지 않
도록 해야 한다. 어느 공장을 가봐도 식당에서 냄새 안 나는 데가 없다."
= 2006년 4월에 한 말로 이건희가 디테일에 집착하고 있었다는 것을 보
여준다.

———

삼성은 핵심 내용으로 '최고의 복지시설을 제공하라'는 것을 제안
했다. '복리후생을 미리미리 잘해줘야 문제를 사전에 방지할 수 있
다'고 강조했다. 여기서 문제는 노조설립이나 노사분규 등을 말하
는 것이다. 또 '사내 결혼식장 활용을 확대해 사원들에게 편의를 제
공'하고, '복지시설이 잘된 업체를 벤치마킹' 할 것도 권유했다. 이
와 함께 '복지시설은 앞을 내다보고 넉넉하고 크게 건설하라'는 지
침도 내렸다.

———

(15) 조직문화

"노사 간 갈등은 회사의 존폐에 직결됨을 인식해야 한다."

= 이건희는 노조가 비효율적이라고 생각했다. 조직이 생기면 일을 찾을
것이고, 일을 찾는 과정에서 분쟁은 필연적이라고 봤다. 이건희는 직원
들을 제대로 대접해줘 노조의 필요성을 못 느끼게 하는 것이 해법이라
고 생각했다. 이런 생각이 경직된 지침으로 변하는 과정에서 삼성의 노
조 콤플렉스가 생겨났다.

삼성은 키워드로 '공동체의식 함양, 비노조 경영 철학, 회사존폐 직결,
상생경영, 노사 간 갈등해소, 노사관리, 노사교육, 기업관 확립, 공존공
영, 부하마음 관리, 사회공헌' 등을 제시했다.

"향후 21세기에 가서는 노사 간 갈등이나 싸움으로는 더 이상 살아나갈 수가
없다. 같이 잘살아야겠다는 공동체의식이 있어야 한다."

= 이건희는 21세기를 다른 변수가 없어도 치열한 경쟁 자체만으로도 생
존을 장담하기 어려운 시대라고 했다. 이런 상황에서 노사갈등은 경쟁
력에 치명타로 작용할 것이기 때문에, 공동체 의식으로 이를 해결하자
고 주장했다. 1997년 2월의 발언이다.

"지금 많은 기업들이 부도를 맞았거나 경영위기에 몰려 있다. 이런 부도 과정
에서 노조의 활동이나 움직임이 회사 경영에 어떤 영향을 미치는지를 잘 봐
야 한다."

= 외환위기를 앞둔 1997년 9월, 기업들이 어려움에 처하자 이건희는 위
기에 처한 기업들의 재무구조와 사업구조뿐 아니라 노조의 움직임에
주목했다. 회사가 어려워지면 노사갈등이 격화되고, 이에 따라 경영여

건은 더 악화되는 악순환을 막을 방도를 찾으라는 주문이었다. 벤치마킹은 잘한 회사만을 대상으로 하는 것이 아니라, 문제가 일어나는 회사의 사례를 연구해 이를 방지할 대책을 찾는 데에도 적용해야 한다고 그는 생각했다.

"신노사대상, 산업평화상 등 대외수상을 계기로 노사 협력 사례를 같이 공유하고 교육용으로 활용해보자."
= 노사문제도 벤치마킹을 통해 개선해보자는 이 말을 한 것은 2000년 12월이다.

"기업이란 것은 존재하는 것 자체가 사회공헌이다. 분배는 원래 국가가 하는 것이고, 기업은 종업원의 복지를 향상시키는 것이 의무라는 것을 알아야 한다."
= 2001년 4월까지만 해도 이건희의 생각은 이랬다. 기업은 고용하고, 피고용자들의 삶을 향상시키는 것 자체만으로도 사회적 역할을 충실히 하는 것이라고 했다. 기업에 대한 과도한 사회적 책임을 강조하는 분위기에 대한 자신의 생각을 말한 것이다. 이 말은 상당 기간 삼성의 이데올로기로 자리 잡게 된다.

"그룹, 경제연구소, 각사, 또 실패 경험이 있는 사람들이 모여 노사문제, 환경문제 등의 여러 문제들에 대비하도록 하자."
= 복수노조에 대한 얘기가 나오던 2005년 7월에 이건희는 각사의 경험을 하나로 모아 미래에 발생할 문제에 대비하라고 지시했다.

———

삼성은 핵심 내용으로 '임직원의 기업관을 확립해야 한다'는 것을 제시했다. '자본주의 시장경제 기업에 대한 이해를 높여야 한다' 는 말이었다. 또 바람직한 노사문화를 구축하기 위해 '노사 간 갈등은 회사 존망에 직결됨을 인식' 하고 '국민소득 수준별 특성에 따른 현상, 문제에 대비하라' 는 지침을 내렸다. 아울러 '모든 상황을 염두에 두고 대책을 사전에 철저히 준비하라' 고 권고했다.

———

[16] 인재육성

"간부교육을 강화하고 경영자 양성교육을 체계적으로 실시해야 한다."

= 삼성은 임원 중심의 회사다. 이를 위한 교육에도 엄청나게 투자한다. 이건희는 어려서부터 간부로 커나갈 자질을 갖출 수 있게 교육하는 것이 중요하다고 강조했다. 삼성은 인재육성의 키워드로 '체계적 경영자 양성, 간부교육 강화, 경영안목 확대, 인성교육, 다양한 신세대 교육, 프라이드, 교육 훈련, 선진기업 연수, 벤치마킹' 등을 제시했다.

"향후 20~30대를 어떻게 디지털화 시키느냐가 관건이다. 이런 인력은 더 많이 데려오고 또 대학에도 부탁해서 디지털 교육을 더 많이 시키도록 해야 한다."

= 1999년 3월의 발언이다. 이건희의 이런 걱정은 기우였음이 드러났다. 한국의 20~30대들은 디지털이란 흐름을 온몸으로 받아들였다. 오히려 디지털 시대에 더욱 중요한 아날로그적 감성이 빈곤한 것이 문제가 되고 있다.

"1명의 천재가 1만 명을 먹여 살리는 21세기 정보화 지식사회에서는 창의성을 높이는 교육이 무엇보다 중요하다."

= 2년 후인 2001년 1월, 이건희는 창의성 교육을 강조했다. 삼성은 지금도 이 숙제를 풀지 못했다. 그래서 소프트웨어 개발 등 창의적이고 부가가치 높은 업무의 상당 부분을 실리콘밸리에 연구센터를 세워 진행하기로 했다. 밀크라는 음악 프로그램도 실리콘밸리에서 만들어졌다.

"모든 경영이 갈수록 어렵고 또 안목도 달라져야 하는데, 그러기 위해서는 자주 여행하고 공부해야 한다. 또 사업을 하는 그 나라의 역사, 전통, 사회 등을 크게 보면서 공부를 해나가는 것이 중요하다."
= 인간을 이해하는 학문인 인문학의 중요성을 몸으로 느꼈던 이건희가 2001년 4월에 한 말이다. 본격적인 해외시장 개척을 앞두고 문화에 대한 이해를 그 필요조건으로 제시한 것이다. 이는 뒤에 나올 지역전문가 제도를 통해 구체화된다.

"부장, 과장 교육을 강화하고 A, B, C 등급을 분명히 하여 A급은 특별히 교육 관리해야 한다."
= 기업에서는 과장부터 간부라 부른다. 이들을 차별적으로 관리하라는 주문이었다. 2003년 2월의 얘기다.

"우리 임직원 교육 시 질문에 대해 결론부터 말하는 법에 대해 샘플을 잘 만들어 교육시켜야 한다."
= 이건희는 성질이 급했다. 장황하게 서론을 말하는 것이 무척 싫었던 모양이다. 이 말을 한 것은 2003년 7월이었지만, 1993년에도 똑같은 말을 한 적이 있다. 한때 삼성에서 보고서 문화 개선 캠페인이 벌어진 적이 있다. 한 장짜리로, 엘리베이터를 타고 내리기 전까지 보고를 마칠 수 있을 정도로 한눈에 들어오게 만들라는 지침이었다.

"대졸, 대학원졸 신입사원은 일을 시키기보다는 공부를 많이 시켜 5년 후 필요한 인력으로 양성해야 한다."

= 삼성의 한 간부는 "삼성의 경쟁력은 10명이 필요한 곳에 똑똑한 인재 11명을 뽑는 데서 나온다"고 말한 적이 있다. 항상 1명은 교육을 받고 있다. 그래서 전체적인 수준이 높아져 경쟁력을 유지할 수 있다는 얘기였다. 이건희의 이 발언은 2007년 4월에 나왔다.

———

삼성은 핵심 지침으로 '사관학교 식의 사장·부사장 양성코스를 운영하라'는 것을 제시했다. 또 신임임원에 대해서는 '경영안목, 매너, 소양에 대한 교육을 확대하라' 주문했다. 각 사별로 교육프로그램을 진행하더라도 그 내용은 그룹이 관리해 '통일성을 유지해야 한다'는 점도 잊지 않았다. 신입사원 교육을 위해서는 '입문교육 시 인성교육을 세심하고 체계적으로 실시할 것'과 '신세대의 사고 특성을 반영한 가치관 교육운영' 등이 필요하다고 밝혔다.

———

(17) 지역전문가

"10년 앞을 내다보고 전략적으로 양성해야 한다."

= 삼성에만 있는 지역전문가 제도는 삼성이 세계시장을 개척하는 데 큰 역할을 했다. 1년간 미국, 유럽, 동남아시아 등 한 나라를 정해 그곳에 머물면서 문화와 역사를 이해하고, 현지인들과 접촉하는 프로그램이다. 이들은 미래에 그 지역으로 나가 현지에서 마케팅, 홍보 등 업무를 하게 된다. 어느 나라에 보낼 것인가 하는 문제에 대해 이건희는 '전략

적'으로 결정해야 한다고 했다. 이는 10년 후 변화를 내다보고 미리 인재를 준비하라는 말이었다.

삼성은 키워드로 '10년 후 대비, 전략적 양성, 국제화첨병, 1석5조, A급 선발, 어학능력, 계획적 양성, 적재적소 활용, 전략지역 확대' 등을 제시했다.

"지역전문가는 갔다 와서는 목적대로 일하고 있는가. 혹 일본 갔다 와서 미국 일을 하고 있는 것은 아닌지 잘 파악해봐야 한다."
= 1997년 12월, 이건희는 지역전문가들이 제대로 관리되고 있는지 점검하라고 지시했다. 투자의 효율성은 사람에게도 해당한다는 말이다.

"지역전문가는 아주 우수한 인력을 선발하여 지금보다 2배 이상 확대해야 한다. 5~10년 후에 많이 필요할 것이다"
= 삼성에서 지역전문가는 소수에게만 주어지는 기회다. 그래서 우수한 인력이 가야 한다는 게 이건희의 생각이었다. 이 말을 한 것은 2002년 6월이다. 이건희의 예상은 적중했다. 삼성은 이후 10여 년간 글로벌 업체로 성장해 해외 인력수요도 크게 늘었다.

"인도부터 중국 등 각 나라 분석을 새로 해 나가야 하는데, 국민성까지 깊이 있고 입체적으로 분석해야 한다. 지역전문가도 지금부터 계획적으로 더 키워야 한다."
= 2004년 2월, 이건희는 새롭게 떠오르는 인도와 중국을 봤다. 이들은 이건희의 예상대로 세계경제의 판도를 바꿔놓았다. 이건희의 이 발언이 주는 메시지는 10년 후, 최소한 5년 후 시장의 변화를 파악하려는 노력과 이를 위한 사람의 준비가 필요하다는 것이다. 삼성은 최근 중국 지

역전문가를 뽑지 않는다. 상하이 전문가, 홍콩 전문가, 시안 전문가 등 중국을 세분화해 지역전문가를 뽑고 있다. 중국은 지역별로 문화와 시장은 물론 경우에 따라서 언어도 다르기 때문이다.

"지역전문가 본인도 뭘 모르고 가고, 목적도 없으며, 1초가 아깝게 뛰어다니는 게 없다. 지역전문가 관리를 더 신중하게 해야 한다. 미국, 유럽의 지역전문가는 줄여 나가고 인도, 베트남 쪽을 늘리고 깊이 들어가야 한다."
= 2007년 4월, 지역전문가 제도가 일상적인 해외연수로 변질될 조짐을 보이자 이건희는 경고의 메시지를 던졌다. 또 베트남 인도를 전략적 요충지로 제시했다. 실제 삼성은 인도에서 소프트웨어 관련 인재를 영입하고 있고, 베트남에는 대규모 휴대폰 공장을 지었다.

————

삼성은 지역전문가 제도의 핵심 내용으로 '전략적 양성' 을 제시했다. '10년 후를 내다본 계획, 우수하고 자질 있는 인원 선발, 파견 지역 특성에 맞는 차별적 운영' 등이 구체적 지침이다. 지역적으로는 '중국과 인도는 5~10년 후를 대비해 인원을 2배로 늘리고, 인도와 베트남도 확대할 것' 을 주문했다. 또 '지역전문가로 나간 사람은 파견 국가의 언어로 회의를 할 수 있을 정도의 실력을 구비해야 한다' 는 점도 명시했다.

————

5 _ 연구개발

지행33훈 5부 연구개발에서는 (18) 기술 중시 (19) 기술 확보 (20) 명품 개발을 다룬다.

(18) 기술 중시

"적자 불황에도 연구개발 투자는 줄이지 않는다."

= 이건희는 경영도 기술에서 나온다고 생각했다. 삼성은 기술 중시 항목의 키워드로 '선행투자, 기술패권 시대, 벤치마킹, 경영자의 기술 이해, CTO(최고기술책임자), 금융서비스의 R&D' 등을 제시했다.

"기술개발이나 도입은 공격적으로 추진해 나가야 된다. 이런 기술개발이 제대로 안 되면 2~3년 내에 반드시 난관에 봉착하는 일이 생길 것이다."

= 외환위기가 한창이던 1998년 2월에 한 말이다. 구조조정과 위축된 분위기로 기술개발 투자가 줄어드는 것을 경계하기 위해 한 말이다.

"금융사들의 R&D 기능을 대폭 강화해야 한다. 잘못된 인식을 고쳐주고, 바로 세우며, 분석하는 것이 기술회사에서 하는 R&D에 해당된다. 금융은 R&D라는 게 없지만 벤치마킹이라는 단어가 있다."

= 2002년 4월과 5월에 한 발언이다. 삼성 계열 금융회사가 제조회사만큼 성장하지 못하는 게 평생 못마땅했던 이건희였다. 그는 지속적으로 삼성이 잘하는 벤치마킹을 통해 금융회사를 바꿔보라고 지시한다. 하지만 삼성의 금융은 삼성전자와 비교하면 형편없는 수준에 머물러 있다.

삼성의 금융사업이 경직된 문화를 갖고 있는 삼성생명을 중심으로 이뤄지고 있다는 것 자체가 한계라는 평가도 있다. 이건희의 외침도 삼성생명을 바꿀 수 없었던 셈이다.

"돈으로 투자하는 성장과 R&D로 투자하는 성장의 비율을 잘 합쳐가는 것이 경영자의 성장투자다."

= 설비투자와 R&D 투자의 비율을 적절히 조절해, 성장에 필요한 최적의 비율을 찾아내는 것이 경영자의 임무라는 이 발언은 2004년 6월에 나왔다. 아이디어로 해결할 수 있는 일을 비싼 설비를 들여와 해결하거나, 과감한 설비투자 또는 인재영입이 필요한데 미련하게 독자 개발하겠다고 붙들고 앉아 있다 시간을 축내는 편향을 경계한 것이다.

"적자가 난다고 R&D 비용을 줄이면 절대 안 된다. 오히려 늘려야 한다."

= 적자를 극복하는 가장 빠른 길은 구조조정이 아니라 투자라고 말한 것은 2005년 6월이다.

"기술을 모르면 경영 지원 관리를 제대로 못하고 남의 것을 베끼기만 하게 된다."

= 2007년 4월에 한 말이다. 엔지니어가 아닌 경영자도 기술을 이해하라는 주문이었다. 만들고 있는 제품의 본질과 진화과정을 이해해야 회사의 각종 자원을 합리적으로 분배할 수 있다는 말이다.

"식량이 떨어졌다고 내년에 농사 지을 종자까지 먹어치워서야 되겠는가. 연구개발비는 보험료의 개념이다. 최고를 만들려면 최고를 써봐야 한다. 개발하는 사람들에게 세계 최고급품을 얼마든지 사서 써볼 권한을 줘야 한다."

= 이건희의 연구개발에 대한 철학을 종합적으로 보여주는 발언이다.

―――――

삼성은 '경영자가 기술을 알아야 한다' 는 것을 핵심 내용으로 제시
했다. '앞선 기술력이 경쟁력의 핵심이자 부가가치의 원천이라는
것을 이해해야 한다' 는 얘기다. 또 '기술개발 수준은 경영진의 관
심 여부에 달려 있다' 고 강조했다. '경영에 R&D 개념을 도입하라'
고 주문했다. '금융서비스에도 R&D 기능을 대폭 확대하고, 경영도
R&D를 통해 발전하는 경영기술로 이해해야 한다' 는 내용도 포함
돼 있다. '적자 불황에도 R&D 투자를 확대하고, 투자경쟁에서 앞
서 가기 위해서는 R&D에도 선행 투자의 개념을 도입하라' 고 권고
했다.

―――――

(19) 기술 확보

"기술 확보는 합작–제휴–스카우트 순으로 해야 한다."
= 2001년 5월에 한 이 말은 이건희의 기술 확보 노하우를 담은 핵심 문장
이다. 이는 삼성의 진화 과정과 맥을 같이한다. 합작은 기술을 합법적
으로, 그것도 대규모로 들여올 수 있는 방법이다. 삼성이 전자사업을
시작할 때 대부분의 전자 관련 계열사들은 합작법인이었다. 합작이 불
가능하면 기술 제휴를 통해 노하우를 확보하고, 이것도 여의치 않으면
기술을 갖고 있는 사람을 데려오라는 주문이었다.
삼성은 기술 확보의 키워드로 'M&A역량, 기술제휴, 인력 스카우트, 무
형자산, 해외 현지연구소 설립, 기술료, 표준기술 선도, 기술유출 방지
등을 제시했다.

"10년 앞을 내다보면서 세계 표준이 될 수 있는 기술 개발과 무형자산을 확대하는 데 그룹의 경영력을 집중해 나가야 한다."

= 1997년 신년사에서 한 발언으로 미래기술의 키워드를 제시했다고 할 수 있다. 10년, 세계표준, 무형자산 등이 그것이다.

"장비업체들이 현대, 삼성 공히 납품을 하고 있는데 이 업체들 얘기는 따로 담당자가 있다고 하지만 실제로는 구분이 어렵지 않겠는가? 결국 보안문제가 생길 수밖에 없다."

= 이건희가 1999년 10월에 한 이 말은 상당 기간 삼성의 협력업체 관리 원칙이 됐다. 삼성에 납품하려면 다른 기업에는 납품하지 못하게 하라는 주문이었다. 협력업체를 통해 기술이 새어 나갈 가능성이 있기 때문이다. 협력업체들은 매출처를 다변화하지 못해 삼성이 발주를 끊으면 고사 위기에 처하는 일도 발생했다. 삼성 입장에서 당연한 일이었지만 이후 상당한 논란거리를 제공한 지침이었다.

"21세기는 디지털 기술과 문화가 꽃을 피우는 디지털 혁명의 시대가 될 것이다. 디지털 시대는 아날로그 시대와는 근본적으로 다른 패러다임과 룰을 요구하고 있다."

= 2000년 신년사에 한 말로 디지털 혁명을 준비하라는 주문이었다. 삼성은 시대의 변화에 따라 필요한 기술도 달라지기 때문에 미리 준비해야 한다는 것을 강조하기 위해 이 발언을 기술 확보 항목에 포함시켰다.

"우리에게 적합한 기술자를 채용하는 데 한계가 있으니 현지 연구소를 운영해서라도 확보해야 한다."

= 2001년 5월, 이건희는 글로벌 연구소 설립을 지시했다. 디지털 경쟁에

서 승리할 수 있는 노하우를 국내에서 확보하는 것은 어렵다고 판단했기 때문이다.

"R&D를 하려면 우수한 사람이 모일 장소냐는 것을 신중히 생각해야 한다."
= 이건희는 돈만 많이 준다고 사람들이 올 것이라고 생각하지 않았다. 그만한 환경이 갖춰져야 한다고 말한 것은 2006년 2월이다.

———

삼성은 기술 확보 항목의 핵심 내용으로 'M&A전문가 팀을 만들어 연구하고, 신사업 추진을 모색하며, 기술제휴 시 머리 숙이고 배우는 자세가 필요하다'는 것을 제시했다. 또 '협력업체를 통한 기술유출을 방지하고, 차세대 기술표준을 선도하기 위한 디지털 기술역량을 축적해야 한다'고 강조했다. 미래기술로는 '나노기술, 센서기술, 친환경소재기술'을 꼽았다. 연구소와 관련해 '선진 연구시스템을 벤치마킹하고, 도심 가까운 곳에 세워 우수인력을 확보하라'고 지침을 만들었다.

———

(20) 명품 개발

"고객과 시장이 요구하는 최고의 기술을 개발하고 상품화해야 한다."
= "삼성의 제품은 명품을 지향해야 한다"고 말한 이건희의 의지를 담은 발언이다. 삼성은 명품개발 항목의 키워드로 '최고의 제품서비스, 세계1위 품목, 최고 · 최초 · 최대, 선진제품 비교전시회, 고객과 시장의 니즈, 신제품 상품화, 현지 1등 전략, 부품일류화, 핵심 부품 국산화'를

제시했다.

"선진제품 비교전시회를 개최함으로써 어떤 도움이 되는가. 실제 보고 느끼면 부족한 점을 보완할 수 있고, 또 향후에 좋은 아이디어도 얻을 수 있는 것이다."
= 1999년 8월, 이건희는 삼성의 전통적 벤치마킹을 위한 행사인 선진제품 비교전시회의 효과가 어떤지를 사장들에게 물었다. 여기서 중요한 단어는 보고 느끼는 것이다. 경험을 하면 당장은 아니더라도 새로운 제품을 만들거나, 신사업을 시작할 때 머리에 쌓여 있던 정보가 큰 도움이 될 것이라고 이건희는 생각했다.

"핵심 부품을 빨리 국산화하는 것이 중요하다. 우리가 할 수 있는 것, 시간이 다소 걸리는 것, 또 지금부터 연구개발해야 하는 것 등을 준비해야 한다."
= 부품산업을 전자산업의 기초라고 생각한 이건희는 1999년 8월에 체계적인 부품 국산화 전략을 수립하라고 지시했다.

"선진제품 다 가져다 놓고 전시해보고 반성해보자. 그러고 나서 S급, A급을 수혈하고 죽을힘, 각오로 해야 살아남을 수 있을 것이다."
= 2002년 10월, 이건희는 선진제품 비교전시회의 중요성을 재차 강조했다. 그 목표도 분명히 했다. 탁월한 제품을 경험하면서 삼성 제품의 부족한 점이 무엇인지를 파악하면, 어떤 부문의 인재를 스카우트해야 할지를 알 수 있다는 말이었다. 또 이런 일을 하는 경영자는 절박함을 가져야 살아남을 수 있다고 이건희는 생각했다.

"디자인과 R&D 활동을 강화하여 경쟁사보다 신제품을 빨리 상품화할 수 있도록 해야 한다."

= 2003년 8월, 이건희는 제품의 주기가 빨라지고 있다고 느꼈다. 이에 맞게 디자인과 R&D도 속도를 높이라고 지시했다.

"제품을 좋게 만들려면 제일 좋은 부품을 받아야 한다. 한 회사라도 절대 1.5류, 2류 부품을 받아서는 안 된다"
= 2005년 1월에는 부품 일류화를 주문했다. 전자산업의 경쟁력은 부품경쟁력에서 나온다는 그의 지론에 비춰보면 당연한 일이었다.

"원인이 무엇이든 간에 소비자가 불편을 느끼게 하는 것은 잘못이다. 새로운 기능을 추가하거나 있던 것을 없앨 때는 충분히 시험해보고 신중하게 해야 한다."
= 만족을 모르는 이건희는 제품을 빨리 시장에 내놓으면서도 소비자가 느끼기에 불편함이 없는 완벽한 제품을 내놔야 한다고 했다. 그것이 명품의 조건이라는 얘기였다. 이 말을 한 것은 2007년 9월이다.

———

삼성은 핵심 내용으로 '세계 최고의 제품을 개발해야 한다'를 제시했다. 이를 위해 '고객과 시장이 요구하는 최고의 기술 제품을 개발하고, 세계 1위 품목을 확대하며, 전 역량을 투입해 경쟁사보다 먼저 신제품을 상품화하라'는 지침을 만들었다. 아울러 '부품업은 모든 전자 전기사업의 기본이며, 고차원적인 두뇌집약적 산업이기 때문에 우수한 기술자를 모아야 한다'고 강조했다. 선진제품 비교전시회에 대해서는 '형식적 행사가 아닌 삼성의 현 위치를 파악하는 계기로 삼고, 전시회를 매년 더 많은 공장에서 개최해야 한다'고 밝혔다.
———

6 _ 제조생산

6부 제조생산에서는 (21) 최고품질 (22) 환경안전 (23) 구매예술화를 다룬다. 삼성이 세계 최고의 제조능력을 갖춘 비결이 담겨 있다.

(21) 최고품질

"최고의 품질로 승부해야 한다."

= 1993년 신경영을 추진하면서 불량은 암이라고 얘기한 연장선상에 있는 발언이다. 삼성은 최고품질의 키워드로 '불량 절대 불허, 차별화 전략, 최고의 제품과 서비스, 부실예방, 코스트 절감, 장비 국산화, 수율 향상, 마무리 품질 유의, VOC, 생산성 향상, 시설투자' 등을 제시했다.

"어떤 어려운 점이 있어도 제품 품질에 대해서는 양보할 수 없다."

= 외환위기를 앞둔 1997년 2월 발언이다. 수백 개의 부품이 들어간 전자 제품을 만들다 보면 한두 가지 부분이 부족해 품질에 문제가 생길 수 있다. 이를 개선하려면 단가가 올라가 시장에서 경쟁력을 갖기 힘든 경우도 많다. 하지만 이건희는 이를 양보할 수 없는 문제라고 단정해버렸다. 이에 이의를 달 수 있는 사람은 삼성에 아무도 없었다.

"제품을 제조하는 기계를 자체 개발하고 설계가 남보다 우수해야 좋은 물건을 생산성 높게 만들 수 있다."

= 1998년 9월에는 우수한 제조기술 확보를 위해 장비를 자체개발하라고

지시했다. 제품의 성능이 장비에 달려 있기 때문에 제조장비도 직접 만들어야 한다는 얘기였다. 삼성에 맞는 기계는 삼성이 만들어야 최적화할 수 있다는 생각이 깔려 있는 발언이었다. 하지만 장비제조와 상품제조에는 각각 전혀 다른 노하우가 필요하다. 이후에도 삼성은 장비 부문에서는 재미를 보지 못했다.

"이제는 물건만 만들어 판매하는 시대는 지나갔다. 어떻게 차별화할 것인가, 또 고객이 원하는 물건을 질로써 승부를 내어 팔아야 하는 시대다."
= 1998년 10월 이건희는 공급자 시장에서 수요자 시장으로 바뀌었다고 선언했다. 차별화, 질, 고객의 니즈 등을 새로운 시대에 맞는 제품의 키워드로 제시했다. 제조기술도 이에 맞게 선진화하는 것이 필요하다는 말이었다.

"시설투자보다 효율을 좋게 하고 보완투자만으로도 생산성을 30%, 60%, 90% 늘리도록 하는 것은 경제의 불경기, 호경기와 관계없다. 효율의 중요한 점이 바로 이런 점이다."
= 이건희는 제대로 된 제조기술을 갖고 있으면 대규모 시설투자를 하지 않고도 생산성을 높일 수 있다고 생각했다. 또 제조기술을 활용해 효율을 높이기 위한 노력은 경기와 무관하게 진행되어야 한다고 강조했다. 2001년 5월에 한 말이다.

"불량품을 내면 안 된다. 그건 삼성 로고에 먹칠하는 것과 똑같은 것이다."
= 1993년 이건희는 불량은 암이라고 규정했다. 2004년 6월에는 불량은 삼성에 대한 브랜드 로열티를 갉아 먹는 행위라고 재차 강조했다.

"21세기에는 불량이 없어야 한다. 즉 서비스센터가 없어져야 한다. 지금의 서비스센터는 없어지고 다른 개념의 서비스가 있어야 21세기 경영이다."

= 2007년 9월에 한 말이다. 또 다른 도전, 즉 서비스센터를 없애는 수준의 품질을 확보하자는 외침이었다. 하지만 여전히 삼성은 전국 곳곳에 대형 서비스센터를 짓고 있다.

———

삼성은 핵심 내용으로 '최고품질로 승부할 것'을 제시했다. 이를 위해 '마감처리, 최종가공 등 세심한 마무리' 등을 강조했다. 생산성 향상을 위해서는 '수율향상과 코스트 절감이 제조경쟁력을 좌우한다'며, 설비투자에 버금가는 효과를 낼 수 있는 생산성 관리에 나서라'고 주문했다. '관리교육, 부실예방 등을 통한 원가절감 노력도 필요하다'고 덧붙였다. 또 '주요장비를 자체 개발해야 한다'며 '생산기술력은 기계 설비의 설계 능력에 좌우된다'고 지적했다. 이에 따라 '주요장비는 자체개발해 품질과 생산성을 향상시키고, 제조장비 개발을 위한 전담기구와 자회사 설립도 검토해야 한다'고 지침을 내렸다.

———

(22) 환경안전

"작업 현장은 안전이 최우선이다."

= 이건희는 안전도 중시했다. 그래서 안전을 작업현장의 최우선 과제라고 강조했다. 실제 삼성은 안전사고를 많이 줄였다. 하지만 많은 사람들이 그렇게 생각하고 있는지는 의문이다. 삼성은 환경안전 항목의 키

워드로 '안전교육, 안전한 제품, 친환경소재, 인명피해사고 근절, 쾌적한 시설, 상시 안전점검, 기업의 생존조건, 환경보호, 초에너지제품 개발' 등을 제시하고 있다.

"화학은 화재 한번 나면 끝장이다. 안전사고가 나는 경영을 해서는 절대 안 된다."
"안전을 철저히 하여야 한다. 사람을 다치게 하려고 사업을 하는 것은 아니지 않는가? 사고가 한 건도 없도록 해야 한다."
= 이건희 특유의 어법이 드러나는 발언이다. '끝장' '절대' 등의 극단적 단어를 사용해 안전의 중요성을 강조하고, 반어법을 활용해 경각심을 높이고자 했다. 사고방지를 경영평가의 주요항목으로 제시한 셈이다. 1997년 1월, 1999년 4월에 한 말이다.

"안전사고가 나면 안 된다. 아무리 작은 사고도 우리가 나면 대서특필이다. 안전은 필요 이상으로 체크해야 한다."
= 2001년 6월, 이건희는 삼성의 성장을 견제하는 한국 사회의 분위기를 의식한 듯, 안전에 주의를 더 기울여달라고 당부했다.

"환경문제 해결을 위한 친환경 소재 연구, 친환경 건축 연구를 해야 할 것이다. 환경실험도 제대로 해야 한다. 연구는 앞을 예측하고 미리미리 해야 한다."
= 환경에 대한 관심이 높아지던 2006년 11월, 이건희는 이를 사업화하는 방법을 검토하라고 지시했다. 환경문제는 일반적으로 기업에는 악재다. 하지만 진정한 사업가들은 이 속에서 기회를 발견하는 법이다.

삼성은 핵심 내용으로 '작업현장에서는 안전을 최우선으로 다뤄야 한다'는 것을 제시했다. 이를 위해 '상시 안전점검을 통해 위험요소를 사전에 제거하고, 건설 사업장은 화재 및 안전에 각별히 주의해야 한다'고 당부했다. 또 '고객들에게 안전한 제품과 쾌적한 시설을 제공해야 하며, 고객시설은 안전문제를 항상 점검할 것'을 주문했다. 환경이슈에 대응하기 위해 '미래를 보고 친환경 소재 및 건축을 연구함과 동시에 백색가전 제품의 소비전력을 집중적으로 연구해야 한다'고 강조했다. '건물은 에너지 절약형 구조로 설계하고 그에 맞는 자재를 사용함과 동시에 일본, 스웨덴 등 에너지 절약국가와 초절전형 제품을 벤치마킹하라'고 덧붙였다.

(23) 구매예술화

"구매업체와의 신뢰가 제품의 품질과 경쟁력을 좌우한다."

= 협력업체와의 관계에서 신뢰가 가장 중요하다는 얘기다. 삼성은 키워드로 '상생경영, 신뢰경영, 협력업체 육성, 구매부정 방지, 구매인력 정예화, 제품의 품질 좌우, 한방향 공동체, 현금지급, 정당한 대우, 기술이전, 우수업체 보유'를 제시했다.

"부패하기 쉬운 구매업무는 정기적으로 이동을 시켜 물들기 전에 새로운 사람으로 바꿔줘야 한다."

= 삼성 내부시장이라고 부를 정도로 삼성의 부품 구매 규모는 크다. 따라서 구매담당자들은 부정한 유혹에 노출될 가능성이 크다. 여기서 물든

다는 표현은 한 번 두 번 구매의 대가로 무언가를 받다 보면 감각이 무 더지는 것을 뜻한다. 그래서 이 업무는 사람의 도덕성에 맡길 것이 아 니라 시스템적으로 해결(정기적 이동)하는 것이 필요하다는 주문이었 다. 1997년 10월에 한 발언이다.

"만약에 간부 이상의 월급을 늦게 줄 것인가, 아니면 구매 물품대를 빨리 줄 것인가를 결단하라면 나 같으면 월급을 지연시키겠다."
= 1998년 9월에 한 말이다. 외환위기의 후폭풍이 가시지 않았을 때다. 어 려울 때 협력업체부터 챙기고 그 다음 삼성 간부를 챙기는 게 순서라고 이건희는 생각했다. 그래야 삼성에 대한 로열티가 더 높아지고, 더 좋 은 부품과 장비를 납품받을 수 있기 때문이다.

"협력업체 중 여러 회사와 거래하는 업체는 빨리 정리해야 한다. 비용이 다소 더 들더라도 그룹만 전담하는 협력업체를 구축하도록 해야 한다. 대부분의 기술이 이런 식으로 다 빠져나가는 것 같다."
= 협력업체를 통한 기술유출을 경계하는 발언이었다. 삼성에만 납품하 는 협력업체를 육성하라는 얘기를 한 것은 1999년 2월이다.

"값 안 깎고, 협력업체 이익을 보장해주며, 잔소리 크게 안 하고, 품질 유지할 수 있게 해주면 다른 회사가 아무리 중간에 끼어들려 해도 안 될 것이다."
= 2003년 7월에는 삼성을 전담하는 협력업체를 육성하는 방법도 제시했 다. 적정한 이익을 보장해주고, 사소한 간섭을 하지 않고, 품질확보를 지원하라는 지침이었다.

"우리와 한 몸이자 경쟁력의 바탕이 되어온 협력업체와 공동체 관계를 꾸준히 발전시켜 나가야 한다."

= 2007년 1월에 한 발언이다. 협력업체와의 관계에 대한 인식이 공동체로 발전했다. 1993년에 말한 구매의 예술화 연장선상에 있는 것으로 보면 된다.

———

삼성은 '신뢰의 구매활동'을 핵심 내용으로 제시했다. 이를 위해 '경영자들은 구매업체와의 신뢰가 제품의 품질과 경쟁력을 좌우한다는 것을 명심해야 한다'고 했다. 또 '경영자의 관심과 함께 대금을 현금으로 지급하는 것이 자재의 질을 좌우한다'고 덧붙였다. 과거 세계 휴대폰 시장 1위를 내달렸던 '노키아의 핵심 경쟁력이었던 구매 노하우를 연구하고 벤치마킹할 것'도 주문했다.

삼성은 또 '구매 부문에 우수한 인력을 보내고 업의 개념과 품목에 구매인력을 차별화하고 전문화하라'고 권고했다. 이건희가 말한 '부정가능성이 높은 보직은 수시로, 정기적으로 교체하라'는 내용도 포함돼 있다. '협력업체와의 관계는 공동체를 지향한다'고 명시했다. 이를 위해 '물량을 보장하고, 이익을 공평하게 배분하며, 기술을 이전해 육성해야 한다'고 강조했다. 부정을 방지하기 위해 '협력업체를 제도화·규격화하라'는 지침도 있다. 업무 담당자가 자의적으로 결정할 수 있는 범위를 좁힘으로써 부정가능성을 낮출 수 있는 시스템을 갖추라는 얘기다. 마지막으로 '우수 협력업체를 경쟁사에 뺏기지 않도록 대책을 강구하라'고 강조했다.

———

7 _ 마케팅

마케팅 파트에서는 (24) 마케팅 (25) 고객만족 (26) 디자인경영을 다룬다.

(24) 마케팅

"철학과 문화를 파는 마케팅을 해야 한다."

= 마케팅에 대한 이건희의 철학을 담은 이 발언은 1997년 1월에 나왔다. 세계적으로 좋은 평판을 얻고 있는 기업들은 의도했건 의도하지 않았건 철학과 문화를 팔고 있다. 삼성은 마케팅의 키워드로 '최고급 브랜드 이미지, 철학과 문화, 소프트역량, 스포츠마케팅, 자선마케팅, 기업 이미지 광고, 차별화 판매전략, 홍보 광고 레벨업, 카트광고' 등을 제시했다.

"영업사원은 그 제품을 알아야 할 뿐 아니라 상대방 회사에서 파는 제품의 개념도 알아야 하고, 그 부품이 들어가는 주위의 기술도 깊이 알아야 한다."

= 철학과 문화를 팔아야 한다는 이건희의 철학은 2001년 5월에 한 단계 진화한다. 경쟁사 제품을 이해하고, 부품에 적용된 기술까지 알아야 한다고 했다. 그래야 제품의 상대적 우수성을 고객들에게 설명할 수 있다고 이건희는 생각했다.

"이미지 관리도 경영의 하나다. 수출해서 내 기술로 개발해서 은행 빚 안 지고 돈 벌어오는데도 질시받는 게 현실이다."

= 외환위기를 극복한 삼성이 재벌 계열사 중 독주체제를 갖춰가던 2002

년 5월의 발언이다. 삼성이 잘나갈수록 질시와 반감이 커질 것이라는 것을 직감했던 그는 기업의 평판 관리에 신경 써야 한다고 말했다. 하지만 5년 후 삼성공화국 논란이 이어지면서 그는 회장직에서 사퇴하게 된다.

"미국에서 우선 소니, 파나소닉을 앞서야 되는데, 그러기 위해서는 우리가 물건도 더 좋아야 하고, 마케팅도 더 잘해야 하며, 광고도 더 많이 해야 한다."
= TV에서 미국시장 1위 등극을 눈앞에 둔 2006년 3월, 그는 대대적인 홍보를 지시한다. 집중해야 할 시기를 파악한 승부사의 노림수는 적중했다. 삼성은 2006년 미국 TV시장 1위에 올랐다.

"오늘날은 마케팅, 디자인, 브랜드와 같은 소프트 역량이 한데 어우러진 복합 창조력이 요구되는 시대다."
= 2007년 1월에 한 말로 미래는 소프트파워 경쟁의 시대가 될 것임을 강조했다.

"생산, 판매하는 사람들이 역사를 알아야 한다. 우리는 역사를 우습게 보는 경향이 있는데 판매기획, 상품기획을 할 때 이런 역사적인 것을 알아야 물건이 제대로 나오는 것이다."
= 역사와 문화를 이해해야 상품을 제대로 만들고, 팔 수 있다는 인문학적 소양을 강조한 이 발언은 2007년 4월에 나왔다. 스스로 인문학이란 단어를 직접 사용하지는 않았지만 그는 인문학과 IT의 결합이 큰 흐름이 될 것이라는 것을 직감했다.

―――

삼성은 '철학과 문화를 파는 마케팅'을 핵심 내용으로 제시했다. 이를 위해 '판매하는 제품의 기술, 역사까지 알고 마케팅해야 하고, 그룹 인프라를 충분히 활용해서 품위 있게 제품을 팔아야 한다'고 했다. 또 '판매지역 고객특성에 따른 차별화된 전략'을 주문했다. '최고급의 브랜드 이미지를 심기 위해 미국에서 실시한 다양한 마케팅 사례를 다른 지역에 활용해야 한다'고 강조했다. 이와 함께 '홍보 광고의 질적 · 양적 수준을 올려야 한다'고 했다. '광고의 수준 방법 등을 한 단계 끌어올릴 수 있는 방안을 찾아보고, 회사의 이미지를 올리는 수상 내역 등은 적극적으로 홍보할 것'을 권했다. '기업이미지 광고 확대'도 지침에 들어가 있다.

―――

(25) 고객만족

"친절, 서비스는 마음에서 우러나와야 하며, 불만은 신속하고 정성껏 처리해야 한다."

= 이건희가 심리학을 공부했는지는 분명하지 않다. 그러나 커뮤니케이션을 전공했기 때문에 심리에 대한 이해도 상당했을 것이라는 것은 짐작할 수 있다. 고객과의 커뮤니케이션에서 가장 중요한 것이 마인드라고 강조한 것도 이런 맥락에서 나온 발언으로 보인다. 삼성은 고객만족 항목의 키워드로 '고객위주 시스템, 고객의 소리, 친절교육, 최고의 친절 서비스, 고객접점 중시, AS강화, 불편, 불만, 불친절 근절' 등을 제시했다.

"이제는 소비자 속으로 들어가 소비자 한 사람 한 사람에게 신경을 써야 한다. 보면 소비자 대부분이 인터넷을 사용하고 있다."

= 2002년 5월 얘기다. 이건희는 개별 소비자 한 사람 한 사람이 미디어가 될 수 있다는 것을 간파했다. 한 명의 고객이 내는 목소리에 귀 기울이지 않으면 인터넷은 기업을 위기로 내몰 것이라고 경고했다.

"회사가 커짐에 따라 톱에서부터 중역 부장 등 계층이 점점 소비자와 멀어져 가고 있다. 기술과 니즈가 변하고 있는데 소비자와는 점점 멀어지고 있다."

= 관료주의를 경계한 이 발언은 2002년 12월에 나왔다. 본격적인 성장궤도에 들어선 기업의 경영진은 소비자의 정서를 직접 느끼지 않으면 시장으로부터 소외될 수밖에 없다고 강조했다.

"적어도 삼성 제품은 양심적이다 하는 것을 보여주어야 한다. 고객으로부터 클레임이 발생하면 즉시 해결하고 사전에 미리 알고 있는 것에 대해서는 무엇이든 솔직해야 한다."

= 고객과의 커뮤니케이션은 솔직해야 한다는 이 말은 2003년 3월 사장단 회의에서 나왔다. '기업은 제품을 통해 고객과 소통한다' 고 이건희는 생각했다. 제품에 양심이라는 인격을 부여한 것도 그 같은 이유에서다.

"우리는 아직 3차 산업에 대해 연구가 안 된 상태다. 지금부터라도 연구해야 하는데 중요시하는 분위기가 아니다."

= 이 발언은 삼성의 아주 먼 미래를 내다본 발언이다. 2007년 6월, 그는 삼성을 제조업이 아닌 서비스 기업, 소프트웨어 기업으로 바꿔놓고 싶었다. 하지만 그 과제는 다음 세대로 넘어갔다.

"문제가 생기면 당연히 고쳐주거나 문제 없는 제품으로 교체해줘야 함에도 불구하고 별도로 구입하라고 하는 것은 강도와 같은 행위다."

= 이건희에게 강도란 뒷다리, 암 등과 함께 가장 나쁜 함의를 갖는 단어다. 강도란 말을 AS에 사용한 것은 그만큼 AS에 대한 고객들의 불만이 많았다는 얘기일 수도 있다. 이 말을 한 2007년 8월 이후 7년이 더 지났다. 소비자들은 어떻게 생각하고 있을까 궁금해지는 발언이다.

———

삼성은 핵심 내용으로 '진심을 다한 친절서비스'를 강조했다. 이를 통해 '고객으로부터 사랑을 얻고, 사회로부터 신뢰를 얻어야 한다'는 얘기다. '소비자 한 명 한 명에게 신경 써야' 하는 이유이기도 하다. 그렇게 하려면 '고객접점을 중시하고, 권한을 그 접점으로 이양해야 한다'고 삼성은 강조했다.

아울러 '고객 위주의 업무 시스템을 구축해야 한다'고도 했다. 이것은 '불편, 불만, 불친절을 척결하는 지름길'이라는 판단에 따른 것이다. '간부와 경영진은 주기적으로 소비자들과 직접 대화를 해야 접점의 정서를 이해할 수 있다'고 삼성은 강조했다.

'서비스업 비중을 계속 확대하라'는 지침도 내렸다. 제조업 비중은 저절로 줄어들게 되기 때문이다. 이건희가 말한 "서비스를 파는 시대"로 삼성을 진입시킬 수 있는 유력한 방법이기 때문이다. '제대로 된 서비스를 팔면 제품판매는 저절로 늘어날 것'이라는 점은 이미 검증된 사실이기도 하다.

———

(26) 디자인경영

"21세기는 결국 디자인, 소프트와의 싸움이다."

= 부연설명이 필요 없는 이건희의 지론이다. 삼성은 디자인경영의 키워드로 '아이덴티티, 복합창조력, 삼성특유, 고유, 디자인 전쟁시대, 소프트 경쟁력, 안전·편리성 추구, S급 디자이너, 창의적 근무 분위기, 금형기술 확보' 등을 제시했다. 여기서 아이덴티티는 척 보면 '아 삼성 제품이구나'라는 생각을 하게 만드는 디자인을 말한다. 금형기술 확보는 디자인을 잘하고, 디자인대로 제품을 만들려면 제품의 틀을 만드는 금형이 중요하다는 것을 강조한 것이다.

"좋은 값을 받으려면 디자인부터 최고급으로 해서 여기에 간편하고 편리한 기능을 추가해 나가야 한다."

= 미술 용어에 아나크로니즘이라는 말이 있다. 시대착오라는 뜻이다. 예술 작품에는 현재적 시간대, 그 작품이 제작된 시간대, 그리고 두 시대 사이의 시간대가 섞여 있다. 사람들은 작품이 나온 당시의 상황은 생각하지 않고 미술작품을 오늘의 시각으로 해석하면 시대착오적 해석을 할 수 있다. 이건희의 이 말은 지금 생각하면 당연하다. 하지만 이 말을 한 것이 2002년 9월이라면 얘기가 좀 달라지지 않을까. 당시만 해도 공급자 시장이었기 때문이다.

"디자인과 R&D 활동을 강화하여 경쟁사보다 신제품을 빨리 상품화할 수 있도록 사전에 준비해야 한다."

= 디지털 시대에 기술은 금방 따라잡을 수 있다. 삼성이 디지털 시대에 소니를 넘어선 것도, 중국 기업들이 그런 삼성을 위협하는 데까지 걸린

시간은 10년도 안 된다. 이건희는 기술은 따라잡을 수 있지만 디자인은 하루아침에 따라 잡을 수 없다는 것을 간파했다. 2003년 8월에 한 발언이다.

"삼성 제품은 일관된 이미지를 주어야 하고, 디자인도 중요하지만 뭔가 편리하게 해주어야 한다. 그렇지 않으면 삼성 제품을 애용하는 사람에게 혼동을 줄 수 있다."

= 2005년 4월에 한 말로 아이덴티티와 관련된 말이다. 이건희의 욕심은 끝이 없었다. 디자인만 보면 삼성 제품임을 알 수 있게 만들라고 한 데서 한발 더 나아갔다. 제품을 쓴 소비자들이 '아 삼성은 역시 편리하구나' 라는 느낌을 갖게 만들라고 주문했다. 유저인터페이스란 말이 대중화된 것은 이건희가 이 말을 한 지 4~5년이 지난 후였다.

"간부 이상은 전부 디자인에 대한 감각을 피부로 느껴야 하고 필요하다는 걸 느껴야 한다."

= 2005년 4월에 한 말이다. 이건희 특유의 반복을 통한 강조가 나타난 발언이다.

"제품 디자인을 조금 더 삼성 기분이 나도록, 이를테면 일치된 키위치, 콘셉트와 같은 공통적인 부분이 있어야 되지 않겠나 싶다."

= 2006년 4월에 나온 이 발언도 삼성스럽게 만들라는 것을 강조한 것이다. 이로부터 3년 후 삼성은 혼류생산을 시작했다. 같은 라인에서 냉장고, 에어컨, TV 등을 함께 만드는 방식이다. 이를 통해 통일된 아이덴티티를 꾀했다.

"디자인 소프트는 전 세계를 두고 전투가 아닌 전쟁을 한다는 생각을 해야 한다. 싸움 안 하고 이기는 게 어떤 건지 연구해보고 좋은 사람을 데려와야 한다."

= 이건희의 발언 중 난해한 편에 속하는 얘기다. 군사학에서 빌려온 말로 추정된다. 전투에 이기기 위해서는 전술이 필요하고, 전쟁에 이기기 위해서는 전략이 필요하다. 클라우제비츠 《전쟁론》의 요점이기도 하다. 이 전략 중 최고는 싸우지 않고 이기는 것이라는 얘기로 《손자병법》에 나온다. 전략의 삼성을 이끄는 수장다운 발언이기도 하다. 그는 전쟁 승리도 결국 인재를 통해서만 가능하다고 결론 내렸다. 2006년 9월에 한 말이다.

————

삼성은 '21세기는 디자인 시대'라고 규정했다. 디지털시대에 경쟁전선은 소프트 부문에 형성되기 때문에 '지식, 브랜드, 디자인이 핵심 경쟁력이 될 것'이라고 했다. 이에 따라 '각 계열사는 디자인, 마케팅, 브랜드를 합친 복합 창조력을 갖추는 것이 필요하다'고 강조했다.

디자인 면에서는 '브랜드 아이덴티티를 확보하는 것이 중요하다'고 했다. '고객의 마음을 사로잡는 삼성 특유의 디자인, 안전, 편리성, 일관성이 반영된 삼성만의 디자인' 등이 그것이다. 이를 위해 '제품의 디자인 파워를 좌우하는 금형기술, 금형기계를 갖춰야 한다'고 덧붙였다.

'디자인 핵심역량을 확보하는 것'도 핵심 내용으로 제시했다. 'S급 전문가 확보, 시스템 인프라 구축, 디자이너가 근무할 수 있는 창의적인 분위기 조성' 등이 구체적 지침이다. 아울러 '간부 이상은 디자인 감각 형성을 위해 노력해야 한다'고 주문했다.

————

8 _ 글로벌

글로벌 파트에서는 (27) 국제화 (28) 현지화 (29) 삼성화를 다룬다. 이건희의 발언에서 글로벌 강자로 성장한 삼성의 노하우를 엿볼 수 있다.

(27) 국제화

"세계에 글로벌 삼성의 뿌리를 내려야 한다."

= 국제화 항목의 핵심 문장이다. 삼성은 키워드로 '글로벌 경쟁력, 제2 제3의 삼성, 노하우 자산화, 언어 · 역사 · 문화 이해, 중국 경계, 저임금 사업 지양, 잠재시장 전략적 진출, 인도시장 분석, 우월심 금물' 등을 제시했다.

"해외에 나가 있는 회사들끼리는 본사에서도 매달 만나고 현지에서 만나 정보를 교환하고 서로 협력해 나가야 한다."

= 2001년 4월, 이건희는 해외에 나가 있는 계열사 간 협력을 강조했다. 반도체가 아닌 TV와 휴대폰 등 B2C 시장에 대한 본격적인 공략을 앞두고 머리를 맞대고 정보를 교환하며 해외전력을 극대화할 수 있는 방안을 찾으라는 얘기였다.

"해외 진출국에 대해 자만심과 우월심이 있는 것 같다. 현지 소비자를 그렇게 상대하다가는 큰 코 다칠 것이다. 신중하게 대처해야 한다."

= 미국, 유럽, 일본을 제외한 다른 국가, 즉 아시아, 남미, 동유럽에 나가 있는 주재원과 본사 직원들에게 한 경고다. 한국보다 경제적으로 어렵

다고 현지인들을 무시하는 분위기가 있다는 보고를 접하고 한 말이다. 2001년 11월 얘기다.

"세계 곳곳에 제2의 삼성, 제3의 삼성을 만들어가는 동시에 미주와 유럽, 중국의 시장을 확대하고 인도와 동유럽과 같은 잠재시장 개척을 서둘러야 한다."
= 본격적인 글로벌 확장전략에 시동이 걸린 2003년 1월에 한 말이다. 한국에서 1등을 했던 것처럼 진출한 국가에 뿌리내리고 시장을 장악하라는 주문이었다.

"인건비, 노임이 싸다는 이유만으로 해외로 옮겨 다니는 건 아예 없애는 정도로 생각해야 한다."
= 노동력이 싼 나라에 생산시설을 지은 후, 그 나라의 노동 임금이 오른다고 다른 나라로 이전하려면 아예 그 사업을 접는 것이 낫다고 이건희는 생각했다. 싼 노동력을 활용해야 살 수 있는 사업은 삼성이 장기적으로 할 만한 가치가 없고, 생산시설을 옮기면 해당 국가 국민들의 원성만 듣게 될 것이기 때문이다. 삼성이 세계 TV, 휴대폰 시장에서 본격적으로 치고 올라가기 시작한 2005년 7월의 발언이다.

"향후 10년 내로 중국, 인도로 인해 제조업의 위상이 바뀔 것이니 이에 대한 대비를 해야 한다."
= 2006년 10월에 내놓은 그의 예상은 적중했다. 하지만 삼성이 제대로 대비했는지는 의문이다.

"주재원은 주재국의 역사, 문화를 잘 알고 교제할 수 있어야 한다. 이런 게 만일 안 되면 5년 후에는 아류 회사가 될 것이다."

= 국제화를 이루기 위해 주재원이 갖춰야 할 덕목을 제시한 때는 2007년 4월이다.

―――

삼성은 국제화의 핵심 내용으로 '글로벌 삼성의 뿌리를 내려야 한다', '중국을 항상 분석하고 경계해야 한다', '인도시장에 빨리 진출해야 한다' 등 3가지를 제시했다. 우선 글로벌 삼성을 위해서는 '초일류 기업들과 경쟁할 수 있는 경쟁력을 확보'하고, '잠재시장을 서둘러 개척해야 한다'고 강조했다. 하지만 '저임금, 저코스트 개념의 해외 진출은 지양해야 한다'고 선을 그었다.

중국에 대해서는 '중국을 얕보거나 우월심 또는 자만심을 갖는 것은 절대 금물'이며 '중국의 움직임을 항상 주시하고 미리 연구하여 대비해야 한다'고 했다. 인도시장을 서둘러 진출하되, 인도의 중요성을 인식하고 철저히 분석해 대응하라고 당부했다. '중국에서 점차 인도, 베트남 사업의 비중을 늘려가라'는 내용도 포함돼 있다.

―――

(28) 현지화

"현지에 맞는 경영모델을 개발, 정착하고 현지 사회와 공존공영해야 한다."

= 현지화의 핵심 문장이다. 삼성은 키워드로 '현지 완결형 제도, 현지인 활용 확대, 독자 경영모델, 현지 적응력, 현지 문화 이해, 적극적인 사회 공헌 활동, 글로벌 경영관리 체제, 공존공영, 전문경영인 양성' 등을 제

시했다. 이 키워드는 철저한 현지화를 위한 조건이라고 할 수 있다.

"삼성은 돈을 벌어서 다 가져가는 기업이 아니고 그 사회에 환원하고 있다는
것을 알려야 한다."
= 1997년 9월에 한 얘기다. 현지인들이 적대감을 갖지 않게 해야 장기적
으로 사업을 할 수 있다는 것을 강조하기 위해 한 말이다.

"해외 생산기술 부문 인력에게 대담하게 월급을 많이 줘서라도, 제품의 생산
기술은 현지가 우리나라보다 더 빨리 나갈 수 있도록 만들어야 한다."
= 각 국가별로 생산하는 제품과 생산하는 사람이 다르다. 생산기술도 미
묘하게 다를 수밖에 없다. 많은 돈을 주고라도 좋은 인력을 써서 현지
에 맞는 생산기술을 확보하라는 지시였다. 2001년 5월의 발언이다.

"동남아 각국의 소득 수준, 문화 등의 차이를 빨리 습득해야 하고, 그 지역에
맞는 전문 경영인을 빨리 양성해야 한다."
= 삼성은 동남아 등의 시장에서 일본 기업들을 이긴 후 핵심 시장인 미국
에서 본격적인 전쟁을 벌였다. 동남아 시장에서 자리를 잡은 2005년 7
월, 이 기세를 이어갈 수 있는 현지 전문경영인을 양성하라고 지시했
다. 현지 경영인 양성은 곧 현지화의 완결을 뜻한다.

"제조 지점이 나간다는 생각보다 한국 삼성의 문화를 가지고 나간다고 생각해
야 한다. 문화적으로 사람을 잡아야 그 사람들이 따라온다."
= 이건희는 삼성의 문화에 대해 자부심을 갖고 있었다. 삼성의 문화에 현
지인들이 젖어들어야 제대로 된 글로벌 경영을 할 수 있다고 말한 것은
2006년 3월이었다.

"현지화가 잘 안 되는 것은 나보다 월급이 많아서는 안 된다는 사고와, 말이 잘 통하지 않아서 좋은 사람을 데려오지 못하기 때문이다."

= 2006년 9월, 이건희는 현지화가 생각보다 더디다고 느꼈다. 그 원인을 현지에 나가 있는 법인장들의 마인드에서 찾았다. 자신보다 많은 월급을 주고 사람을 데려오는 것을 꺼리는 자존심이 문제라는 지적이었다. 또한 현지에서 훌륭한 인재를 발견해도 이들을 설득할 수 있는 언어능력과 문화적 소양이 없다는 문제도 지적했다.

"디자인센터, R&D센터, 생산공장, 생산시설 등은 외국에도 나가야 되고 책임자도 그 나라 사람, 외국 사람을 갖다 앉혀야 한다."

= 2007년 3월, 이건희는 현지화에 대한 자신의 생각을 정리해 내놓았다. 전면적 현지화가 그것이다.

———

삼성이 정리한 핵심 내용의 첫 번째 지침은 '현지 경영은 현지인에게 맡겨야 한다'는 것이다. '조직 리더, 매니저, 공장장까지 현지인 채용을 확대하고, 동남아는 해당 지역에 맞는 전문 경영인을 조기 양성'하라고 했다. 또 '현지인을 잘 활용하는 소니, IBM, 노키아를 벤치마킹'할 것도 주문했다. 두 번째 지침은 '현지 완결형 체제를 정착시켜라'다. 이를 위해 '현지의 생산기술이 본사보다 더 뛰어나도록 노력'하고, '전 세계를 하나로 잇는 경영관리 체제 구축'을 주문했다. '현지에 맞는 독자 경영모델을 개발하고 정착'시켜야 한다는 점도 강조했다. 현지화의 목표는 '현지 사회와 공존공영'이다. '해외에서 얻은 사업의 이익을 현지 사회에 환원'하는 것이 첫 번째 방도다. 또 '한국인의 뛰어난 해외 동화력으로 현지 적응력을 제고'하고, '장학재단,

사회기부, 의료봉사 등 사회공헌 활동을 확대' 해야 한다고 권고했다.
————

(29) 삼성화

"현지 인력을 삼성화하고 해외에서 싱글삼성을 구현해야 한다."

= 이건희가 좋아하는 단어 가운데 하나가 '한방향'이다. 최근 각종 전략 관련 전문가들도 전략이 실행으로 옮겨지는 과정에서 가장 중요한 요소로 '직원들이 한방향을 향해 서 있는가'를 꼽는다. 이건희의 해외사업 전략을 이에 대입하면 '삼성화'다. 삼성인답게 생각하고, 행동하고, 사업하라는 얘기다. 삼성은 삼성화를 위한 키워드로 '싱글삼성, 삼성 프라이드 교육, 우수인력 본사 초청, 투자 관리 매뉴얼, 현지 정보 공유, 인프라 공유, 공동협력 진출, 현지인 동화, 삼성 위상 제고' 등을 꼽았다.

"현지 경영진들을 한국에 데려다 우리 사업장 등을 한 번 보여주어야 한다. 그리고 직원들 중 과장급 이상 모범 임직원들을 뽑아 데려와 구경을 시켜주도록 하자."

= 1997년 9월 발언이다. 삼성에 대한 수많은 교육보다 한국에서 삼성의 모습을 보여주는 것이 회사에 대한 로열티를 높이는 데 가장 효과적이라고 이건희는 판단했다.

"해외 진출 시 마음대로 혼자 정하지 말고 협력해서 다같이 진출해야 한다. 수원과 기흥에 전자사업장이 인접해 있음으로 해서 우리의 경쟁력이 얼마나 커졌는가."

= 한곳에 모으는 것이 경쟁력이라는 그의 복합화 이론을 해외 진출에 적용한 이 발언은 2001년 5월에 나왔다.

"해외 진출 시 한 단지 내에 모여서 총괄을 두고 운영해야 한다. 정부대응, 노사관리, 심지어 직원식당 같은 것도 공동 사용하는 등 협력할 수 있어 시너지가 나오는 것이다."
= 1년 후인 2002년 5월에는 함께 진출해 어떻게 협력할지를 구체화했다.

"해외는 종업원들이 자국 회사라고 생각하게 해야 한다. 우수인력을 한국으로 오게 해서 삼성 전체를 보여주고 프라이드를 갖고 더 자신 있게 일하도록 만들어주어야 한다. 현지 간부 공장장, 지사장 등 모두를 어떻게 하면 우리 사람으로 만드느냐 하는 것이 관건이다"
= 2007년 4월, 삼성은 미국 TV 시장에서 명실상부한 1위를 목전에 두고 있었다. 휴대폰 세계 시장점유율도 수직상승했다. 이건희는 자신감이 붙었다. 적극적으로 해외에 근무하는 직원들을 데려와 '삼성을 보여주라'고 했다. 직접 보고 프라이드를 갖고 돌아가면 로열티가 더 높아질 것이란 생각이었다. 또 해외사업의 성패는 현지 간부를 삼성인으로 만들 수 있느냐 없느냐에 달려 있다고 강조했다.

———

삼성은 핵심 내용으로 '현지 인력을 삼성화시켜야 한다'를 제시했다. 이를 위해 '우수 현지 인력을 한국으로 초청, 프라이드 교육을 실시'하고 '현지 삼성 장학생이 그룹으로 입사하도록 유도'하라고 권고했다. 두 번째 지침은 '해외에서 싱글삼성을 실현해야 한다'는 것이다. '각국 주재원은 상호 정보를 교환하고 협력'하고, '해외투자 관리 공통 매뉴얼을 제작해 공유' 하는 것이 싱글삼성을 위한 기본이라고 강조했다. 또 '시스템 시설 등 인프라 공유로 시너지를 확대' 하고 '삼성의 경영문화가 해외에서도 정착되도록 노력' 하라고 주문했다.

———

9 _ 기업문화

마지막 9부 기업문화에서는 (30) 창의와 도전 (31) 정도경영 (32) 그룹공동체 (33) 사회공헌 등을 다룬다. 삼성이 여전히 풀지 못한 숙제로 가득한 파트다.

(30) 창의와 도전

"끊임없는 도전과 창조의 정신이 가득한 일터를 만들어야 한다."
= 이건희의 이 발언은 그가 오래전부터 꿈꿔왔던 삼성의 모습이다. 삼성은 키워드로 '개성과 창의, 발상의 전환, 창조적 혁신, 도전의식, 창조경영, 실패 용인 문화, 자율추구, 주인의식, 나부터 변화, 창의적 조직 분위기, 초일류 삼성'을 제시했다.

"21세기는 자율과 창의의 시대다. 여기서 살아남기 위해서는 남다른 창의가 필요하다."
"초일류 삼성의 모습이란, 말단 구석구석까지 피가 통하고 정이 흐르는 조직, 그 속에서 자율과 창의가 살아 숨 쉬는 약동과 풍요의 세계를 말한다."
= 1997년 신년사에서 나온 이 발언은 앞서 기술한 대로 관리의 삼성, 전략의 삼성에서 창조의 삼성으로 진화하기 위해 그룹 전체가 움직이는 시발점이 됐다. 기업뿐 아니라 국가, 정부, 사회 어느 곳에도 보편적으로 적용할 수 있는 이상적 조직론에 가깝다.

"세계 제일이 되기 위해서는 시대의 흐름을 남보다 먼저 읽고 한 발짝 앞서 변화해야 한다. 바뀔 수 있는 것은 다 바꾼다는 각오가 필요하다."
= 2000년 1월, 새로운 세기를 앞두고 큰 변화의 흐름을 읽어야 한다고 강조했다. 그의 말대로 삼성은 디지털이라는 큰 흐름에 올라타 성공을 이뤘다. 성공의 전제조건은 이건희의 트레이드 마크인 '변화'였다.

"도전과 창조의 정신으로 가득한 일터, 삼성가족 모두의 꿈과 희망이 실현되는 터전, 이것이 바로 우리가 꿈꾸는 모습이자 반드시 이루어야 할 미래다."
= 1993년 신경영을 선언하면서 이와 비슷한 발언을 했다. 2006년 신년사에서도 그는 다시 꿈과 희망을 말했다. 1993년에는 단지 이상이었지만, 2006년에는 반드시 이뤄야 할 미래로 바뀐 것이 그 차이다.

"창의력은 혁신의 씨앗이자 성장의 원동력이다. 창조적 인재를 더 많이 키워 미래를 대비하는 한편, 실패를 두려워하지 않는 풍토를 만들어가야 한다."
= 같은 날 이건희는 창의, 혁신, 성장, 실패의 관계를 정리한 발언을 했다. '창의가 혁신을 만들고, 혁신이 있어야 성장이 가능하다. 이를 실행하는 것은 창조적 인재이며, 이들이 마음껏 일하게 하기 위해 실패를 용인하는 분위기가 필요하다'는 얘기였다.

"실패를 받아들이는 풍토가 조성되어야 한다. 실패와 창조는 물과 물고기 같아서 실패를 두려워하면 창조는 살 수 없다."
= 2007년 1월, 실패와 창조의 관계를 물과 물고기에 비유했다. 이건희의 기업문화에 대한 철학이기도 하다.

─────

삼성은 '창의의 삼성을 구현해야 한다'를 핵심 내용으로 정했다. '아류와 모방이 통용될 수 없는 개성과 창의의 시대', '자율적이면서도 창의적인 주인의식', '변화와 혁신, 창조의 정신으로 가득 찬 기업문화' 등을 세부 과제로 제시했다.

또 '창조적 혁신과 도전의식을 갖춰야 한다'고 강조했다. 이를 위해 '끊임없는 도전과 창조의 정신이 가득한 일터를 조성'하고 '도전과 변화를 막는 장애물을 과감하게 제거'해야 한다고 했다. 아울러 '창조적 혁신과 도전으로 목표와 비전을 달성'해야 하며, '세계의 인재들이 마음껏 역량을 발휘하도록 지원'할 것도 주문했다.

─────

(31) 정도경영

"법과 원칙을 준수하고 도덕적으로 존경받아야 한다."

= 정도경영은 삼성에게 또 하나의 숙제다. 작은 법적인 문제라도 다른 기업에서 일어나는 것과 삼성에서 일어나는 것은 다른 문제가 된다. 삼성은 같은 문제라도 자신들이 잘못하면 수십 배, 수백 배의 비판과 비난을 받는다는 것을 잘 알았다.

삼성은 정도경영의 키워드로 '법과 원칙, 깨끗한 조직문화, 파벌배제, 부정방지, 신뢰경영, 바른 경영, 공사 구분, 근무기강 확립, 인간미 도덕성, 사고근절, 윤리, 사회의 사람' 등을 제시했다.

"삼성이라는 이름으로 덕을 보니 이에 의무가 더 강해야 한다. 상도덕을 지켜 나가야만 한다."

= 2002년 5월에 한 말이다. 삼성에 대한 신뢰가 높아져 삼성 이름만 들어가도 편하게 장사할 수 있어졌기 때문에 더 조심해야 한다는 경고성 발언이었다.

"기업은 법과 원칙을 지키는 것은 물론 도덕적으로 존경받는 바른 경영을 실천할 때 비로소 사랑과 믿음을 얻을 수 있다."

= 2000년대 중반 한국 사회에는 반삼성 기류가 형성되기 시작했다. 독보적인 성장, 승계 과정에서 드러난 세금회피에 대한 반감, 무노조 정책에 대한 반대의견 등이 반삼성 분위기를 확산시켰다. 2006년 1월, 이건희는 이를 감지한 듯 사회로부터 사랑과 믿음을 얻는 것이 필요하다고 강조했다.

"회사 경영의 핵심은 첫째, 부정이 없어야 하고 둘째, 일을 열심히 해야 한다는 정신이 박혀 있어야 하고, 셋째, 좋은 사람을 데려와 좋게 키우겠다는 의지가 있어야 한다는 것이다. 사장이 위의 5%에 관심을 두면 90%는 위의 5%를 쫓아가지만, 사장이 아무 생각 없으면 밑의 5%가 힘을 쓰게 되고 나머지 90%가 흔들린다."

= 삼성이 급성장하고 있던 2006년 6월에 한 발언이다. 이건희는 회사가 크면서 부정이 발생할 가능성도 높아진다고 봤다. 업무를 열심히 해 성과급을 받는 것보다 다른 방법으로 손쉽게 돈을 버는 것이 용인되는 순간, 회사는 끝장난다고 생각했다. 여기서 부정에는 인사도 포함된다. 일이 아니라 사내정치를 잘해 승진하는 사람이 많아지면 회사가 엉망이 된다는 것과 그렇게 사내정치를 하는 사람들은 대부분 업무성과로 보면 하위에 속하는 사람들이라는 것도 그는 파악하고 있다. 경영자의 가장 중요한 임무는 일을 열심히 해 성과를 내는 상위 5%를 제대로 관

리해 사내정치와 부정을 막아내는 것이라고 강조했다.

"조직의 생리가 위의 2~3%는 열심히 일하고, 부정도 없지만 밑의 2~3%는 아
무리 감독해도 부정하고 일을 안 한다. 밑에 2~3%가 끼면 결국 망하게 된다."
= 2007년 4월에 다시 이 발언을 한 것을 보면 삼성 감사팀을 통해 각종 정
보가 이건희의 귀에 들어간 것이 분명해 보인다. 그는 하위 2~3%가 발
언권을 갖는 순간 회사는 망한다고 봤다. 삼성뿐 아니라 대부분의 조직
에 통용되는 얘기다.

"21세기 경영은 과연 어떤 것인가. 도덕성, 윤리, 친환경, 봉사 이런 것을 근간
으로 해나가는 것이 결국 21세기 경영 아닌가 한다."
= 한국 사회에서 삼성에 대한 반감이 더 커지고 있던 2007년 9월에 한 말
이다. 21세기 경영에 사회적 책임은 필수적이라고 말했다. 하지만 그로
부터 3개월 후 삼성 특검이 시작되고 이듬해인 2008년 4월, 이건희는
회장직에서 물러났다.

———————

삼성은 핵심 내용으로 '법과 원칙을 준수해야 한다'를 제시했다.
'21세기 경영은 도덕성, 윤리, 친환경, 봉사가 근간'이며 '바른 경
영, 신뢰경영으로 시장과 사회의 사랑과 격려를 받아야 한다'는 점
도 강조했다. 내부적으로는 '규율과 원칙을 준수하지 않거나, 근무
기강 해이로 인한 사고를 근절'하고 '공사구분을 명확히 하는 것부
터 확실히 해나가야 한다'고 주문했다.
이와 함께 '부정 없는 깨끗한 조직을 만들어야 한다'며 '회사 경영
의 핵심은 첫째가 부정 방지'라고 강조했다. 또 '깨끗한 조직문화는

삼성의 전통이자 계승할 가치가 있다'고 덧붙였다.

'조직원의 80%가 상위 5%, 10%를 따르는 조직문화를 구축'하고, '부정에 물들기 쉬운 업무는 정기적으로 순환'시켜야 한다는 지침도 내렸다.

─────

(32) 그룹공동체

"삼성인의 일체감과 결속력을 강화해야 한다."

= 그룹공동체 항목의 핵심 발언이다. 이건희는 삼성을 오래전부터 공동체로 만들고 싶다는 꿈을 꿨다. "한국 사회는 못 바뀌도 삼성은 나를 믿고 따라오면 함께 바꿀 수 있다. 삼성인이 죽어도 그 가족은 그룹이 책임지는 구조를 만들겠다"고 말한 것은 1993년이다. 공동체의 조건으로 일체감과 결속력을 제시했다. 삼성은 그룹공동체를 이루기 위한 키워드로 '싱글삼성, 삼성가족, 공동체 정신, 한방향 추구, 일체감, 핵심 가치 공유 실천, 헌신과 용기, 결속력, 구심력, 공통현안 공동해결, 관계사 간 시너지' 등을 제시했다.

"어느 시대, 어느 조직을 막론하고 진정한 힘은 전체를 위해 협력하고 단결하는 공동체 정신과 자신을 희생하는 헌신과 용기에서 나온다."

= 2002년 1월의 발언이다. 외환위기를 극복하자 삼성 내에서는 다시 계열사, 사업부, 부서 간 극심한 경쟁이 이기적 모습으로 나타나기 시작했다. 이를 경계하라는 경고였다.

"금융은 세계 기술이 들어오면 겁을 내지만 전자는 오히려 세계에서 배우려 하고 세계와 경쟁을 한다. 전자를 벤치마킹해야 한다."

= 2002년 5월에 한 이 발언을 삼성이 그룹공동체 항목에 붙여 넣은 것이다. 공동체 내에서 서로 배우는 자세를 갖춰야 한다고 강조한 것으로 해석하면 될 듯하다.

"삼성이 해마다 새로운 역사를 이룩하면서 우리 경제를 선두에서 이끌어온 것은 삼성가족 모두가 공동체 정신을 발휘하여 한방향으로 힘을 모아왔기 때문이다."

= 앞서 설명한 대로 한방향이란 말은 1993년부터 이건희가 계속 써왔다. 지행33훈이 새롭게 정리되기 전에 과거에는 지행33훈의 한 가지 항목으로 한방향이 들어가 있을 정도였다. 신경영 10년을 돌아본 이건희는 2003년 1월, 그간의 성과가 공동체정신을 기반으로 한방향으로 달려왔기 때문이라고 평가했다.

"아랫사람에게는 힘을 더 주어야 한다. 사업부 전체가 벽을 치고 정보교류가 안 되는 것이 걱정이다. 같은 사업부끼리 정보교류가 안 되고 있는 것은 아주 나쁜 버릇이다. 이건 기술 문제가 아니고 사람 문제, 조직 문제, 전략 문제다."

= 삼성은 경쟁이 치열한 조직이다. 계열사, 사업부끼리는 물론 직원들 간에도 경쟁의 분위기를 조성하는 것으로 유명하다. 이 경쟁이 격해지면 사업부 간 벽이 만들어진다. 이건희는 이 문제를 단순한 기술적 문제가 아니고 전략에 치명적 위해를 가하는 문제로 인식했다. 2007년 3월의 발언이다.

삼성은 핵심 내용으로 '일체감과 결속력을 강화해야 한다'를 제시했다. '전 임직원이 한마음으로 단결하고 의논하여 문제를 해결'하고, '삼성가족의 자부심과 긍지로 일체감, 결속력을 강화'해야 한다는 것이다. '삼성의 핵심 가치를 공유하고 실천하여 함께 발전'하는 것도 핵심 내용에 포함시켰다.

두 번째 지침은 '관계사 간 시너지를 제고해야 한다'는 것이다. 이를 위해 '공통 현안은 그룹의 관련 조직 및 회사가 모여 해결'하고, '사업부 간, 관계사 간 벽을 허물고 정보를 공유'해야 한다고 주문했다. 또 '그룹 내에서 잘하는 회사를 벤치마킹함으로써 시행착오를 방지'하라고 강조했다.

———

(33) 사회공헌

"국가 경제 발전에 기여하고 적극적으로 사회공헌을 해야 한다."

= 지행33훈의 마지막 33번째 항목은 사회공헌이다. 기업이 성장하면 국가 경제 발전에 기여하는 데서 한 발 더 나아가 사회공헌도 적극적으로 해야 한다는 게 이건희의 생각이었다. 삼성은 매년 수천억 원을 사회공헌에 쓰고 있다.

삼성은 키워드로 '삼위일체, 국민기업, 국가 경제 발전, 국가대표 기업, 리딩컴퍼니 삼성, 인류사회 공헌, 보이지 않는 책임, 사랑받는 기업, 존경받는 기업, 글로벌 초일류 기업' 등을 제시했다.

"나라가 이렇게 어려울 때 기술을 해외에 유출당하는 것은 몇 조, 몇십 조 국
가에 손해를 끼치는 것임을 알아야 한다."

= 1997년 말 외환위기가 터지자 많은 국내 기술자들이 직업을 잃었다. 이
들을 받아준 곳은 중국이었다. 기술자 중 일부는 회사에 다닐 때 습득
한 각종 기술을 들고 중국 회사로 옮겼다. 이건희는 1998년 2월에 이를
경계해야 한다고 강조했다.

"종업원들 대우가 좋아지고, 협력업체 수익이 많아지고, 질 좋아지고, 공사에
이익 나면 당연히 협력업체 이익 나고 하는 이게 경영이고, 이게 사회환원이
고, 이게 바로 건실한 기업인 것이다."

= 2001년 6월의 발언이다. 정리되지 않은 이건희의 이 말에는 기업에 대
한 과도한 기대와 의무를 부여하는 사회적 분위기에 대한 비판적 시각
이 깔려 있다.

"삼성이 시작한 업종들은 업계 문화를 한단계 올리거나 업종의 개념을 바꾸든
가 해야 삼성이다"

= 이건희는 자신도 다른 기업인과 다르고, 삼성도 다른 기업과 달라야 한
다고 생각했다. 2001년 7월의 이 발언은 다름을 통해 산업의 문화를 바
꿔놓아야 한다는 독특한 기업가정신을 보여준다.

"삼성은 국민의 기업, 국가를 대표하는 기업임을 한시라도 잊어서는 안 될 것
이다. 삼성의 오늘이 있기까지는 주주와 고객, 이웃사회의 도움이 적지 않았
음을 잊지 말고 사회적 책임을 다하는 데 정성을 기울여야 한다."

= 앞서 말한 대로 한국 사회에 반삼성 분위기가 확산되자 이건희는 2007
년 1월 신년사를 통해 국민기업론을 공식화했다.

"삼성 하면 국민기업이고 우리 기업이다 하는 인식이 국민 모두의 마음에 스
며들도록 노력해야 한다."

= 2007년 9월의 발언이다. 삼성의 숙제로 남아 있는 말이기도 하다.

———

삼성은 핵심 내용으로 '국가 경제 발전에 기여해야 한다'는 문장을
내세웠다. '기업은 이익 많이 내는 것이 가장 큰 사회환원'이며 '그
룹은 사명감 갖고 경제 살리기에 앞장서야 한다'는 점을 강조했다.
또 이건희가 오래전부터 말한 '정부, 기업, 국민의 삼위일체로 국
가 경제를 발전시켜야 한다'는 것도 포함시켰다.

이와 함께 '적극적인 사회공헌을 해야 한다'는 지침도 만들었다.
'적극적인 사회공헌 활동은 선도기업인 우리의 책임'이라고 강조
하고, '이웃사회와 함께 누리는 나눔의 경영을 확대'하고, '사회와
함께 더불어 사는 상생의 기업상을 구현하자'고 했다. 마지막 지침
은 '존경받는 국민기업이 되어야 한다'는 것이다. '사랑받고 사회
적 책임을 다하는 기업 이미지를 구축'하고 '삼성은 국민의 기업,
국가를 대표하는 기업임을 명심'해야 한다고 강조했다. 이를 통해
'세계시장을 선도하는 글로벌 리딩 컴퍼니 삼성을 구현하는 것'이
그 목표다.

———

이재용의 몫

이건희는 2007년 9월 사장단 회의에서 "국민 모두가 삼성 하면
'국민기업이고, 우리기업이다' 하는 인식이 마음에 스며들도록
노력해야 한다"고 말했다. 국민기업론이라고 할 수 있다. 하지만
국민기업이라는 이건희의 이상과 현실은 거리가 멀어 보인다.
이는 이건희가 남겨놓은 삼성이 풀어야 할 숙제다. 그렇다면 무
엇이 문제일까?

삼성을 취재했던 기자이자, 삼성 제품의 소비자이자, 대한민국
국민의 한 사람으로서의 생각을 밝히는 선에서 그치고자 한다. 필
자가 보기에 가장 큰 문제는 삼성이 많은 국민들로 하여금 '삼성
은 이기적인 조직'이라고 생각하게 만들었다는 것이다. 삼성의 성
장과 발전이 한국 사회의 성장과 발전에 기여한다는 인식을 심어
주지 못했다는 것이다. 권력을 가진 자가 자신만을 위해서 일하는
것을 좋아하는 국민은 별로 없다. 그것이 정치권력이건, 경제권력
이건 모두 다 마찬가지다. 특히 한국처럼 권력에 대한 피해의식을
가진 사회라면 더욱 그렇다.

삼성만 이익을 보는 구조에 대한 불만은 삼성공화국 논란으로 나타났다. 삼성이 자신만을 위해 국가권력을 움직이고 있다는 시각이 반영된 것이었다. 물론 과장된 측면이 있다. 하지만 삼성과 관계를 맺고 있는 종업원, 국민, 협력업체 모두 뭔가 손해를 보고 있다고 느끼는 것은 현실의 문제다. 삼성은 매년 수천 억 원을 사회공헌에 쏟아 부어도 자신들에 대한 인식이 좋아지지 않는다는 심각한 국면에 직면해 있다. 삼성이 신뢰받는 존재, 필요한 존재에서 존경받는 존재로 나아가기 위해 무언가가 필요한 시점이다.

2010년 이건희는 사면을 받았다. 정부는 평창 동계 올림픽 유치를 위해 세계올림픽위원회IOC에서 영향력을 발휘할 수 있는 그를 사면했다. 그리고 이건희는 1월 첫 공식무대인 미국에서 열린 세계가전전시회인 CES에 모습을 나타냈다. 기자들은 그에게 국민들에게 한말씀 해달라고 했다.

이건희는 느닷없이 "모두 정직해졌으면 좋겠다"고 말했다. 맥락을 이해할 수 없는 얘기였다. 2007년 회장직에서 물러난 것이 억울했던 것인지, 아니면 그가 1993년부터 주장해온 "도덕성을 지켜야 한다"는 얘기의 연장선상인지는 분명치 않았다. 언론은 이를 기사화했다. 그러나 여론은 좋지 않았다. '특별사면을 받은 사람이 국민들에게 정직하라고 얘기하는 것은 앞뒤가 맞지 않는다'고 생각하는 사람이 많았다.

또 형인 이맹희 씨와 재산상속을 둘러싼 소송을 하면서도 "그 사람은 집에서 내놓은 사람"이라고 발언해 물의를 일으키고 사과

하는 일도 있었다. 형제간이라도 소송까지 가면 남보다 못하다고 한다. 하지만 그는 단순한 개인이 아니라 한국 사회에서 가장 영향력 있는 사람 중 한 명이다. 이런 사람이 형을 대놓고 비방한 것을 두고 사회와의 커뮤니케이션에는 문제가 있었다는 평가가 지배적이었다.

삼성도 사회와의 커뮤니케이션은 아직 미숙하다. 미래전략실을 중심으로 SNS 등을 통해 국민들에게 다가가기 위해 노력하고 있지만 여전히 삼성에 대한 여론은 크게 개선되고 있는 것 같지 않다.

이런 상황의 배경에는 삼성이 갖고 있는 논리적 완결성이 자리 잡고 있다. 삼성만의 논리적 완결성이 국민들로부터 그들을 점점 더 멀리 떨어뜨려 놓을 수도 있는 큰 함정에 빠뜨리고 있다는 말이다.

삼성인들은 철저한 교육을 통해 삼성의 논리로 무장한다. 그래서 웬만한 사안에 대해서는 삼성 사람들을 논리적으로 이기기 힘들다. 그래 그 말이 맞다 하고 돌아서기 일쑤다. 그러나 그들과 토론한 후에는 말은 맞지만 왠지 선뜻 동의하기가 어렵다는 찝찝한 감정이 남는다.

그들의 논리에는 함정이 있다. 커뮤니케이션의 목표는 사람의 마음을 움직이는 것이다. 삼성은 전자업계 세계 1위라는 성과에도 불구하고 국민들의 감정을 움직이지 못하고 있다. 그만큼 공감지수가 떨어진다.

이렇게 된 이면에는 과거 1960년대 한비 사건부터 시작된 피해의식이 자리 잡고 있다. 삼성은 정부가 하라는 대로 했는데 한국비료를 정부에 빼앗기고 말았고, TV 사업에 진출할 때도 정부뿐만 아니라 국민들까지 반대했다. 이건희는 "잘하고도 욕먹는다"고 불만을 터뜨리기도 했다. 삼성 사람들의 머릿속에는 이런 생각이 자리 잡고 있다. 그러나 여기서 벗어나야 한다.

삼성은 승자다. 승자가 먼저 마음으로 다가가야 한다. 백혈병 사건을 처리할 때 보여준 차가운 모습이 아니라 인간적 모습을 갖추어야 한다.

정주영의 사례를 보면 알 수 있다. 고인이 된 현대그룹 정주영 회장에 대한 기억은 1988년으로 거슬러 올라간다. 어느 날 전국의 대학가에 정주영을 규탄하는 대자보가 나붙었다.

현대중공업이 노조원에게 칼을 휘둘렀다는 얘기였다. 당시는 한국전쟁 이후 처음으로 한국에서 노동운동이라는 것이 전면적으로 일어나던 시기였다. 칼 테러의 배후는 정주영 회장이라는 게 학생운동을 하던 사람들(?)의 주장이었다. 그룹 총수니 책임을 지라는 얘기였다. 정주영이 이룬 모든 업적과 이 일은 그 이후로도 한동안 사람들의 머릿속에 오버랩돼 나타나곤 했다.

그러나 정주영은 1990년대 말 이런 기억들을 씻어내는 대규모 이벤트를 벌였다. 금강산 관광이었다. 금강산 관광을 간 수많은 실향민들이 고향의 산과 들을 보며 눈시울을 붉혔다. 정주영에 대한 생각이 바뀌기 시작했다. 아니 나쁜 이미지는 과거라는 시간

속에 묻어둔 것인지도 모른다.

그리고 정주영은 어느 날 고향을 돕겠다고 소떼를 이끌고 방북 길에 나선다. 임진각을 지나는 수백 마리의 소떼는 세계적 뉴스가 되기도 했다.

얼마 후 북한에서 돌아온 그는 기자회견장에서 감상을 묻는 질문에 "너무 어두워요"라는 뜻모를 답을 해 기자들을 당황케 했다. 그의 눈빛과 표정으로 해석할 수밖에 없었다. 북한 전역이 전력 부족으로 전기를 켜지 못해 어두침침한 것에 대한 안타까움을 표현한 것이었다.

한두 해 지났을까 정 회장은 왕자의 난이라고 불리는 아들들의 권력투쟁 속에 생을 마감했다. 필자는 당시 현장을 취재하느라 정신이 없었다. 문상 오는 사람들과의 인터뷰와 장례절차 등으로 정신 없이 며칠을 지냈다.

발인날 새벽 한숨을 돌릴 때쯤 한 기자가 이런 말을 했다. "저런 영감을 보내면서 누군가와 소주 한잔 기울이며 개인적인 느낌을 얘기할 수도 없는 기자란 직업이 별로 좋은 것은 아니지요." 기자이기 이전에 한 인간으로서 한국 사회에서 큰 발자취를 남기고 가는 사람에 대한 진한 아쉬움을 표현한 것이다.

대북사업에 대해서는 다양한 평가가 있다. 하지만 정주영이 말년에 고향을 발전시키고 남북을 연결하는 다리가 되기 위해 노력하다가 갔다는 것은 부인할 수 없다. 이를 통해 그는 자신에 대한 안 좋은 기억들을 모두 거둬간 셈이다.

정치와 마케팅 컨설팅을 하는 한 컨설턴트는 "기업인의 꿈과 사회의 꿈을 하나로 일치시킨 것이 정주영이었다면 삼성은 아직 그런 단계에 이른 것 같지는 않다"라고 말한다. 정주영의 꿈은 사회의 꿈이었지만, 삼성의 꿈은 이건희 꿈, 삼성의 꿈일 뿐이라는 말이다.

물론 반론도 있다. 이후 현대그룹이 해체됐기 때문에 원망의 대상이 사라진 것 아니냐는 것이다. 일리 있는 얘기다. 하지만 정주영 영감이 소떼를 몰고 북한을 방문하면서 국민들에게 준 카타르시스를 부정하기는 힘들 듯하다. 현대중공업이 정주영을 광고 모델로 쓰고 있는 것을 보면 그에 대한 원망은 사실 거의 남아 있지 않다고 할 수 있다.

앞으로 삼성이 이건희를 광고 모델로 쓸 수 있을까? 그들은 또 이건희를 통해 어떤 카타르시스를 줄 것인지 궁금하다. 이건희는 이제 그 일을 스스로는 할 수 없게 됐다. 이는 아들인 이재용의 몫이기도 하다.

知行用訓評

알고, 행하고, 사람을 쓰고, 가르치고, 평가하라

삼성 이건희 회장의 경영철학

지행33훈

제1판 1쇄 발행 | 2015년 6월 17일
제1판 6쇄 발행 | 2023년 11월 17일

지은이 | 김용준
펴낸이 | 김수언
펴낸곳 | 한국경제신문 한경BP
책임편집 | 마현숙
저작권 | 백상아
홍보 | 서은실 · 이여진 · 박도현
마케팅 | 김규형 · 정우연
디자인 | 권석중
본문디자인 | 디자인 현

주소 | 서울특별시 중구 청파로 463
기획출판팀 | 02-3604-590, 584
영업마케팅팀 | 02-3604-595, 562   FAX | 02-3604-599
H | http://bp.hankyung.com   E | bp@hankyung.com
F | www.facebook.com/hankyungbp
등록 | 제 2-315(1967. 5. 15)

ISBN 978-89-475-4016-2   03320